기본

구성과 특징 Structures & Features

❶ 구문 이해를 위한 기초 문법

구문 이해를 위해 알아두어야 할 기본적인 문법 개념 및 용어를 학습할 수 있습니다.

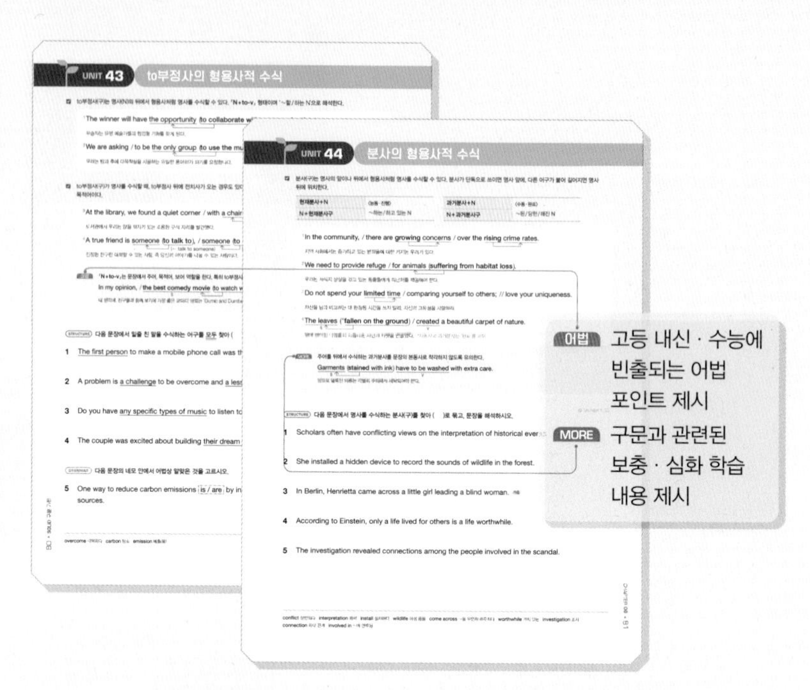

❷ 구문 학습 및 확인문제

간결하고 쉬운 설명과 대표 예문으로 문장의 구조 및 의미를 정확히 파악하는 방법을 배울 수 있습니다. 간단한 확인 문제를 통해 해당 UNIT에서 배운 구문 포인트를 적용해 보고 이해도를 확인할 수 있습니다.

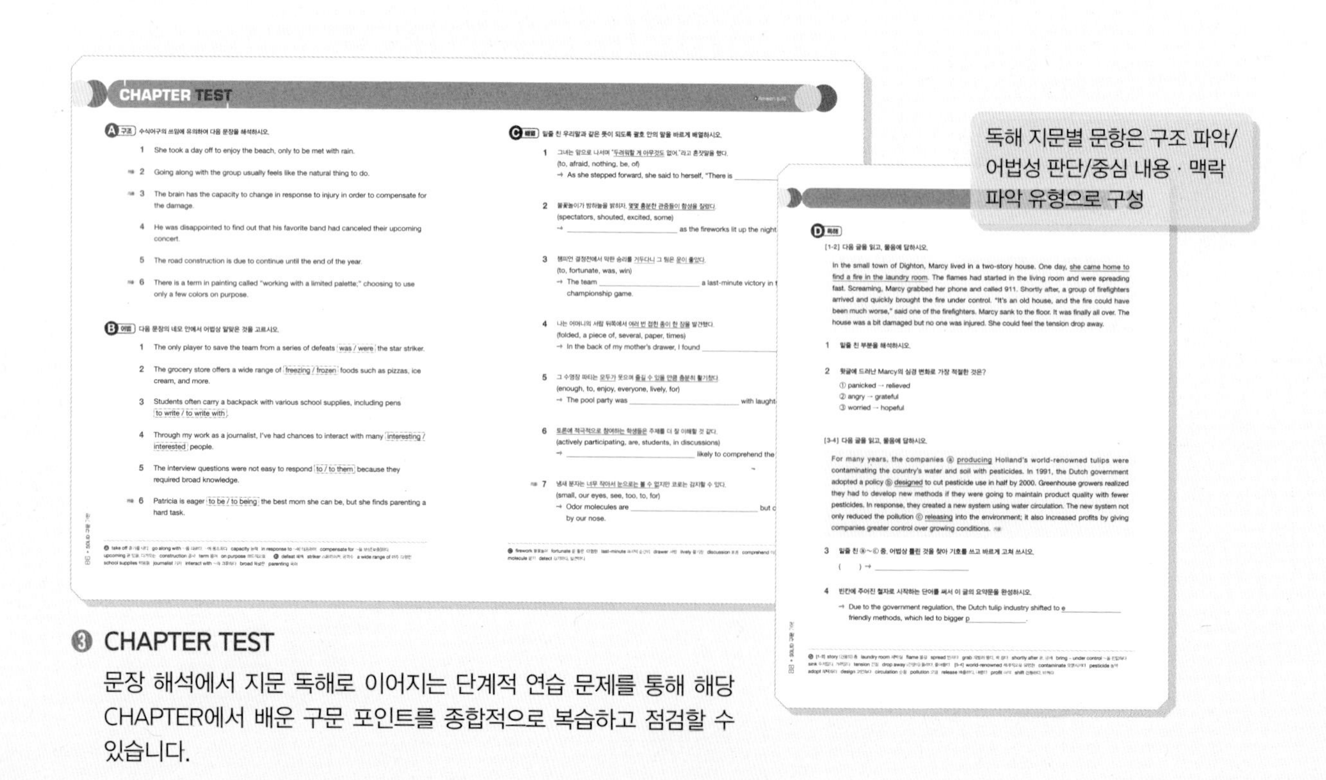

❸ CHAPTER TEST

문장 해석에서 지문 독해로 이어지는 단계적 연습 문제를 통해 해당 CHAPTER에서 배운 구문 포인트를 종합적으로 복습하고 점검할 수 있습니다.

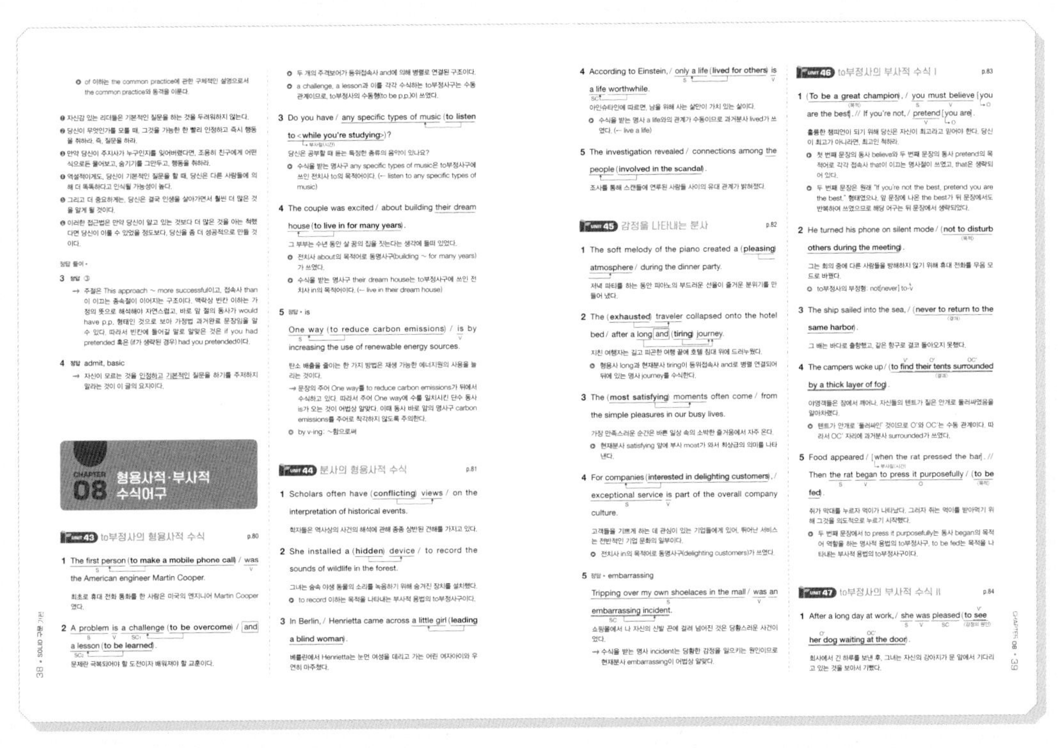

❹ 자세한 해설집

본 책의 전 문장에 대한 끊어 읽기, 문장 성분 분석, 구문 해설, 문제 풀이, 보충 설명을 상세히 제공하여 문장을 정확히 이해하도록 돕습니다.

◘ 구문 해설　 ⊕ 보충 설명　 → 문제 풀이

이 책에 사용된 기호

S	주어	M	수식어(구)	/	끊어 읽기
V	동사	N	명사	//	주절과 종속절 간의 구별 / 등위절 간의 구별
O	목적어	S´, V´, O´ 등	종속절 또는 준동사구 내에서의 주어, 동사, 목적어 등	( )	수식어구 / 생략 (가능) 어구
IO	간접목적어	S_1, V_1, O_1 등	중복 문장 성분	(( ))	삽입어구
DO	직접목적어	ⓥ	동사원형	(< >)	긴 수식어구 속 수식어구
C	보어	to-v	to부정사	[ ]	관계절
SC	주격보어	v-ing	현재분사 / 동명사	[{< >}]	종속절 속에서의 구분
OC	목적격보어	p.p.	과거분사	▭	접속사

목차 Contents

CHAPTER 07 가정법

CHAPTER 08 형용사적 · 부사적 수식어구

CHAPTER 09 관계절

CHAPTER 10 부사절 / 분사구문

CHAPTER 11 비교구문

CHAPTER 12 주의할 구문

CHAPTER 01

주어의 이해

주어란?

문장에서 동작이나 상태의 주체가 되는 말로서, '~은[는]', '~이[가]'로 해석한다.

Most of the workers commute to work by public transportation.

대부분의 직장인들은 대중교통을 이용해 통근한다.

주어가 될 수 있는 말은?

• 명사, 대명사, 명사 역할을 하는 구와 절 등이 주어가 될 수 있다.

Practicing yoga keeps her physically fit and mentally strong.

요가를 하는 것은 그녀를 육체적으로 건강하고 정신적으로 튼튼하게 해 준다.

• 주어가 긴 경우 문장 뒤로 보내고 주어 자리에 it을 두기도 한다.

It was not known **that they were planning a surprise party**.

그들이 깜짝 파티를 계획하고 있다는 것은 알려지지 않았다.

의미상 주어란?

to부정사나 동명사가 나타내는 동작이나 상태의 주체가 되는 말로서, to부정사나 동명사 앞에 온다.

It is necessary **for him** to complete the project before the deadline.

그가 마감일 전에 프로젝트를 완료하는 것은 필수적이다.

The expert emphasized the importance of **our** maintaining a balanced diet.

그 전문가는 우리가 균형 잡힌 식단을 유지하는 것이 중요하다고 강조했다.

UNIT 01 명사구 주어

to부정사구나 동명사구는 명사 역할을 하여 주어 자리에 올 수 있고, '~하는 것은, ~하기는'으로 해석한다.

1 To learn a new language (S) / requires (V) dedication and practice (O).
새로운 언어를 배우는 것은 헌신과 연습을 필요로 한다.

2 Exploring different cultures (S) / broadens (V) one's perspective on life (O).
다양한 문화를 탐구하는 것은 삶에 대한 관점을 넓힌다.

MORE 문장이 to-v나 v-ing 형태로 시작한다고 해도 주어가 아닐 수 있다. 부사적 용법의 to부정사구나 분사구문이 문장 맨 앞에 쓰이는 경우가 많으니, 이를 주어로 착각하지 않도록 주의한다.

(To succeed in this project) (부사적 용법의 to부정사구), / we (S) must communicate (V) openly (M) with each other (M).
이 프로젝트를 성공시키려면 우리는 서로 터놓고 소통해야 한다.

Having nothing to do (분사구문), / she (S) decided (V) to have some tea and read a good book (O).
할 일이 없어서 그녀는 차를 좀 마시고 좋은 책을 읽기로 결정했다.

어법 명사구 주어는 항상 단수 취급하므로, 뒤에 단수 동사가 온다.

Breaking bad habits (S) / *is* (V) a necessary step (SC) / toward leading a healthier life (M).
나쁜 버릇을 고치는 것은 더 건강한 삶을 영위하기 위한 필수적인 단계이다.

Answers p.2

STRUCTURE 다음 문장에서 주어에 밑줄을 긋고, 밑줄 친 부분을 해석하시오.

1 To see the potential in every obstacle is the mindset of a true optimist. 기출

2 Saying, "Everyone is doing it" may turn some people off from an idea. 기출

3 Never to cross the street on a red light is a fundamental rule for pedestrian safety.

4 Not learning the importance of time management affected my ability to meet deadlines and stay organized.

GRAMMAR 다음 문장의 네모 안에서 어법상 알맞은 것을 고르시오.

5 Raising prices [tend / tends] to reduce domestic car sales, so some domestic autoworkers lose their jobs. 기출

potential 가능성, 잠재력 obstacle 장애물 mindset 사고방식 optimist 낙천주의자 turn A off from B A가 B에 흥미를 잃어버리게 하다 fundamental 기본적인, 근본적인 pedestrian 보행자의; 보행자 management 관리 organized 체계적인; 정리된 reduce 감소시키다 domestic 국내의 autoworker 자동차 회사 근로자

UNIT 02 명사절 주어 I

접속사 that이나 whether가 이끄는 명사절은 주어 자리에 올 수 있고, 다음과 같이 해석한다.

- that+S′+V′: S′가 V′하다는 것은
- whether+S′+V′ ~ (or not): S′가 V′하는지(아닌지)는

1 That the novel became a bestseller / surprised the author herself.
(S: That the novel became a bestseller / V: surprised / O: the author)
그 소설이 베스트셀러가 되었다는 것이 작가 자신을 놀라게 했다.

2 Whether he will attend the conference / remains uncertain at this point.
(S: Whether he will attend the conference / V: remains / SC: uncertain / M: at this point)
그가 회의에 참석할지 여부는 현재로서는 여전히 불확실하다.

MORE 문장이 whether절로 시작한다고 해도 주어가 아닐 수 있다. 접속사 whether는 '~이든 아니든'이라는 뜻의 부사절을 이끌기도 하므로, 이를 주어로 착각하지 않도록 주의한다.

[Whether you agree or disagree], / your opinion matters.
(부사 역할을 하는 whether절: Whether you agree or disagree / S: your opinion / V: matters)
당신이 동의하든 반대하든 당신의 의견은 중요하다.

어법 명사절 주어는 항상 단수 취급하므로, 뒤에 단수 동사가 온다. 이때 명사절의 동사(V′)와 주절의 동사(V)를 잘 구별하도록 한다.

Whether they win or lose / *was* not the measure of their success.
(S′: they / V′1: win / V′2: lose / S: Whether they win or lose / V: was / SC: not the measure of their success)
이기는지 지는지는 그들에게 성공의 척도가 아니었다.

Answers p.2

STRUCTURE 다음 문장에서 주어에 밑줄을 긋고, 밑줄 친 부분을 해석하시오.

1 Currently, whether we should move to a different location is under discussion.

2 That the new law passed without opposition indicates strong support among lawmakers.

3 Whether social media is a reliable source of news or not has long been debated.

4 That the new restaurant received excellent reviews from food critics boosted its reputation.

GRAMMAR 다음 문장의 네모 안에서 어법상 알맞은 것을 고르시오.

5 Whether we should use different approaches or continue with existing strategies [is / are] a critical question.

location 장소 under discussion 논의 중인 opposition 반대 indicate 나타내다, 가리키다 lawmaker 입법자 reliable 믿을 만한 debate 논의하다; 토론[논쟁] critic 비평가 boost 높이다, 북돋우다 reputation 명성 approach 접근(법) existing 기존의 strategy 전략 critical 중대한

UNIT 03 명사절 주어 II

☑ 의문사가 이끄는 명사절은 주어 자리에 올 수 있고, 다음과 같이 해석한다.

- who/what/which + V′ : 누가/무엇이/어느 것이 V′하는지는
- who(m)/what/which + S′ + V′ : S′가 누구를/무엇을/어느 것을 V′하는지는
- when/where/how/why + S′ + V′ : 언제/어디서/어떻게/왜 S′가 V′하는지는

1 **What he said in his final moments** (S) / was not released (V) / to the media (M).
그가 마지막 순간에 무슨 말을 했는지는 언론에 공개되지 않았다.

2 **When the concert would take place** (S) / was (V) uncertain (SC) / due to bad weather (M).
언제 콘서트가 열릴지는 악천후 때문에 불확실했다.

☑ 관계대명사 what이 이끄는 명사절은 「**what+(S′+)V′**」 형태로 주어 자리에 올 수 있고, '~하는 것은'으로 해석한다.

3 **What may have begun as an unconscious act** (S) / became (V) a habit (SC) over time (M). 기출
무의식적인 행동으로 시작되었을지도 모르는 것이 시간이 지나면서 습관이 되었다.

MORE **whose/what/which**는 바로 뒤의 명사를 수식하는 형용사로도 쓰일 수 있고, '누구의/무슨/어느'로 해석한다.
Which route we take (S) / depends on (V) the traffic conditions (O). 우리가 어느 길로 가느냐는 교통 상황에 달려 있다.

Answers p.2

STRUCTURE 다음 문장에서 주어에 밑줄을 긋고, 밑줄 친 부분을 해석하시오.

1 Who designed the unique building was a topic of conversation among architects.

2 What was discussed between the CEO and the board members remains confidential. 기출

3 Why certain individuals are more prone to addiction is our research topic. 기출

4 Whom you rely on for support within your team shows your professional relationships.

5 What we need in education is not measurement, accountability, or standards.

6 Whose work was chosen for the final presentation will be announced tomorrow. 기출

architect 건축가 board member 이사진 confidential 기밀의, 비밀의 be prone to ~하기 쉽다, ~하는 경향이 있다 addiction 중독 rely on ~에 의지하다 professional 직업상의 relationship 관계 measurement 측정 accountability 책무성 standard 표준, 기준 presentation 발표

UNIT 04 가주어 it

명사구·절이 와서 주어가 길어질 경우, 주어 자리에 it(가주어)을 쓰고 원래 주어(진주어)는 문장 뒤로 보낸다. 이때 it은 따로 해석하지 않고 it의 자리에 원래 주어를 넣어 해석한다.

to-v that절/whether절 의문사절	+	V	~ →	It	+	V	~+	to-v that절/whether절 의문사절

[1] **It** is impossible / **to predict the future with absolute certainty.**
S(가주어) S'(진주어)
절대적으로 확실하게 미래를 예측하는 것은 불가능하다.

[2] **It** remains true / **that education is the key to opening doors of opportunity.**
S(가주어) S'(진주어)
교육이 기회의 문을 여는 열쇠라는 것은 여전히 사실이다.

[3] **It** is unclear at this time / **when the store will reopen after renovations.**
S(가주어) S'(진주어)
개보수 후 매장이 언제 재개장할지는 현재로서는 불분명하다.

MORE it이 지칭하는 명사가 있는 경우, 뒤에 명사구·절이 있더라도 it은 가주어가 아니다. 이때 it은 대명사이므로 '그것'으로 해석한다.

[Although *the program* improved aviation safety], / **it** wasn't easy to establish. 기출
비록 그 프로그램이 항공 안전을 향상시켰지만, 그것은 정착시키기에 쉽지 않았다.

Answers p.3

STRUCTURE 다음 문장에서 진주어에 밑줄을 긋고, 문장을 해석하시오.

1 It is important to keep in mind that success is not solely defined by material wealth.

2 It is a matter of debate whether we should choose economic growth over environmental sustainability.

3 It is a mystery why the ancient civilization disappeared without leaving any records.

4 It has long been held that the capacity for laughter is a peculiarly human characteristic. 기출

GRAMMAR 다음 문장에서 어법상 틀린 부분을 찾아 밑줄을 긋고 바르게 고쳐 쓰시오.

5 That was not known exactly what caused the sudden power outage in the entire city.

keep in mind 명심하다 solely 오로지 define 정의하다 material 물질적인 over ~에 우선하여 sustainability 지속 가능성 ancient 고대의 civilization 문명
hold 여기다, 생각하다 capacity 능력 peculiarly 독특하게 characteristic 특징 power outage 정전 entire 전체의

UNIT 05 it을 주어로 하는 구문

☑ 시간, 요일, 거리, 날씨, 명암, 상황 등을 나타내는 비인칭 주어 it은 따로 해석하지 않는다.

1 **It** is Wednesday, // so we can put out the recyclable waste today.
수요일이라서 우리는 오늘 재활용품을 내놓을 수 있다.

2 **It**'s a 30-minute drive to the city, // but I'll leave early [because **it** snowed heavily last night].
시내까지는 차로 30분 거리지만, 어젯밤에 눈이 많이 내렸으므로 나는 일찍 출발하겠다.

☑ it이 주어로 쓰인 관용 표현을 알아 둔다.

It takes(+사람)+시간/돈+to-v: (…가) ~하는 데 시간이 걸리다/돈이 들다	It follows that ~: 당연히 ~라는 결론이 나오다
It seems[appears] that ~: ~인 것 같다, ~인 듯하다	It turns out that ~: 결국 ~한 것으로 밝혀지다
It happens that ~: 마침[공교롭게도] ~하다	It is likely that ~: 아마도 ~일 것이다

3 **It** took her a long time to complete the marathon, // but she never gave up.
그녀는 마라톤을 완주하는 데 오랜 시간이 걸렸지만 결코 포기하지 않았다.

4 **It** turned out / that the missing keys were in his jacket pocket the whole time.
사라진 열쇠는 내내 그의 재킷 주머니에 있었던 것으로 밝혀졌다.

Answers p.3

STRUCTURE it의 용법에 유의하여 다음 문장을 해석하시오.

1 It is thirty degrees outside, so make sure to wear light clothing.

2 It was already dark when she arrived at a small roadside restaurant. 기출

3 It seems that the company is facing financial difficulties due to the economic downturn.

4 It happened that the teacher was not in the office when the principal stopped by.

5 Since he's been studying diligently for months, it follows that he'll excel in his final exams. 기출

6 It is likely that AI will become increasingly integrated into everyday life.

make sure to *do* 반드시 ~하다 financial 재정상의, 금융의 economic downturn 경기 침체 principal 교장 stop by (~에) 들르다 diligently 열심히, 부지런히 excel 우수하다, 뛰어나다 increasingly 점점 더 integrate 통합시키다

UNIT 06 to부정사·동명사의 의미상 주어

to부정사의 의미상 주어는 「for/of+목적격」으로 나타내고, '(의미상 주어)가 ~하다'로 해석한다.

- 대부분의 경우 → 「for+목적격」
- 사람에 대한 주관적인 평가를 나타내는 형용사 뒤에 올 경우 → 「of+목적격」
  ↳ kind, nice, sweet, considerate, thoughtful, clever, wise, foolish, silly, stupid, polite, rude, careless 등

1 They were all waiting / *for me* to begin, // but I knew I couldn't. 기출
(They: S_1 / were all waiting: V_1 / for me: 의미상 주어 / to begin: O_1 / I: S_2 / knew: V_2 / I couldn't: O_2)
그들은 모두 내가 시작하기를 기다리고 있었지만, 나는 그럴 수 없다는 것을 알고 있었다.

2 It is sweet / *of you* to treat me to lunch today.
(It: S(가주어) / is: V / sweet: SC / of you: 의미상 주어 / to treat me to lunch today: S'(진주어))
네가 오늘 나에게 점심을 사 주다니 친절하구나.

동명사의 의미상 주어는 소유격이나 목적격으로 나타내고, '(의미상 주어)가 ~하는 것'으로 해석한다.

3 *His* arguing with her / disrupted our peaceful evening.
(His: 의미상 주어 / His arguing with her: S / disrupted: V / our peaceful evening: O)
그가 그녀와 말다툼한 것이 우리의 평화로운 저녁을 방해했다.

4 Angry at *me* running through the house, / my mom insisted on *me* slowing down.
(Angry: SC' / at: 전 / me: 의미상 주어 / me running through the house: O' / my mom: S / insisted: V / on: 전 / me: 의미상 주어 / me slowing down: O')
내가 집안을 뛰어다니는 것에 화가 나셔서, 우리 엄마는 내가 속도를 줄일 것을 요구하셨다.

MORE to부정사나 동명사 앞에 의미상 주어가 없는 경우에는 문맥을 통해 의미상 주어를 파악하도록 한다.
I'm tired of **listening** to this. (listening의 의미상 주어 = 문장의 주어 I) 나는 이 말을 듣는 것에 지쳤다.
I want you **to be** happy. (to be의 의미상 주어 = 문장의 목적어 you) 나는 당신이 행복하기를 원한다.
According to research, / **playing** is **learning**. (playing, learning의 의미상 주어 = 일반인) 연구에 의하면, 노는 것이 배우는 것이다.

Answers p.4

STRUCTURE to부정사와 동명사의 의미상 주어에 유의하여 다음 문장을 해석하시오.

1 It was very considerate of you to offer your help when I was in need.

2 It is impossible for us to drop our son off at school early in the morning. 기출

3 I appreciate your participating in the workshop and sharing your expertise.

4 Individuals with more work experience have higher chances of achieving successful careers.

considerate 사려 깊은 in need 어려움에 처한 drop ~ off ~를 (차로) 내려 주다 appreciate 감사하다 expertise 전문적 지식 individual 사람, 개인 chance 가능성; 기회 achieve 달성하다 career 경력

CHAPTER TEST

A 구조 다음 문장에서 주어 혹은 진주어에 밑줄을 긋고, 문장을 해석하시오.

1 That the experiment eventually produced positive results delighted the researchers.

2 To buy more food than you need would result in unnecessary waste and higher expenses.

3 How well you handle stressful situations can impact your mental health over the long term.

4 It is doubtful whether the new restaurant can attract customers with its unique menu.

5 Considering the current situation, what we need is effective communication among group members.

6 Whether you are a beginner or an experienced runner, it is important to warm up before exercising.

B 어법 다음 문장의 네모 안에서 어법상 알맞은 것을 고르시오.

기출 1 [It / That] would be a great pleasure to house this wonderful piece of art.

2 It was foolish [for / of] her to jump to conclusions without considering all the available information.

3 It remains essential [maintain / to maintain] a healthy work-life balance for overall well-being.

4 [That / What] the teacher mentioned became the topic of discussion among the students.

기출 5 [Using / Use] small clay pieces to account for transactions was an ancient method of record-keeping.

6 In this world of technology, how organizations adapt to digital changes [determines / determine] their long-term success.

Ⓐ experiment 실험 eventually 결국, 마침내 expense 비용 doubtful 불확실한, 의심스러운 attract 끌어모으다 considering ~을 고려하면 current 현재의 experienced 경험이 많은 Ⓑ house 소장하다, 보관하다 jump to conclusions 성급히 결론을 내리다 available 구할 수 있는, 이용 가능한 essential 필수적인 overall 전반적인 account for ~을 설명하다 transaction 거래 method 방법 record-keeping 기록 관리 adapt 적응하다 long-term 장기적인

Answers p.4

C 배열 밑줄 친 우리말과 같은 뜻이 되도록 괄호 안의 말을 바르게 배열하시오.

1 총 2시간 반의 여정이었고, 우리는 드디어 목적지에 도착했다.
(was, a, journey, 2.5-hour, it)
→ ______________________ in total, and we finally made it to the destination.

2 그녀가 큰 실수를 저질렀음이 분명했고, 그녀는 즉시 그것에 대해 책임을 졌다.
(it, clear, that, was)
→ ______________________ she made a huge mistake, and she immediately took responsibility for it.

기출 **3** 질문을 하는 습관을 들이는 것은 당신을 적극적인 청자로 바꾼다.
(of, the habit, questions, asking, getting in)
→ ______________________ transforms you into an active listener.

4 그의 연설은 우리가 안전지대 밖으로 나가는 것의 중요성을 강조했다.
(outside of, stepping, our comfort zones, our)
→ His speech emphasized the importance of ______________________.

5 의사들이 그 진단에 동의하는지는 환자의 치료 과정을 결정할 것이다.
(the doctors, on the diagnosis, whether, agree)
→ ______________________ will determine the course of treatment for the patient.

기출 **6** 황금 두꺼비는 주로 지구 온난화로 인해 야기되는 기후 변화의 첫 희생양들 중 하나인 것 같다.
(that, the golden toad, it, is, appears)
→ ______________________ one of the first victims of climate change caused largely by global warming.

기출 **7** 그들은 문 잠금 장치를 바꿀 필요가 있었는데, 왜냐하면 열쇠로 자물쇠를 여는 데 어려움이 있었기 때문이다.
(necessary, it, for, was, them, to change)
→ ______________________ the door lock, as there was difficulty opening the lock with the key.

C journey 여정 destination 목적지 huge 큰, 거대한 immediately 즉시 transform 바꾸다, 변형하다 comfort zone 안전지대 emphasize 강조하다 diagnosis 진단 determine 결정하다 treatment 치료 toad 두꺼비 victim 희생자

D 독해

[1-2] 다음 글을 읽고, 물음에 답하시오.

Clarity in an organization keeps everyone working in one accord. It also energizes key leadership components like trust and transparency. When assessments are conducted in your organization, what the members are being assessed on must be clear and they must be aware of it. If individuals in your organization are assessed without knowing the criteria, it can cause mistrust and move your organization away from clarity. 기출

1 밑줄 친 부분에서 주어를 찾아 [ ]로 묶으시오.

2 빈칸에 들어갈 알맞은 단어를 윗글에서 찾아 글의 주제를 완성하시오.

→ the importance of ____________ in assessment in an organization

[3-4] 다음 글을 읽고, 물음에 답하시오.

Join us for a dynamic climbing competition open to all skill levels! It's a thrilling opportunity everyone to showcase their abilities on the wall. On the day of the event, the challenge awaits: The climber who reaches the top first is the winner. The atmosphere will be charged with excitement as participants push their limits. This competition promises a wonderful experience for both skilled climbers and newcomers. Don't miss the chance to test your skills and enjoy a day filled with adventure!

3 밑줄 친 문장을 어법에 맞게 다시 쓰시오.

4 윗글의 목적으로 가장 적절한 것은?

① 등반 대회 참가를 독려하려고
② 등반 대회 장소 변경을 알리려고
③ 등반 대회 참가 자격을 문의하려고

D [1-2] clarity 명확성 in one accord 조화롭게 energize 활력을 주다 component 요소 transparency 투명성 assess 평가하다 be aware of ~을 알다 criterion 기준(*pl.* criteria) mistrust 불신 [3-4] dynamic 역동적인 competition 대회; 경쟁 thrilling 짜릿한 opportunity 기회 showcase 보여 주다 await 기다리다 atmosphere 분위기 be charged with ~로 가득 차다 participant 참가자 skilled 숙련된 newcomer 초심자 adventure 모험

CHAPTER 02

목적어의 이해

목적어란?

문장에서 동작의 대상이 되는 말로, 동사뿐만 아니라 전치사도 목적어를 가질 수 있다.

• 동사의 목적어: 동사 뒤에 위치하며, 대부분 '~을[를]', '~에게'로 해석

Last summer, we *visited* **the historical landmarks.**

지난여름, 우리는 역사적인 명소들을 방문했다.

• 전치사의 목적어: 전치사 뒤에 위치하며, 맥락에 따라 해석

The students gathered *in* **the auditorium.**

학생들은 강당에 모였다.

목적어가 될 수 있는 말은?

• 명사, 대명사, 명사 역할을 하는 구와 절 등이 목적어가 될 수 있다.

I wondered / **when the boy band would release their new album.**

나는 그 남성 그룹이 언제 새 앨범을 발매할지가 궁금했다.

• 목적어가 긴 경우 문장 뒤로 보내고 목적어 자리에 it을 두기도 한다.

Using a recipe book / makes **it** easy / **to create delicious meals.**

요리책을 사용하는 것은 맛있는 음식을 만드는 것을 쉽게 한다.

UNIT 07 to부정사·동명사 목적어 I

to부정사구나 동명사구는 동사의 목적어로 쓰일 수 있다. 동사에 따라 to부정사만을 목적어로 취하거나 동명사만을 목적어로 취한다.

to부정사를 목적어로 취하는 동사: (…할 것을) ~하다	동명사를 목적어로 취하는 동사: (…한 것을) ~하다
〈소망〉 want, hope, wish, expect	〈기호〉 enjoy, mind, avoid
〈결정〉 decide, determine, plan, choose, promise	〈인정〉 admit, deny
〈의견〉 agree, refuse, offer	〈연기〉 put off, delay, postpone
〈기타〉 need, learn, pretend(~인 척하다), fail(~하지 못하다), afford(~할 여유가 있다), manage(겨우 ~해내다)	〈중단〉 stop, quit, finish, give up
	〈기타〉 practice, consider, suggest, recommend

[1] I tried everything / to interest her in writing class, // but she would *refuse* to write anything. 기출

S_1 V_1 O_1 M_1 S_2 V_2 O_2

나는 그녀가 작문 수업에 흥미를 갖도록 모든 것을 시도했지만, 그녀는 그 어떤 것도 쓰기를 거부하곤 했다.

[2] *Avoid* **making suggestions to employees / about their personal traits.** 기출

V O

직원들에게 그들의 개인적 특성에 관해 제안하는 것을 피하라.

*목적어로 쓰인 to부정사는 대개 '미래'의 의미를, 동명사는 '현재·과거'의 의미를 나타냄

「의문사+to-v」도 동사의 목적어로 쓰일 수 있다.

- who(m) to-v: 누가[누구를] ~할지
- what to-v: 무엇을 ~할지
- which to-v: 어느 것을 ~할지
- when to-v: 언제 ~할지
- where to-v: 어디서 ~할지
- how to-v: 어떻게 ~할지, ~하는 방법

[3] Children learn / **how to control not only their bodies, / but also their fear.** 기출

S V O

아이들은 자신의 신체뿐만 아니라 두려움 또한 통제하는 법을 배운다.

Answers p.7

STRUCTURE 다음 문장에서 동사의 목적어에 밑줄을 긋고, 문장을 해석하시오.

1 Quit thinking about the past and focus on the present moment.

2 After having two children of their own, they decided to bring an orphaned child into their family. 기출

3 Practice saying no to requests from others that you don't want to fulfill.

4 You often consider what to do next based on your values and personal beliefs.

5 With everyone doing their best, the judges couldn't determine who to choose as the winner.

past 과거 present 현재의 orphaned 부모를 여읜 request 요청 fulfill 이행하다, 만족시키다 based on ~에 따라 values 가치관

UNIT 08 to부정사·동명사 목적어 II

동사 love, like, prefer, hate, start, begin, continue 등은 목적어로 to부정사와 동명사를 둘 다 취한다.

[1] My hands were sweating // and my heart *started* to pound[pounding] really fast. 기출
(S_1: My hands / V_1: were sweating / S_2: my heart / V_2: started / O_2: to pound[pounding] really fast)
내 손에는 땀이 나고 있었고, 내 심장은 매우 빠르게 두근거리기 시작했다.

목적어로 to부정사를 취할 때와 동명사를 취할 때 의미가 달라지는 동사에 유의한다.

• remember to-v: (앞으로) ~할 것을 기억하다 • remember v-ing: (과거에) ~한 것을 기억하다	• forget to-v: (앞으로) ~할 것을 잊다 • forget v-ing: (과거에) ~한 것을 잊다
• regret to-v: (앞으로) ~하게 되어 유감이다 • regret v-ing: (과거에) ~한 것을 후회하다	• try to-v: ~하려고 노력하다 • try v-ing: (시험 삼아) ~해 보다

[2] *Remember* to bake some cookies / before the potluck party tomorrow.
(V: Remember / O: to bake some cookies)
내일 포틀럭 파티 전에 쿠키를 굽는 것을 기억하세요.

[3] She *remembers* baking cookies with her grandmother / [when she was young].
(S: She / V: remembers / O: baking cookies with her grandmother)
그녀는 어렸을 때 할머니와 쿠키를 구웠던 것을 기억한다.

MORE stop은 동명사만 목적어로 취하는 동사이다. stop 뒤에 이어지는 to부정사는 '~하기 위해'라는 의미의 부사적 용법으로 쓰인 것이다.

He *had to stop* / wasting any more time. 그는 더 이상 시간을 낭비하는 것을 멈춰야 했다.
(S: He / V: had to stop / O: wasting any more time)

He *stopped* / to tie his shoelaces / during the race. 그는 경주 도중에 신발 끈을 묶기 위해 멈췄다.
(S: He / V: stopped / M: to tie his shoelaces / M: during the race)

Answers p.7

STRUCTURE 다음 문장에서 동사의 목적어에 밑줄을 긋고, 문장을 해석하시오.

1 He hates being late for appointments; punctuality is crucial for him.

2 I will never forget meeting my favorite author at the book signing event.

3 At her request, a skilled doctor tried to restore Amelia's sight, but it was in vain. 기출

GRAMMAR 다음 문장의 네모 안에서 어법상 알맞은 것을 고르시오.

4 I regret [to tell / telling] her about the surprise party; I didn't expect her to reveal the secret.

appointment 약속 punctuality 시간 엄수 crucial 매우 중요한 author 작가 restore 회복시키다 sight 시력 in vain 소용없는, 헛된 reveal 누설하다, 밝히다

UNIT 09 명사절 목적어

명사절은 동사의 목적어로 쓰일 수 있고, 다음과 같이 해석한다.

- that+S'+V': S'가 V'하다는 것을, S'가 V'라고 *목적어절을 이끄는 접속사 that은 자주 생략됨
- whether[if]+S'+V' ~ (or not): S'가 V'하는지(아닌지)를
- 의문사+S'+V'/의문사+V': 누가[무엇이/어느 것이/언제/어디서/왜/어떻게/얼마나] ~하는지를
- 관계대명사 what+(S'+)V': ~하는 것을

1 Studies (S) suggest (V) / **that the state of your desk might affect your way of working.** (O) 기출
연구는 여러분의 책상 상태가 작업 방식에 영향을 미칠 수 있다는 것을 시사한다.

2 Only a true friend (S) will tell (V) you (IO) / **whether you're making the right choice.** (DO)
진정한 친구만이 여러분이 올바른 선택을 하고 있는지를 여러분에게 말해 줄 것이다.

3 I (S) wonder (V) / **how some artworks evoke strong emotional reactions in people.** (O)
나는 어떻게 일부 예술 작품이 사람들에게 강한 정서적 반응을 불러일으키는지가 궁금하다.

4 Every night, (M) / our brain (S) integrates (V) / **what it has learned during the day.** (O)
매일 밤 우리의 뇌는 낮 동안 배운 것을 통합한다.

어법 선행사를 포함하는 관계대명사 what 뒤에는 주어, 목적어, 보어 중 한 개가 없는 불완전한 절이 오고, 접속사 that 뒤에는 완전한 절이 온다.

He gave her **what** she (S') needed (V') ◆.
그는 그녀가 필요로 하는 것을 주었다.

She said **that** she (S') needed (V') help (O').
그녀는 도움이 필요하다고 말했다.

Answers p.7

STRUCTURE 다음 문장에서 명사절 목적어에 밑줄을 긋고, 문장을 해석하시오.

1 I think gardening is a good hobby because it allows us to connect with nature. 기출

2 Could you please check if the meeting room is available for tomorrow?

3 We finally found out who had been making the mysterious noises in the attic.

4 The hairdresser told me which hairstyle would complement my facial features.

GRAMMAR 다음 문장의 네모 안에서 어법상 알맞은 것을 고르시오.

5 If you believe in yourself, you can achieve [that / what] you value and turn your dream into reality.

mysterious 이상한, 수상한 attic 다락방 complement 보완하다 feature (얼굴) 모양, 이목구비 value 중요시하다, 소중히 하다

UNIT 10 가목적어 it

- 5형식 문장에서 to부정사구나 that절이 목적어로 쓰이면, 목적어 자리에 it(가목적어)을 쓰고 원래 목적어(진목적어)는 문장 뒤로 보낸다. 이때 it은 따로 해석하지 않고 it의 자리에 원래 목적어를 넣어 해석한다.

S + V + to-v / that절 + OC → S + V + it + OC + to-v / that절

1 The boy *found it difficult / to adjust to the new school environment.
(The boy: S, found: V, it: O(가목적어), difficult: OC, to adjust to the new school environment: O'(진목적어))
그 소년은 새로운 학교 환경에 적응하는 것이 어렵다는 것을 깨달았다.

2 The evidence made it clear / that the suspect was at the scene of the crime.
(The evidence: S, made: V, it: O(가목적어), clear: OC, that the suspect was at the scene of the crime: O'(진목적어))
증거는 그 용의자가 범죄 현장에 있었다는 것을 명확해지게 했다. *가목적어 it을 자주 동반하는 동사: find, make, think, consider, believe, keep 등

- 가목적어 it을 사용한 관용 표현을 알아 둔다.

make it a rule to-v: ~하는 것을 규칙[원칙]으로 하다	make it clear+that절: ~라는 것을 분명히 하다
take it for granted+that절: ~라는 것을 당연하게 여기다	Rumor has it+that절: ~라는 소문이 있다

3 The sign makes it clear / that pets are not allowed in this area.
(The sign: S, makes: V, it: O(가목적어), clear: OC, that pets are not allowed in this area: O'(진목적어))
그 표지판은 이곳에 반려동물이 입장할 수 없다는 것을 분명히 보여 준다.

Answers p.8

STRUCTURE 다음 문장에서 진목적어에 밑줄을 긋고, 문장을 해석하시오.

1 Our efficient brain does not consider it valuable to remember all the details. 기출

2 He found it strange that such a young boy would be traveling alone. 기출

3 She kept it a secret that she was planning to resign from her job.

4 The invention of the microwave made it possible for individuals to conveniently prepare meals.

GRAMMAR 다음 문장의 네모 안에서 어법상 알맞은 것을 고르시오.

5 I make [it / that] a rule to go around the whole shopping mall at least twice before I make a decision. 기출

efficient 효율적인, 능률적인 resign from ~에서 사직하다, 물러나다 microwave 전자레인지 conveniently 편리하게

UNIT 11 재귀대명사 목적어

동사나 전치사의 목적어가 주어와 같은 대상일 때, 목적어로 재귀대명사를 쓰고 '자신을, 자신에게'로 해석한다.
to부정사·동명사·분사의 의미상 주어와 목적어가 같은 대상을 가리킬 때도 목적어로 재귀대명사를 쓴다.

같은 사람을 가리킴 / 다른 사람을 가리킴
1 *He* told **himself** / that *he* would tell *him* the truth / regardless of the consequences.
S V IO DO
그는 결과에 상관없이 그에게 사실을 말하겠노라고 혼잣말을 했다.

S(가주어) / 같은 사람을 가리킴
2 It is difficult / for *individuals* to see **themselves** fully through the eyes of others. 기출
V SC 의미상 주어 S'(진주어)
사람들이 다른 사람들의 눈을 통해서 완전히 자신을 아는 것은 어렵다.

재귀대명사를 사용한 관용 표현을 알아 둔다.

enjoy oneself: 즐거운 시간을 보내다	behave oneself: 예의 바르게 행동하다
make oneself at home: 편하게 지내다, 편히 쉬다	say[talk] to oneself: 혼잣말하다
help oneself to N: ~을 마음껏 먹다	devote[dedicate, commit] oneself to v-ing[N]: ~에 전념하다
pride oneself on: 자신의 ~을 자랑하다	by oneself: 홀로(= alone); 혼자 힘으로(= for oneself)
of itself: 저절로	in itself: 원래, 그 자체로, 본질적으로

3 She managed to solve the problem / **by herself** without any hints or clues.
S V O
그녀는 어떤 힌트나 단서 없이 혼자 힘으로 겨우 그 문제를 풀어냈다.

Answers p.8

STRUCTURE 밑줄 친 재귀대명사가 가리키는 대상에 유의하여 다음 문장을 해석하시오.

1 Lisa didn't feel important and see herself as a part of the class. 기출

2 George looked at himself in the mirror and straightened his posture before the interview.

3 Comparing ourselves to others can lead to unnecessary stress about our own lives.

4 Peter prides himself on his strong ethical principles in both his personal and professional life.

GRAMMAR 다음 문장의 네모 안에서 어법상 알맞은 것을 고르시오.

5 You can't tickle [you / yourself] because your brain anticipates and prepares for the touch.

straighten 곧게 하다 posture 자세 compare 비교하다 ethical 윤리적인 principle 원칙, 원리 tickle 간지럽히다 anticipate 예상하다

UNIT 12 전치사의 목적어

전치사의 목적어로는 동명사(구), whether절, 의문사절, what절이 올 수 있다.

[1] Early modern scientists (S) communicated (V) their creative ideas (O) / largely *by* (전) **publishing books** (O').
초기의 현대 과학자들은 주로 책을 출판함으로써 자신들의 창의적인 생각을 전달했다.

[2] The investors (S) are (V) interested (SC) / *in* (전) **whether the market trends will continue next year** (O').
투자자들은 그 시장 추세가 내년에도 이어질 것인가에 관심이 있다.

전치사 to 뒤에 동명사(구)가 쓰이는 관용 표현을 알아 둔다.

look forward to v-ing: ~하기를 고대하다	object[oppose] to v-ing: ~하는 것에 반대하다
adjust to v-ing: ~하는 것에 적응하다	be devoted[dedicated, committed] to v-ing: ~하는 데 전념하다
be used[accustomed] to v-ing: ~하는 데 익숙하다 *cf.* be used to-v: ~하는 데 사용되다 / used to-v: ~하곤 했다	

[3] The community members (S) strongly (M) **object** (V) / **to** (전) **establishing** a landfill in their area (O').
지역 주민들은 자신들의 지역에 매립지를 조성하는 것에 강하게 반대한다.

MORE to부정사(구), that절, if절은 전치사의 목적어 자리에 올 수 없다. 단, 다음의 경우는 예외로 한다.

• in+that절: ~라는 점에서, ~이므로 • except+that절: ~라는 것 이외에는, ~라는 것을 제외하면

The restaurant (S) is (V) outstanding (SC) / **in** (전) **that** it delivers exceptional customer service and high-quality cuisine (O').
그 식당은 뛰어난 고객 서비스와 질 높은 요리를 제공한다는 점에서 우수하다.

Answers p.8

STRUCTURE 다음 문장에서 밑줄 친 전치사의 목적어에 밑줄을 긋고, 문장을 해석하시오.

1 Athletes must handle uncertainty about whether they can win. 기출

2 The employees are curious about when the company will announce the promotions.

3 The school policy strictly forbids students from bullying their peers.

4 Don't be envious of what others have; it only makes you feel unhappy with what you have. 기출

5 As a professional, she is used to dealing with difficult customers in her job. 기출

handle 감당하다, 다스리다 uncertainty 불확실성 employee 직원 promotion 승진 policy 방침, 정책 strictly 엄격하게 forbid 금지하다 bully 괴롭히다 peer 친구, 또래 envious 부러워하는 professional 전문가

CHAPTER TEST

A 구조 다음 문장에서 동사의 목적어에 모두 밑줄을 긋고, 문장을 해석하시오.

1 Children often pretend to be superheroes, using their imagination to create heroic scenes.

2 I will show you where to put up a tent for the best views of the sunrise.

3 At first he tried to cover up the error, but later he admitted making a mistake.

4 In a competitive market, consumers judge whose products or services meet their needs.

5 She explored whether pursuing a master's degree would open up more career opportunities.

기출 6 Adam Smith pointed out that specialization leads to a general improvement of everybody's well-being.

B 어법 다음 문장의 네모 안에서 어법상 알맞은 것을 고르시오.

1 Please don't forget [double-checking / to double-check] the document for any spelling errors before sending it out.

2 The safety regulations made [it / that] mandatory that workers wear helmets and other protective gear.

기출 3 Some people communicate to others about [them / themselves] rather freely, and they can be considered as the self-disclosing type.

4 Public opinion is divided on [if / whether] the death penalty should be abolished.

5 Local officials did [that / what] was within their power to improve the quality of life of residents.

6 Despite the cultural differences, they quickly adjusted to [live / living] in a foreign country and made new friends.

A imagination 상상력 heroic 영웅적인 competitive 경쟁의 consumer 소비자 meet 충족시키다 explore 조사[탐구]하다 pursue 얻으려고 애쓰다, 추구하다 master's degree 석사 학위 specialization 전문화 general 전반적인 **B** double-check 재확인하다 regulation 규정; 규제 mandatory 의무적인 protective gear 보호 장비 disclose 노출시키다 death penalty 사형 abolish 폐지하다 local 지역의 official 공무원 within one's power 할 수 있는 resident 주민

Answers p.9

 밑줄 친 우리말과 같은 뜻이 되도록 괄호 안의 말을 바르게 배열하시오.

1 어려운 퍼즐을 완성한 후, 팀원들은 자신들의 팀워크를 자축했다.
(themselves, congratulated, on, the teammates)
→ After completing the challenging puzzle, ______________________ their teamwork.

기출 2 Frankl은 전 세계에서 온 방문객들과의 대화에 참여하기를 계속했다.
(to, continued, in dialogue, engage)
→ Frankl ______________________ with visitors from all over the world.

3 우리는 보통 항상 건강할 것이라는 점을 당연하게 여긴다.
(that, granted, it, for, take)
→ We often ______________________ we will always be in good health.

4 오존층은 생물체가 육지에서 진화하는 것을 가능하게 만들었다.
(it, to evolve, made, possible, for organisms)
→ The ozone layer ______________________ on land.

5 Alexander Fleming은 현재 우리가 페니실린이라고 부르는 것을 발견하여, 항생제 분야에 큰 획을 그었다.
(we now, penicillin, call, discovered, what)
→ Alexander Fleming ______________________, marking a major breakthrough in the field of antibiotics.

기출 6 딸에게서 카메라를 선물로 받고, 그녀는 사진 찍기에 열정적으로 매진했다.
(photographs, herself, to, devoted, taking)
→ Given a camera as a gift by her daughter, she energetically ______________________ ____________.

7 우리가 바꿀 수 없는 것에 대해 걱정하는 대신에 바꿀 수 있는 것에 집중하자.
(can't, what, about, we, worrying)
→ Let's concentrate on what we can change instead of ______________________.

C challenging 어려운, 도전적인 evolve 진화하다 organism 생물, 유기체 ozone layer 오존층 discover 발견하다 breakthrough 획기적 발전; 돌파구 antibiotic 항생제 energetically 열정적으로 concentrate 집중하다

독해

[1-2] 다음 글을 읽고, 물음에 답하시오.

Being a good friend goes beyond shared moments; it demands trust, particularly in keeping secrets. A genuine friend comprehends the gravity of confidentiality. When someone shares their struggles or dreams with you, you should keep it confidential that they entrusted you with those personal details. Gaining their trust by preserving confidentiality fosters a deep, lasting connection. It is the bridge that strengthens the foundation of a trustworthy and enduring friendship.

1 밑줄 친 부분에서 진목적어를 찾아 [ ]로 묶으시오.

2 윗글에서 필자가 주장하는 바로 가장 적절한 것은?

① 비밀 유지는 진실하고 지속적인 친구 관계에 필수적이다.
② 공통된 관심사를 발견하는 것이 친구와의 친밀감을 높인다.
③ 솔직하고 정직한 태도를 유지해야 친구의 신뢰를 얻을 수 있다.

[3-4] 다음 글을 읽고, 물음에 답하시오.

Sibling rivalry is natural, especially between strong-willed kids. As parents, one of the dangers is comparing children unfavorably with each other, since they are always looking for a competitive advantage. A boy does not care how tall he is; he is interested in who is tallest. Children measure them against their peers on everything from skateboarding ability to who has the most friends. Accordingly, parents should guard against comparative comments that routinely favor one child over another. 기출

3 밑줄 친 문장에서 어법상 틀린 부분을 찾아 바르게 고쳐 쓰시오.

__________ → __________

4 빈칸에 주어진 철자로 시작하는 단어를 써서 이 글의 요지를 완성하시오.

→ It is essential to avoid making c__________ between children.

D [1-2] genuine 진실한 comprehend 이해하다 gravity 중요성, 심각성 confidentiality 비밀 유지 struggle 힘든 일; 노력, 분투 entrust A with B A에게 B를 맡기다 gain 얻다 preserve 지키다, 보존하다 foster 발전시키다, 촉진하다 strengthen 강화하다 foundation 기반, 기초 trustworthy 신뢰할 수 있는 enduring 지속적인
[3-4] sibling 형제자매 rivalry 경쟁 strong-willed 의지가 강한 unfavorably 호의적이지 않게, 비판적으로 competitive advantage 경쟁 우위 measure 평가[측정]하다 guard against ~에 대해 경계하다 routinely 일상적으로 favor 편애하다

CHAPTER

03

보어의 이해

보어란?

문장에서 주어나 목적어의 상태·성질·동작 등을 보충 설명하는 말로, 주격보어와 목적격보어가 있다.

- 주격보어: 동사 뒤에 위치하며, 주어를 보충 설명

The museum downtown is **a historic building.**

도심에 있는 그 박물관은 역사적으로 중요한 건물이다.

- 목적격보어: 목적어 뒤에 위치하며, 목적어를 보충 설명

The unfair decision made *me* **angry**.

그 부당한 결정은 나를 화나게 했다.

보어가 될 수 있는 말은?

보어 자리에는 기본적으로 명사, 대명사, 형용사가 온다. 이 밖에도 부정사, 동명사, 분사, 명사절 등 다양한 형태가 올 수 있다.

The key to success is **setting clear goals.**

성공의 비결은 명확한 목표를 세우는 것이다.

My mom told me **to clean my room before going out.**

우리 엄마는 내게 외출하기 전에 내 방을 청소하라고 말씀하셨다.

UNIT 13 구 형태의 주격보어

☑ 명사 역할을 하는 to부정사(구)나 동명사(구)는 주격보어로 쓰일 수 있으며, '(주어는) ~하는 것이다'로 해석한다.

[1] A key aspect of time management (S) / is (V) to give priority to important tasks. (SC)
시간 관리의 핵심적인 측면은 중요한 작업에 우선순위를 부여하는 것이다.

[2] The secret to a healthy relationship (S) / is (V) forgiving each other's mistakes and shortcomings. (SC)
건강한 관계의 비결은 서로의 실수와 단점을 용서하는 것이다.

☑ 형용사 역할을 하는 분사나 「전치사+추상명사」는 주격보어로 쓰일 수 있으며, '(주어가) ~하다'로 해석한다.

[3] The meeting (S) was (V) very *exhausting (SC) / [because it went on for hours without a break]. (M)
그 회의는 몇 시간 동안이나 중단 없이 계속되었기 때문에 매우 소모적이었다. *주어와 주격보어의 관계가 능동일 때는 현재분사, 수동일 때는 과거분사를 씀

[4] Peers (S) are (V) of significant importance (SC) / as a primary source of norms (M) / for young people. (M) 기출
또래는 젊은이들에게 규범의 주요 원천으로서 매우 중요하다.

MORE 주격보어로 to부정사(구)를 취하는 동사를 알아 둔다.

- seem[appear] to-v: ~인 것 같다, ~인 것처럼 보이다
- come[get] to-v: ~하게 되다
- prove[turn out] to-v: ~인 것으로 판명되다
- happen to-v: 우연히 ~하게 되다

Joseph (S) seemed (V) to be relieved. (SC) Joseph는 안도하는 것처럼 보였다.

Answers p.11

STRUCTURE 밑줄 친 주격보어에 유의하여 다음 문장을 해석하시오.

1 The first step to learning a musical instrument is getting familiar with its parts and names.

2 The expired coupon was of no value, so the shopper couldn't enjoy the discounts.

3 They remained trapped in a maze with no map or guide to lead them out.

4 I happened to run into my former classmate three years after graduating from school.

GRAMMAR 다음 문장의 네모 안에서 어법상 알맞은 것을 고르시오.

5 The positive feedback from my coach was highly [motivating / motivated] for me.

get familiar with ~에 익숙해지다 expired 기한이 지난, 만료된 maze 미로 run into ~와 우연히 만나다 former 예전의 positive 긍정적인, 낙관적인

UNIT 14 절 형태의 주격보어

명사절은 주격보어로 쓰일 수 있고, 다음과 같이 해석한다.

- **that+S'+V'**: S'가 V'하다는 것(이다), S'가 V'라는 것(이다)
- **whether+S'+V' ~ (or not)**: S'가 V'하는지 여부(이다)
- **의문사+S'+V' / 의문사+V'**: 누가[무엇이/어느 것이/언제/어디서/왜/어떻게/얼마나] ~하는지(이다)
- **관계대명사 what+(S'+)V'**: ~하는 것(이다)

[1] The good thing (S) is (V) / **that nobody got seriously hurt in the traffic accident.** (SC)
다행인 점은 그 교통사고에서 아무도 심하게 다치지는 않았다는 것이다.

[2] The question (S) is (V) / **whether we can change our behaviors and habits for the better.** (SC)
문제는 우리가 우리 자신의 행동과 습관을 보다 나은 쪽으로 바꿀 수 있는지 여부이다.

[3] The mystery (S) is (V) / **where the strange odor in the kitchen is coming from.** (SC)
부엌의 이상한 악취가 어디에서 나는 것인지가 미스터리이다.

[4] Managing our own emotions (S) is (V) / **what allows us to feel peaceful as parents.** (SC) 기출
우리 자신의 감정을 관리하는 것이 우리가 부모로서 평안함을 느끼게 해 주는 것이다.

Answers p.12

STRUCTURE 다음 문장에서 주격보어에 밑줄을 긋고, 문장을 해석하시오.

1 The problem was that the store had changed its business hours without prior notice.

2 Her dilemma was whether she should pursue her passion for art or not.

3 Perfection is not what I strive for because it can create unnecessary pressure.

4 The heart of the matter is why safety procedures were neglected in the laboratory.

5 The concern of the police is whose fingerprints were found at the crime scene.

6 My question is whether there's a large print version of your magazine. 기출

7 The lesson of the story is that true wealth lies in relationships, not possessions.

business hour 영업시간 prior 사전의 dilemma 딜레마, 궁지 passion 열정 strive for ~을 얻으려고 노력하다 pressure 압박(감), 스트레스 heart 핵심 procedure 절차 neglect 무시하다, 소홀히 하다 laboratory 실험실 concern 관심사; 걱정 fingerprint 지문 relationship 관계 possession 소유

UNIT 15 to부정사 목적격보어

to부정사는 특정 동사 뒤에서 목적격보어로 쓰인다. 이때 목적어(O)와 목적격보어는 주어와 술어 관계로 보고 'O가 ~하기를[하도록]'로 해석한다.

S + V + O + to-v

↳ 〈바람〉 want, expect 〈요청〉 ask, require, invite 〈충고〉 tell, advise
〈설득〉 encourage, persuade 〈명령〉 get, order, force 〈기타〉 allow, enable, cause 등

1 Researchers(S) *asked*(V) the participants(O) **to memorize a list of random words**(OC).
연구진은 참가자들에게 무작위 단어 목록을 암기하도록 요청했다.

2 Parents(S) *encourage*(V) the child(O) **to develop good manners**(OC) / through setting a good example themselves(M).
부모는 직접 본보기를 보임으로써 자녀가 바른 예절을 기를 수 있도록 장려한다.

3 Calorie restriction(S) can(조동사) *cause*(V_1) your metabolism(O_1) **to slow down**(OC_1), / and significantly(M) reduce(V_2) energy levels(O_2). 기출
열량 제한은 신진대사가 느려지게 할 수 있고, 에너지 수치를 상당히 감소시킬 수 있다.

Answers p.12

STRUCTURE 다음 문장에서 목적격보어에 밑줄을 긋고, 문장을 해석하시오.

1 Yoga has allowed me to improve my flexibility, strength, and endurance.

2 The veterinarian advised him to schedule regular check-ups for his pet dog.

3 Grace wanted her boyfriend to share his thoughts and feelings honestly with her.

4 To make good leaders, effective teachers encourage, invite, and even force their students to ask fundamental questions. 기출

GRAMMAR 다음 문장의 네모 안에서 어법상 알맞은 것을 고르시오.

5 In markets, advertising enables firms [inform / to inform] their customers about new products and services. 기출

flexibility 유연성 endurance 지구력 veterinarian 수의사 schedule 일정을 잡다 check-up (건강) 검진 effective 유능한; 효과적인 advertising 광고 firm 회사 inform 알리다

UNIT 16 원형부정사 목적격보어

원형부정사는 지각동사나 사역동사, help의 목적격보어로 쓰인다.

- 지각동사 see, watch/hear/feel/notice+O+ⓥ: O가 ~하는 것을 보다/듣다/느끼다/알아채다
- 사역동사 make/have/let+O+ⓥ: O가 ~하게 만들다/시키다/허용하다
- help+O+ⓥ[to-v]: O가 ~하도록 돕다 *동사 help는 목적격보어로 원형부정사와 to부정사 둘 다 취할 수 있음

[1] Maria *saw* the smile **disappear** / **from Alice's face at the bad news.**
S V O OC
Maria는 나쁜 소식을 듣고 Alice의 얼굴에서 미소가 사라지는 것을 보았다.

[2] We should not *let* our prejudice and emotions **have power over our actions.** 기출
S V O OC
우리는 우리의 편견과 감정이 행동을 지배하도록 허용하지 말아야 한다.

[3] By choosing to shop locally, / you can *help* small businesses **grow[to grow].**
M S V O OC
지역에서 쇼핑하기를 선택함으로써, 여러분은 소기업이 성장하도록 도울 수 있다.

Answers p.13

STRUCTURE 다음 문장에서 목적격보어 역할을 하는 원형부정사에 밑줄을 긋고, 문장을 해석하시오.

1 We heard the raindrops fall softly on the roof throughout the night.

2 I will have my secretary give you a call to schedule the appointment.

3 They watched one of the most famous violinists of all time play at the show. 기출

4 Exploring vast deserts can make a person feel small in the face of nature's forces.

5 You can feel your confidence grow as you accumulate small accomplishments.

6 I saw Todd and his daughter walk out of the store with the groceries.

GRAMMAR 다음 문장의 네모 안에서 어법상 알맞은 것을 고르시오.

7 The locals there helped me [find / found] my way around the city's landmarks and attractions.

raindrop 빗방울 secretary 비서 of all time 역대, 지금껏 explore 탐험하다 vast 광활한; 막대한 desert 사막 in the face of ~ 앞에서 accumulate 쌓다, 축적하다 accomplishment 성과 grocery 식료품 local 현지인 landmark 유적; 랜드마크 attraction 명소

UNIT 17 현재분사 목적격보어

현재분사(v-ing)가 목적격보어로 쓰이면 목적어의 동작이 계속 진행 중임을 강조한다.

- **지각동사+O+v-ing**: O가 ~하고 있는 것을 보다/듣다/느끼다/알아채다
- get+O+v-ing: O가 ~하도록 하다
- keep/have+O+v-ing: O가 계속 ~하게 하다
- find/catch+O+v-ing: O가 ~하고 있는 것을 발견하다
- leave+O+v-ing: O가 ~하는 채로 두다

1 She(S) *saw*(V) a little boy(O) **running around / with a paper airplane in his hand.**(OC)
그녀는 한 어린 소년이 종이비행기를 손에 들고 뛰어다니고 있는 것을 보았다.

2 He(S) *got*(V) the computer(O) **running faster**(OC) / by removing unnecessary files and programs.(M)
그는 불필요한 파일과 프로그램을 삭제함으로써 컴퓨터가 더 빠르게 작동하도록 했다.

3 The vivid descriptions and unexpected twists in the novel(S) / *kept*(V) me(O) **reading chapter after chapter.**(OC)
소설 속의 생생한 묘사와 예상치 못한 반전은 내가 계속해서 여러 챕터를 읽게 했다.

4 [As the speaker made a compelling argument](M), / she(S) *found*(V) herself(O) **nodding in agreement.**(OC)
강연자가 설득력 있는 주장을 했을 때, 그녀는 자신이 동의하며 고개를 끄덕이고 있는 것을 발견했다.

5 The teacher(S) *left*(V) the students(O) **talking about the field trip**(OC) / [after the class was over](M).
선생님은 수업이 끝난 후에 학생들이 현장 학습에 대해 이야기하도록 두었다.

Answers p.13

STRUCTURE **다음 문장에서 목적격보어에 밑줄을 긋고, 문장을 해석하시오.**

1 Suddenly, I noticed a man with long hair riding his bike towards me. 기출

2 The lively music got the children dancing and laughing joyfully at the party.

3 In the art class, the artist had her students experimenting with different painting techniques.

4 The breathtaking sunset at the beach left them feeling overwhelmed by the natural beauty.

5 The witness caught the suspect attempting to climb over a fence into her neighbor's backyard.

lively 활기 넘치는 joyfully 즐겁게 experiment with ~을 실험하다 breathtaking 숨이 막히는 overwhelmed 압도된 witness 목격자, 증인 suspect 용의자 attempt 시도하다 fence 담, 울타리

UNIT 18 과거분사 목적격보어

과거분사(p.p.)가 목적격보어로 쓰이면 목적어가 동작의 대상임을 나타낸다.

- **지각동사+O+p.p.**: O가 ~된 것을 보다/듣다/느끼다/알아채다
- **사역동사 make/have/get+O+p.p.**: O가 ~되게 하다 *cf.* 사역동사 let은 목적격보어로 「be p.p.」를 취함
- **keep+O+p.p.**: O가 ~되게 하다
- **find+O+p.p.**: O가 ~된 것을 발견하다
- **leave+O+p.p.**: O가 ~된 채로 두다

1 Recognizing the strange noise under the hood, / he promptly *had* the car **repaired**.
M / S M V O OC
후드 아래에서 나는 이상한 소음을 느끼고, 그는 즉시 차가 수리되도록 했다.

2 The Berlin Wall *kept* Germany **divided** / [until it was pulled down in 1989].
S V O OC M
베를린 장벽은 1989년에 허물어지기 전까지 독일이 양분되게 했다.

3 She *found* her house **decorated / with balloons and flowers / for her baby shower**.
S V O OC
그녀는 임신 축하 파티를 위해 자신의 집이 풍선과 꽃으로 장식된 것을 발견했다.

어법 목적어와 목적격보어의 관계가 '능동·진행'이면 현재분사를 쓰고, '수동'이면 과거분사를 쓴다.

Answers p.13

STRUCTURE 다음 문장에서 목적격보어에 밑줄을 긋고, 문장을 해석하시오.

1 Before going on a camping trip, have your bags packed with all the essentials.

2 The archaeologists left the artifact untouched to preserve its historical significance.

3 Among many groups, police officers often feel themselves misunderstood and overly criticized by the public.

4 The instructor made the difficult concept easily understood through visual aids, such as diagrams and charts.

GRAMMAR 다음 문장의 네모 안에서 어법상 알맞은 것을 고르시오.

5 The group members communicated effectively and got the work [finishing / finished] successfully.

essential 필수품 archaeologist 고고학자 artifact 유물 untouched 본래 그대로의, 훼손되지 않은 historical 역사적인 significance 중요성 misunderstand 오해하다 overly 지나치게 criticize 비난하다 instructor 강사 visual aid 시각적 도구 diagram 도식, 도해 chart 도표

CHAPTER TEST

A 구조 다음 문장에서 주격보어 혹은 목적격보어에 밑줄을 긋고, 문장을 해석하시오.

1 Nothing in this world is of any worth if it doesn't bring joy or meaning to our lives.

2 In the quiet morning, she noticed the children giggling in the street outside.

3 The question is where we should build the new community center for easy access and convenience.

4 Despite their initial concerns, he finally persuaded his parents to approve his plan for studying abroad.

5 I keep my phone charged throughout the day to avoid running out of battery.

기출 6 One of the great surprises to biologists was that humans have only about twenty thousand genes.

B 어법 다음 문장의 네모 안에서 어법상 알맞은 것을 고르시오.

1 The final moments of the film were [shocking / shocked], leaving the audience in silence.

2 As she sat by the window, she watched the birds gracefully [soar / to soar] through the sky.

3 The speaker expected the audience [engage / to engage] actively in the Q&A session at the end of the presentation.

4 In the midst of the nightmare, I found myself [screaming / to scream] for help.

5 The chef made the kitchen staff [prepare / prepared] a special dish for the VIP guest.

6 If your computer is running slow, you should get it [to check / checked] for viruses.

Ⓐ giggle 낄낄거리다 access 접근 convenience 편의성 initial 처음의 approve 승낙하다, 찬성하다 charge 충전하다 run out of ~을 다 써버리다 biologist 생물학자 gene 유전자 Ⓑ gracefully 우아하게 soar 날아오르다 in the midst of ~하는 중에 nightmare 악몽

Answers p.14

C 배열 밑줄 친 우리말과 같은 뜻이 되도록 괄호 안의 말을 바르게 배열하시오.

1 자신의 방에서 놀다가, Sam은 실수로 서랍에 손가락이 끼었다.
(caught, his finger, got)
→ Playing in his room, Sam accidentally ______________ in the drawer.

2 돌아다니던 중에 간호사는 그 환자가 병원 안마당에서 담배를 피우고 있는 것을 발견했다.
(the patient, smoking, caught, the nurse)
→ While walking around, ______________ in the hospital courtyard.

3 강하게 보이고자 하는 욕망이 우리로 하여금 감정을 억누르도록 야기할 수 있다.
(suppress, cause, to, us)
→ The desire to appear strong can ______________ our emotions.

4 쟁점은 재생 가능한 에너지원이 화석 연료를 효과적으로 대체할 수 있는가이다.
(the issue, whether, is, renewable energy sources)
→ ______________ can replace fossil fuels effectively.

5 홍수는 사람들이 더 높은 지대로 이동하여 상승하는 수위로부터 안전을 찾도록 만들었다.
(people, to, forced, move)
→ The flooding ______________ to higher ground and seek safety from the rising water levels.

기출 6 마음 챙김 명상은 개인이 자신의 고통을 더 잘 인식하고 그것에 대처하도록 도울 수 있다.
(become, individuals, to, can help)
→ Mindfulness meditation ______________ more aware of their pain and deal with it.

7 그의 다양한 경험은 그를 후보자들 사이에서 돋보이게 만든 것이었다.
(stand out, him, made, what)
→ His diverse experience was ______________ among the candidates.

C accidentally 실수로, 우연히 courtyard 안마당 suppress 억누르다 desire 욕망 issue 쟁점, 문제 renewable 재생 가능한 replace 대체하다 fossil fuel 화석 연료 flooding 홍수 mindfulness 마음 챙김 meditation 명상 stand out 돋보이다, 두드러지다 diverse 다양한 candidate 후보자

[1-2] 다음 글을 읽고, 물음에 답하시오.

In the middle of a heated soccer match, John found himself in a challenging situation — he had his ankle broken in a clash with an opposing player. Overwhelmed by the pain, he reacted angrily, screaming impulsively and wildly. However, a surprising twist occurred when the opposing player, realizing the severity of the injury, sincerely apologized. In that quiet moment, John's anger transformed into a profound sense of shame. John realized that it happened due to the unpredictable nature of the game and his emotions momentarily clouded his judgment.

1 밑줄 친 부분에서 목적격보어를 찾아 동그라미 하시오.

2 윗글에 드러난 John의 심경 변화로 가장 적절한 것은?

① furious → regretful
② embarrassed → pleased
③ frustrated → encouraged

[3-4] 다음 글을 읽고, 물음에 답하시오.

This is Nancy Watson, the captain of the dance club at Gullard High School. We are one of the biggest faces of the school, winning a lot of awards. However, the school isn't giving our club permission to practice on the school field because a lot of teachers worry that we are going to mess up the field. This is causing us lose practice time and ultimately results in creating a bad high school experience for us. We promise to use the space respectfully. I would be grateful if you would allow us to use the school field for our dance practice. 기출

3 밑줄 친 문장에서 어법상 틀린 부분을 찾아 바르게 고쳐 쓰시오.

______________ → ______________

4 빈칸에 들어갈 알맞은 단어를 윗글에서 찾아 글의 목적을 완성하시오.

→ asking for ______________ to use the school field for dance practice

D [1-2] heated 열띤 clash 충돌 opposing 상대방의 impulsively 충동적으로 wildly 미친 듯이 twist 반전 severity 심각성 sincerely 진심으로 apologize 사과하다 transform 바뀌다 profound 깊은, 엄청난 unpredictable 예측할 수 없는 momentarily 순간적으로 cloud 흐리게 하다 [3-4] captain 상(長), 우두머리 permission 허락, 허가 mess up ~을 엉망으로 만들다 ultimately 결국 respectfully 소중히 grateful 감사하는

CHAPTER 04

문장 구조의 기본과 변형

문장 구조의 기본

- 문장을 이루는 필수 성분에는 주어(S), 동사(V), 목적어(O), 보어(C)가 있다.
  수식어(M)는 필수 성분은 아니지만 문장에 덧붙어 의미를 더해 준다.

- 문장의 기본 구조는 어떤 성분으로 구성되어 있는지에 따라 크게 다섯 종류로 나뉜다.

S+V	She teaches at a high school. 그녀는 고등학교에서 가르친다.
S+V+SC	She is a teacher. 그녀는 교사이다.
S+V+O	She teaches science. 그녀는 과학을 가르친다.
S+V+IO+DO	She teaches us science. 그녀는 우리에게 과학을 가르쳐 준다.
S+V+O+OC	Her class makes learning enjoyable. 그녀의 수업은 배움을 즐겁게 한다.

문장 구조의 변형

문장의 기본 구조는 다양한 방식으로 변형될 수 있다. 문장을 이루는 요소가 위치를 이동하거나 생략되기도 하고, 새로운 요소가 더해지기도 한다.

UNIT 19 문장의 기본 구조

영어 문장에는 크게 5개의 기본 구조가 있으며, 「S+V」를 기본으로 하여 다른 필수 성분을 더해서 만든다. 이때 수식어(M)는 필수 성분이나 문장 전체를 수식하기 위해 덧붙을 수 있지만, 기본 구조에는 영향을 주지 않는다.

- **S+V**: S가 V하다
- **S+V+SC**: S는 SC이다
- **S+V+O**: S가 O를 V하다
- **S+V+IO+DO**: S가 IO에게 DO를 V해 주다
- **S+V+O+OC**: S가 O를 OC라고[하게] V하다

[1] **The river flows** / gently through the deep and narrow valley.
(The river: S, flows: V, gently: M, through the deep and narrow valley: M)
그 강은 깊고 좁은 계곡을 지나 부드럽게 흐른다.

[2] **We were satisfied** / after enjoying a variety of global cuisines at the restaurant.
(We: S, were: V, satisfied: SC, after enjoying ... restaurant: M)
우리는 그 식당에서 다양한 세계 요리를 즐긴 후에 만족했다.

[3] **I regret what I said** / [because it led to a substantial misunderstanding].
(I: S, regret: V, what I said: O, [because ... misunderstanding]: M)
나는 내가 말한 것을 후회하는데, 왜냐하면 그것이 상당한 오해를 불러일으켰기 때문이다.

[4] **Internships can offer students work experience** / [that contributes to their skill development].
(Internships: S, can offer: V, students: IO, work experience [that ... development]: DO)
인턴 근무는 학생들에게 그들의 기술 발전에 도움이 되는 업무 경험을 제공해 줄 수 있다.

[5] With patience and understanding, / **my parents made me take responsibility for my actions.**
(With patience and understanding: M, my parents: S, made: V, me: O, take responsibility for my actions: OC)
인내와 이해로 부모님은 내가 스스로의 행동에 책임을 지도록 하셨다.

Answers p.17

STRUCTURE 다음 문장에서 주어, 동사, 목적어, 보어에 각각 S, V, O, C 표시를 하고, 문장을 해석하시오.

1 The shoelaces came loose while she was running on the treadmill at the gym.

2 Due to the unexpected changes in our plans, we postponed going to the cinema.

3 In the science class, the students asked the teacher some questions with genuine curiosity.

4 In the swimming competition, he swam vigorously across the lake to get to the other side.

5 A tiger's stripes allow it to blend in with its surroundings and remain hidden.

shoelace 신발 끈 loose 풀린, 느슨한 treadmill 러닝머신 unexpected 예상치 못한, 뜻밖의 postpone 연기하다 curiosity 호기심 vigorously 힘차게 stripe 줄무늬 blend in with ~에 섞여 들다 surroundings 주변, 환경

UNIT 20 주어의 이동

특정 어구를 강조 등의 이유로 문장 맨 앞에 두면, 주어와 (조)동사의 순서가 바뀌는 도치가 일어날 수 있다.

부정어(구)+be동사/조동사+S ~	도치되기 전의 문장 어순에 따라 해석	*부정을 뜻하는 표현: not, never, no, little, few, hardly, scarcely, rarely, seldom, only 등
장소·방향 부사(구)+V+S	도치되기 전의 문장 어순에 따라 해석	*장소·방향 부사(구)가 문두에 올 경우 도치가 선택적으로 일어남 **주어가 대명사일 경우 주어와 동사는 도치되지 않음
SC+V+S		
so/neither[nor]+be동사/조동사+S	S도 ~하다/~하지 않다	

1 Never(부정어) was(V) the figure skater(S) more ready / to demonstrate her skill on the ice.
그 피겨 스케이팅 선수는 빙판 위에서 자신의 실력을 보여 줄 준비가 이보다 더 되어 있은 적이 없었다.

2 Along the road(방향 부사구) came(V) a gentle breeze(S), / carrying the fragrance of blooming flowers.
길을 따라 가벼운 산들바람이 불어와서, 피어나는 꽃향기를 실어 날랐다.

3 Attached(SC) are(V) the photos from our recent event(S), / capturing memorable moments.
기억에 남는 순간을 포착한 최근 행사의 사진을 첨부합니다.

4 The audience(S_1) was moved(V_1) by the powerful and emotional film, // and so were(V_2) the critics(S_2).
관객들은 그 강력하고 감성적인 영화에 감동했고, 비평가들도 마찬가지였다.

어법 문장의 맨 앞에 온 것이 주어가 아닐 수도 있으므로, 주어가 도치된 경우 주어-동사의 수 일치에 유의한다.
On the desk [is / *are] copies of the latest quarterly reports. 책상 위에는 최신 분기 보고서의 사본이 있다.

Answers p.17

STRUCTURE 다음 문장에서 주어를 모두 찾아 밑줄을 긋고, 문장을 해석하시오.

1 Hardly did anyone pay attention to the note left on the kitchen counter.

2 At the corner of the street was a cozy café, filled with the aroma of fresh coffee.

3 Under no circumstances should you disclose your password to anyone.

4 The players couldn't accept the unexpected outcome, and neither could the spectators.

GRAMMAR 다음 문장의 네모 안에서 어법상 알맞은 것을 고르시오.

5 Related to a frugal living [is / are] practices like avoiding shopping and reducing waste.

kitchen counter 부엌 조리대 cozy 아늑한 aroma 향기 circumstance 상황, 환경 disclose 밝히다, 드러내다 outcome 결과 spectator 관중 related 관련 있는 frugal 검소한, 절약하는 practice 실천; 관습 reduce 줄이다

UNIT 21 목적어의 이동

☑ 목적어는 강조를 위해 문장 맨 앞에 올 수 있고, 이 경우 문장은 「O+S+V」, 「O+S+V+OC」의 어순이 된다.

1 All of this knowledge (O) / I (S) have gained (V) through years of studying, / immersing myself in books.
이 모든 지식을 나는 책에 몰두하면서 수년간의 공부를 통해 얻었다.

2 Those [whose innovative spirit inspires others to dream big] (O) / we (S) call (V) great inventors (OC).
혁신적인 정신으로 다른 사람들에게 큰 꿈을 꾸도록 영감을 주는 사람들을 우리는 위대한 발명가라고 부른다.

☑ 목적어가 길거나 중요한 경우 문장 뒤로 보낼 수 있고, 이 경우 문장은 「S+V+M+O」, 「S+V+OC+O」의 어순이 된다.

3 We (S) should consider (V) with an open heart (M) / the perspectives of minority groups (O).
우리는 소수 집단들의 관점을 열린 마음으로 고려해야 한다.

4 Collaboration with experts (S) makes (V) easier (OC) / the acquisition of specialized knowledge (O).
전문가와의 협력은 전문적인 지식의 습득을 더 쉽게 만든다.

어법 목적어가 문장의 맨 앞에 오는 경우 주어와 동사는 도치되지 않지만, 목적어에 부정을 뜻하는 표현이 있으면 주어와 (조)동사가 도치된다.
Not a single word (O) did (조동사) the woman (S) say (Ⓥ). 그 여자는 단 한 마디의 말도 하지 않았다.

Answers p.17

STRUCTURE 다음 문장에서 목적어에 밑줄을 긋고, 문장을 해석하시오.

1 Such a demanding workload he had, but he remained calm under pressure.

2 The spectacular drone light show people considered the highlight of the entire event.

3 The scientist conducted, under controlled conditions, experiments to test the hypothesis.

4 Advanced medical technology can make possible the development of new cures for various diseases.

GRAMMAR 다음 문장의 네모 안에서 어법상 알맞은 것을 고르시오.

5 Few options [the Arctic explorers had / did the Arctic explorers have] when their ship became trapped in the ice.

demanding (일이) 벅찬, 힘든 workload 업무량 spectacular 화려한, 장관인 conduct (특정 활동을) 하다 condition 조건, 상황 hypothesis 가설
advanced 진보한, 발달한 cure 치료법 Arctic 북극의 explorer 탐험가

UNIT 22 보어의 이동

보어 역시 강조를 위해 문장 맨 앞에 올 수 있고, 이 경우 주어가 대명사인 문장은 「SC+S+V」, 주어가 명사(구)인 문장은 「SC+V+S」의 어순이 된다.

1 A long and captivating novel (SC) it (S) is (V), / with each chapter unfolding hidden truths.
그것은 각 장마다 숨겨진 진실을 펼쳐내는 길고 매혹적인 소설이다.

2 Fundamental in shaping public opinion (SC) / is (V) the role of the media (S) in modern society.
현대 사회에서 여론 형성에 있어 핵심적인 것은 언론의 역할이다.

보어가 길거나 중요한 경우 문장 뒤로 보낼 수 있고, 이 경우 문장은 「S+V+M+SC」, 「S+V+O+M+OC」의 어순이 된다.

3 Making a positive impact on others' lives (S) / is (V) to me (M) more important (SC) / than personal success.
다른 사람들의 삶에 긍정적인 영향을 주는 것이 나에게는 개인적인 성공보다 더 중요하다.

4 The boss (S) considers (V) Anna's leadership (O), / above anything else (M), / the most valuable asset for the team's success (OC).
사장은 Anna의 리더십이 다른 무엇보다도 팀의 성공을 위한 가장 소중한 자산이라고 생각한다.

Answers p.18

STRUCTURE 다음 문장에서 보어에 밑줄을 긋고, 문장을 해석하시오.

1 Such a popular destination it became that tourists flocked there from all corners of the globe.

2 The ordinary may become under different circumstances the extraordinary.

3 The game made the players, more than the coaches, aware of their individual strengths and weaknesses.

4 So exceptional is the talent displayed by the young pianist that it captivates the audiences and the judges alike.

GRAMMAR 다음 문장의 네모 안에서 어법상 알맞은 것을 고르시오.

5 Confusing to both beginners and experts [is / are] the rapidly changing field of artificial intelligence.

flock (많은 수가) 모이다 ordinary 평범한 extraordinary 비범한, 대단한 aware of ~를 인식하는 strength 강점 weakness 약점 exceptional 특출한, 매우 우수한 display 보여 주다, 드러내다 captivate 사로잡다 confusing 혼란스러운 artificial intelligence 인공지능

UNIT 23 생략

☑ 문장을 간결하게 하기 위해, 생략해도 의미가 통하는 어구는 생략할 수 있다. 생략된 상태로 해석하는 것이 어색한 경우에는 생략된 부분을 다시 넣어 해석한다.

- **앞에 나온 것과 동일한 어구의 생략**
- **부사절의 주어가 주절의 주어와 같을 때, 부사절의 「주어+be동사」 생략**

1 Do not judge the book by its cover // but (judge the book) by the story [it holds within].
책을 표지로 판단하지 말고, 그것이 담고 있는 이야기로 판단하라.

2 I say [that every achievement involves sacrifice; / every breakthrough, (involves) perseverance; / every advancement, (involves) hard work].
나는 모든 성취에는 희생이 수반되고, 모든 약진에는 인내가 수반되며, 모든 진보에는 노력이 수반된다고 말한다.

3 Always stay positive, / even [when you think {it's not possible to (stay positive)}].
그렇게 하는 것이 불가능하다고 생각할 때조차도 항상 긍정적으로 생각하라.

4 [If (you are) at work], / you do not have to answer every personal call immediately.
당신이 업무 중이라면, 모든 개인 전화를 즉시 받을 필요는 없다.

Answers p.18

STRUCTURE 다음 문장에서 생략된 어구가 있는 곳을 모두 찾아 ✓ 표시하고, 문장을 해석하시오.

1 My sister wanted me to ride the roller coaster with her, but I didn't want to.

2 My family shared heartfelt stories and laughed while sitting around the campfire.

3 People who exercise regularly often have higher energy levels than those who do not.

4 To some, life is a thrilling adventure, while to others, a peaceful journey.

5 The issue may seem confusing when examined in isolation, but it becomes clear if seen from a broader perspective.

6 The neighborhood has changed over the years, and it is not as peaceful as it used to be.

heartfelt 진심 어린 campfire 모닥불 energy level 체력, 에너지 수치 examine 검토하다 in isolation 따로, 별도로 perspective 관점

UNIT 24 삽입

보충 설명을 위한 어구나 절을 문장 내에 삽입할 수 있으며, 보통 삽입어구 앞뒤에는 콤마(,)나 대시(—)가 있다.

[1] The day(S), ((**like any other Monday**)), started(V) with the usual hustle and bustle.
그날은 여느 월요일과 다름없이, 평소와 같은 분주함으로 시작되었다.

[2] Writing consistently(S), ((**not just reading extensively**)), can improve(V) your language proficiency.
다독하는 것뿐만 아니라 꾸준히 글을 쓰는 것은 여러분의 언어 능력을 향상시킬 수 있다.

[3] Adequate sleep is, ((**as studies suggest**)), crucial for cognitive function and overall health.
연구가 시사하는 바와 같이, 충분한 수면은 인지 기능과 전반적인 건강에 중요하다.

[4] I can provide additional information, ((**if necessary**)), to support my proposal.
나는 내 제안을 뒷받침하기 위해 필요하다면 추가 정보를 제공할 수 있다.

MORE 문장에 자주 삽입되는 구문은 다음과 같다.

- in fact(사실은), after all(결국), as a result(결과적으로), in general(일반적으로), that is (to say)(즉)
- if any(만약 있다고 해도, 만약 조금이라도 있다면), if ever(만약 한다 할지라도), if not(~는 아니더라도, 만약 ~가 아니라면), if possible(가능하다면), if necessary(필요하다면)
- I think[suppose](내가 생각하기에), I believe(내가 믿기에), I hear(내가 듣기에), as it were(말하자면)

Answers p.19

STRUCTURE 다음 문장에서 삽입된 어구나 절을 찾아 ((   ))로 묶고, 문장을 해석하시오.

1 The potential within each of us, I believe, is limitless and waiting to be unleashed.

2 Seldom, if ever, does a single decision have such a profound impact on one's life.

3 His claim, while not necessarily true, is sparking an interesting debate among scholars.

4 The benefits of a healthy diet include — but are not solely limited to — weight management.

5 The product is guaranteed against manufacturing defects, if any, for one year from the date of purchase.

6 She walked into the room, like a queen entering her palace, with grace and confidence.

limitless 무한한 unleash 분출하다, 풀어놓다 claim 주장 spark 불러일으키다 benefit 이점, 혜택 guarantee (제품에 대해) 품질 보증을 하다 manufacturing 제조(업) defect 결함 purchase 구매

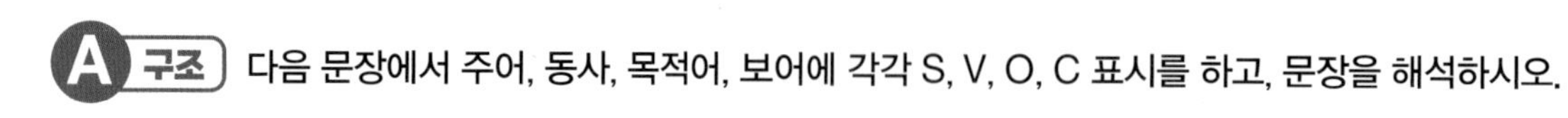

A 구조 다음 문장에서 주어, 동사, 목적어, 보어에 각각 S, V, O, C 표시를 하고, 문장을 해석하시오.

1 Louder grew the distant echoes as the hikers went deeper into the cave.

2 We find things that reflect our personal experiences, in general, particularly funnier.

3 Every challenge you could imagine she has faced with resilience and determination.

4 Our day, while not exactly what we planned originally, was really quite perfect.

기출 5 Her outstanding performance made her, to everyone's surprise, the first black woman to win an Olympic gold medal.

6 Rarely does one witness such a mysterious and awe-inspiring natural phenomenon as the Northern Lights.

B 어법 다음 문장의 네모 안에서 어법상 알맞은 것을 고르시오.

1 [Weaker / Weakness] became the scent of flowers as we strolled away from the garden.

2 When faced with uncertainty, do not make decisions impulsively, but rather [thoughtful / thoughtfully].

3 Such a great opportunity we [had / had it] to showcase our talents at the event.

4 [After / Only after] the rain had stopped did we realize how refreshing the air felt.

5 Important in maintaining a successful business partnership [is / are] clear communication and shared goals.

6 Literature, at least to writers and literary enthusiasts, [is / are] not merely a set of stories but a gateway to diverse perspectives.

Ⓐ distant (거리가) 먼 echo 메아리, 울림 reflect 반영하다 resilience 회복력 determination 결단력 originally 원래 outstanding 뛰어난, 눈에 띄는 mysterious 신비한, 불가사의한 awe-inspiring 장엄한, 경외심을 일으키는 phenomenon 현상 Ⓑ stroll 산책하다 impulsively 충동적으로 refreshing 상쾌한 partnership 제휴, 협력 literature 문학 literary 문학의 enthusiast 애호가, 열정적인 사람 merely 그저, 단지 gateway 수단, 입구

Answers p.19

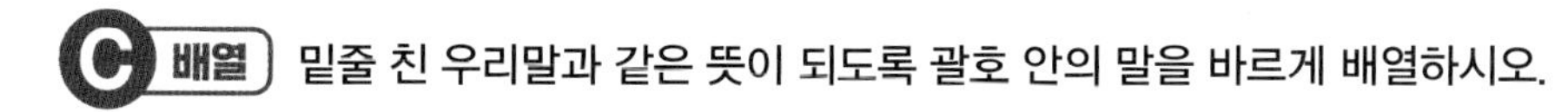

C 배열 밑줄 친 우리말과 같은 뜻이 되도록 괄호 안의 말을 바르게 배열하시오.

기출 **1** 지구는 역동적이고, 이곳의 서식자들이 함께 사는 방식도 그러하다. (so, the arrangements, are, and)

→ Our planet is dynamic, ______________________________ by which its inhabitants live together.

2 그 매력적인 별장은 짓는 데 수백만 달러는 아니더라도 수천 달러가 들 것이다.
(of, millions, not, dollars, if)

→ The charming cottage would cost thousands, ______________________________, to build.

3 그 작은 마을에는 계절에 맞지 않더라도 꽃을 피울 수 있는 마법 같은 능력을 가진 정원사가 살고 있었다.
(the, village, lived, in, small)

→ ______________________________ a gardener who had a magical ability to make flowers bloom out of season.

4 가공되지 않은 물질로부터 능숙하게 아름다움을 창조하는 사람을 우리는 예술가라고 부른다.
(call, we, artist, an)

→ Someone who skillfully creates beauty from raw materials ______________________ ________________.

5 음식은 우리의 배고픈 몸에 영양분을 공급하고, 읽기는 우리의 호기심 많은 마음에 영양분을 공급할 것이다.
(our, minds, curious, reading)

→ Food will nourish our hungry body; ______________________________.

기출 **6** 사막의 조건이 선인장에게는 극심하지 않고, 남극의 얼음 땅도 펭귄에게는 극심한 환경이 아니다.
(the, lands, icy, are, nor)

→ The desert conditions are not extreme for a cactus; ______________________________ of Antarctica an extreme environment for penguins.

7 표준화된 부품 시스템은 제품 전체를 교체하는 대신 고장 난 부품의 교체를 가능하게 했다.
(possible, replacement, the, made)

→ The system of standardized parts ______________________________ of broken parts instead of replacing the whole product.

C arrangement 방식 dynamic 역동적인 inhabitant 서식자, 주민 charming 매력적인 cottage 별장; 오두막 bloom 꽃이 피다 out of season 계절에 맞지 않는 raw 가공되지 않은, 원자재의 nourish 영양분을 공급하다 extreme 극심한, 가혹한 cactus 선인장 Antarctica 남극 replacement 교체 standardized 표준화된

D 독해

[1-2] 다음 글을 읽고, 물음에 답하시오.

Jake's own flying dream began at a village festival. He was four years old. His uncle tied a red party balloon to the top button of Jake's shirt. It was filled with helium, a gas four times lighter than air. "Maybe you will fly," Jake's uncle remarked. He led his nephew up a grassy bank so they could look over the whole festival. Below Jake stretched the little tents and the stalls. The balloon kept pulling him towards the sky, and he began to feel unsteady on his feet. Then his uncle let go of his hand, and Jake's dream began. 기출

1 밑줄 친 문장에서 주어에 S, 동사에 V 표시를 하시오.

2 윗글의 Jake의 삼촌에 관한 내용과 일치하지 않는 것은?

① Jake의 셔츠에 헬륨으로 채워진 풍선을 묶어 주었다.
② Jake를 풀이 무성한 강둑으로 데리고 갔다.
③ 안전을 위해 Jake의 손을 놓지 않았다.

[3-4] 다음 글을 읽고, 물음에 답하시오.

When we enter a familiar setting, like the streets around our house, habitual behavior takes over. Efficient is it as it frees us from having to gather all sorts of new information. Yet, because we are using less energy on analyzing what is around us, we may be letting our mental guard down. If in three years there has never been a car coming out of the Joseph's driveway in the morning, what happens on the first day of the fourth year, when suddenly there is? Will we see it in time? Will we see it at all? Our feeling of safety and control is also a weakness.

3 밑줄 친 문장에서 어법상 틀린 부분을 찾아 바르게 고쳐 쓰시오.

______________ → ______________

4 빈칸에 주어진 철자로 시작하는 단어를 써서 이 글의 주제를 완성하시오.

→ the impact of a sense of f______________ on our attention to potential risks

D [1-2] remark 말하다, 발언하다 grassy 풀이 무성한 bank 강둑, 제방 stretch 펼쳐지다, 뻗어 있다 stall 가판대 unsteady 불안정한 let go of (손으로 잡고 있던 것을) 놓다
[3-4] habitual 습관적인 take over 자리잡다 efficient 효율적인 gather 수집하다, 모으다 analyze 분석하다 let one's mental guard down 정신적인 경계를 늦추다 driveway (도로에서 집·차고까지의) 진입로

CHAPTER 05

시제 / 태

문장의 시제란?

동작이나 상태가 일어난 때, 진행·완료 여부 등을 동사의 형태 변화로 나타내는 것을 말한다.

	현재	과거	미래
단순형	go	went	will go
진행형	am/is/are going	was/were going	will be going
완료형	have/has gone	had gone	will have gone
완료진행형	have/has been going	had been going	will have been going

문장의 태란?

주어가 동작을 행하는 주체인지(능동태), 당하는 대상인지(수동태)를 동사의 형태 변화로 나타내는 것을 말한다. 준동사도 동사적 성질을 지니므로 시제와 태를 가진다.

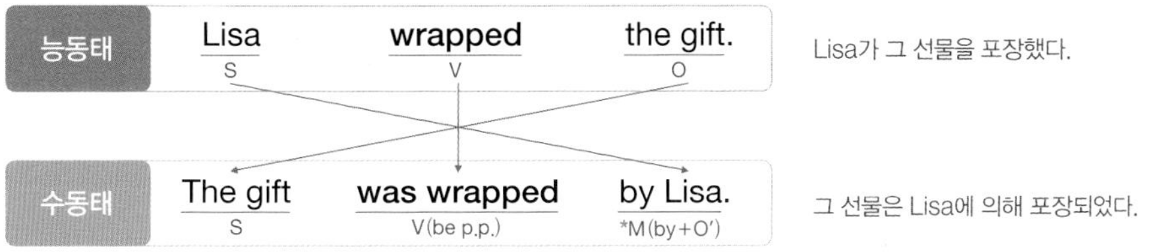

Lisa가 그 선물을 포장했다.

그 선물은 Lisa에 의해 포장되었다.

*능동태의 주어가 일반인이거나 불분명할 때, 또는 중요하지 않으면 「by+O'」를 생략하기도 한다.

UNIT 25 단순 시제 / 진행형

☑ 현재시제는 현재의 상태나 반복되는 일, 습관, 일반적 사실, 불변의 진리, 속담 등을 나타내며, '~하다'로 해석한다.

[1] We **live** in a world of "survival of the fittest." 기출 〈현재의 상태〉
우리는 '적자생존'의 세상에 살고 있다.

[2] I always **buy** groceries online / [because it saves me time and energy]. 〈반복되는 일〉
나는 항상 온라인으로 식료품을 구입하는데, 왜냐하면 그렇게 하는 것이 나의 시간과 에너지를 절약해 주기 때문이다.

☑ 과거시제는 동사의 과거형을 사용하여 과거의 상태나 동작을 나타내며, '~했다'로 해석한다.

[3] In 2008, / Barack Obama **became** the 44th President of the United States.
2008년에 Barack Obama는 제44대 미국 대통령이 되었다.

☑ 미래시제는 「**will** Ⓥ」, 「**be going to** Ⓥ」의 형태로, 미래에 일어날 일이나 계획을 나타낸다. '~할 것이다, ~할 예정이다'로 해석한다.

[4] According to the website, / my package **will arrive** in 7 to 10 days.
그 웹사이트에 따르면, 내 소포는 7~10일 후에 도착할 것이다.

☑ 진행형은 「**be v-ing**」의 형태로, 특정 시점에 진행 중인 일을 나타낸다. be동사의 시제에 따라 '~하고 있다/있었다/있을 것이다'로 해석한다.

[5] She **was studying** for the midterm exam / [when I called her yesterday].
어제 내가 그녀에게 전화했을 때 그녀는 중간고사 공부를 하고 있었다.

Answers p.22

STRUCTURE 시제에 유의하여 다음 문장을 해석하시오.

1 DNA carries genetic information that determines an organism's traits and functions.

2 Einstein was against science fiction because he felt it gave people a false illusion.

3 Today, we're going to talk about cutting up a Thanksgiving holiday favorite — pumpkin pie. 기출

4 My palms are sweating, and I have butterflies in my stomach. 기출

5 By the time you return from the walk, I will be brewing coffee for us.

---

genetic 유전의, 유전학의 trait 형질, 특징 science fiction 공상 과학 소설 illusion 환상; 오해 palm 손바닥 sweat 땀이 나다
have butterflies in one's stomach 안절부절못하다, 긴장되다 brew (커피 · 차를) 끓이다, 만들다

UNIT 26 현재완료/현재완료진행형

현재완료는 「**have[has] p.p.**」의 형태로, 과거의 일이 현재까지 영향을 주는 경우에 쓴다.

의미	자주 함께 쓰이는 부사(구)
경험: ~해 본 적이 있다	ever, never, once, ~ times, before 등
계속: ~해 왔다	「for+기간」, 「since+과거 시점」, so far, how long, all day/week/year 등
완료: 막 ~했다, ~을 마쳤다	already, yet, just, just now, recently 등
결과: ~했다, ~해버렸다 (그 결과 …하다)	-

1 [If you**'ve** *ever* **considered** studying sign language], / come and try our class! 기출 〈경험〉
당신이 수화 공부를 고려해 본 적이 있다면, 오셔서 저희의 수업을 들어보세요!

2 *Since* the early 1980s, / Black Friday **has been** a kind of unofficial U.S. holiday. 기출 〈계속〉
1980년대 초부터 블랙 프라이데이는 일종의 비공식적인 미국 공휴일이었다.

현재완료진행형은 「**have[has] been v-ing**」의 형태로, 동작이 계속됨을 현재완료보다 더 강조한다. '(계속해서) ~해 오고 있다'로 해석한다.

3 The baby **has been crying** with hunger; // it's time for a feeding.
아기가 배고파서 계속 울고 있다. 우유를 줄 때이다.

어법 현재완료는 과거보다는 현재에 더 초점을 둔 시제이므로, 과거 시점을 나타내는 부사(구)인 yesterday, 「last+기간」, 「기간+ago」, 「in+연도」, then, at that time, when ~ 등과는 같이 쓰지 않는다.

In 2002, South Korea [***advanced** / has advanced] to the semi-finals of the World Cup.
2002년에 한국은 월드컵 4강에 진출했다.

Answers p.23

STRUCTURE 현재완료의 의미에 유의하여 다음 문장을 해석하시오.

1 Coffee, with its rich aroma and bold flavor, has been a popular drink for centuries.

2 I have just woken up from a beautiful dream, and its vivid images still dance in my mind.

3 The Bengal tiger has lost its habitat and survives only in protected areas.

GRAMMAR 다음 문장의 네모 안에서 어법상 알맞은 것을 고르시오.

4 K-pop artists have been [dominating / dominated] global music charts. They [sold / have sold] nearly 26 million albums since the start of this year.

bold 진한; 선명한 flavor 풍미, 맛 vivid 생생한, 선명한 habitat 서식지 protected area 보호 구역 dominate 장악하다, 지배하다

UNIT 27 과거완료/미래완료

과거완료는 「**had p.p.**」의 형태로, 과거의 한 시점을 기준으로 그때까지의 경험, 계속, 완료, 결과를 나타낸다. 또한 과거 기준 시점 이전에 일어난 일(대과거)을 나타내기도 한다.

경험: (그때까지) ~한 적이 있었다	**계속**: (그때까지) ~해 왔었다
완료: (그때) 막/이미 ~했었다	**결과**: ~했었다 (그 결과 …했다)

1 Sarah **had seen** that movie before, // so she suggested watching something new. 〈경험〉
Sarah는 전에 그 영화를 본 적이 있어서, 새로운 것을 보자고 제안했다.

2 [When Leo arrived at the restaurant], / his friends **had** already **ordered** appetizers. 〈완료〉
Leo가 식당에 도착했을 때, 그의 친구들은 이미 애피타이저를 주문한 상태였다.

3 After the scandal, / the actor *failed* to regain the fame / [that he **had enjoyed** before]. 〈대과거〉
스캔들이 있은 이후에, 그 배우는 전에 누렸던 명성을 되찾지 못했다.

미래완료는 「**will have p.p.**」의 형태로, 미래의 한 시점에 끝나거나 계속되는 일을 나타낸다. '(그때까지는) ~하게 될 것이다, (그때까지) ~한 것이 된다'로 해석한다.

4 The builders **will have finished** fixing the roof / *by the end of this month.
건축업자들은 이번 달 말까지는 지붕 수리를 끝낼 것이다. *미래완료는 by, until, before, by the time, as of 등의 표현과 자주 쓰인다.

MORE 과거의 일들을 발생 순서대로 언급할 경우나, 문맥상 그 순서가 명확한 경우에는 먼저 일어난 일을 굳이 대과거로 표현하지 않는다.
I **turned off** the light and *slipped* into bed. 나는 불을 끄고 침대에 들어갔다.
We *arrived* after the lecture **began**. 우리는 강의가 시작한 후에 도착했다.

Answers p.23

STRUCTURE 시제에 유의하여 다음 문장을 해석하시오.

1 The house had been vacant for several months when the new owner moved in.

2 The opportunity had gone, and she regretted not seizing it when she had the chance.

3 He had just left the office when he received an urgent call from his boss.

4 Voltaire was imprisoned in the Bastille in Paris because he had insulted a powerful aristocrat. 기출

5 If the team wins the championship, they will have secured victory three times in a row.

vacant 비어 있는 seize 붙잡다, 포착하다 urgent 긴급한, 시급한 imprison 수감하다, 가두다 insult 모욕하다 aristocrat 귀족 win the championship 우승을 차지하다 secure 확보하다, 획득하다 in a row 연속으로

UNIT 28 4·5형식의 수동태

☑ 4형식의 수동태는 「S+be p.p.+O」의 형태이다. 직접목적어가 수동태의 주어 자리에 갈 경우, 간접목적어 앞에 전치사 to, for, of를 쓴다.

[1] **All participants** **were given** **certificates and souvenirs** / at the end of the marathon.
S(능동태의 IO) V(be p.p.) O(능동태의 DO)
마라톤이 끝났을 때 모든 참가자들은 (참가) 증명서와 기념품을 받았다.

[2] **Certificates and souvenirs** **were given** **to all participants** / at the end of the marathon.
S(능동태의 DO) V(be p.p.) to+O(능동태의 IO)
마라톤이 끝났을 때 (참가) 증명서와 기념품이 모든 참가자들에게 주어졌다.

☑ 5형식의 수동태는 「S+be p.p.+C」의 형태이다. 사역동사와 지각동사의 목적격보어인 원형부정사는 수동태에서 to부정사로 바뀐다.

[3] **Uganda** **is called** **"the Pearl of Africa"** / for its beauty, abundant wildlife and diversity.
S V(be p.p.) C
우간다는 그곳의 아름다움과 풍부한 야생 동물, 그리고 다양성으로 인해 '아프리카의 진주'라고 불린다.

[4] **She** **was made** **to apologize** publicly / for spreading false information about her colleague.
S V(be p.p.) C
그녀는 동료에 대한 허위 정보를 퍼뜨린 것에 대해 공개적으로 사과해야 했다.

MORE 직접목적어를 주어로 하는 4형식의 수동태 문장에서 간접목적어 앞에 쓰이는 전치사는 동사에 따라 다르다.

to	give, offer, bring, send, lend, show, teach, tell, sell 등
for	make, buy, get, cook, find, choose 등 *직접목적어만 수동태의 주어가 됨
of	ask, inquire, require 등

Answers p.23

STRUCTURE 밑줄 친 부분에 유의하여 다음 문장을 해석하시오.

1 New tablets were bought for the students thanks to a sponsorship from a technology company.

2 Important news and updates from the battlefield were brought to the general immediately.

3 The seafood products were kept fresh on ice at the grocery store.

4 The magician was seen to vanish into a cloud of smoke during his performance.

GRAMMAR 다음 문장의 네모 안에서 어법상 알맞은 것을 고르시오.

5 Sophia [offered / was offered] a summer internship because she [received / was received] a strong recommendation from a professor.

sponsorship 후원 battlefield 전장, 전쟁터 general 장군 vanish 사라지다 internship 인턴 근무, 인턴직 recommendation 추천 professor 교수

UNIT 29 시제·조동사와 결합된 수동태

수동태의 진행형은 「**be being p.p.**」의 형태로 '~되고 있다, ~되는 중이다'로 해석한다.

1 The injured patients **are being treated** by the medical staff.
부상당한 환자들이 의료진에 의해 치료받고 있다.

수동태의 완료형은 「**have[has]/had been p.p.**」의 형태로, '~되었다, ~되어 왔다/~되었었다, ~되어 왔었다'로 해석한다.

2 Much research **has been conducted** / on the effects of stress on the immune function.
스트레스가 면역 기능에 미치는 영향에 관한 많은 연구가 실시되어 왔다.

조동사와 결합된 수동태는 「**조동사+be p.p.**」의 형태로, '~되다, ~당하다'라는 수동태의 기본 의미에 조동사의 의미를 더하여 해석한다.

3 Practical skills **can be learned** and **mastered** / only through experience in real situations.
실질적 기술은 실제 상황에서의 경험을 통해서만 학습되고 숙달될 수 있다.

MORE take care of, carry out, put off 등의 구동사는 수동태에서도 한 덩어리로 움직인다.
Pets should **be taken good care of** with love and attention.
반려동물은 사랑과 관심으로 잘 보살펴져야 한다.

Answers p.24

STRUCTURE 밑줄 친 부분에 유의하여 다음 문장을 해석하시오.

1 The test was being delayed due to a printing error that required correction.

2 The novel had been written over the course of several years before it was finally published.

3 By the end of the month, the renovations will have been completed on the house.

4 The fire extinguisher must not be used unless there is a real emergency.

5 Robert was laughed at for his awkward dance moves, but now he's gaining applause.

GRAMMAR 다음 문장의 네모 안에서 어법상 알맞은 것을 고르시오.

6 The grass in the garden [has not mowed / has not been mowed], and it has grown quite long.

correction 수정, 정정 over the course of ~ 동안 publish 출간하다 renovation 보수, 개조 fire extinguisher 소화기 emergency 비상(사태) awkward 어색한, 서투른 applause 박수(갈채), 칭찬 mow (풀·잔디를) 깎다

UNIT 30 준동사의 시제와 태

to부정사나 동명사가 문장의 동사보다 시간상 앞선 일을 나타날 때는 각각 완료형 「**to have p.p.**」 / 「**having p.p.**」로 쓴다.

1 He *is* believed **to have composed** more than 70 works, // but only about 10 remain today. 기출
그는 70곡 이상을 작곡했던 것으로 여겨지나, 현재는 대략 10곡만이 남아 있다.

2 In the interview yesterday, / she *denied* **having taken** part in the illegal activity.
어제 인터뷰에서 그녀는 불법 행위에 가담했다는 사실을 부인했다.

to부정사나 동명사가 의미상 주어와 수동 관계이면 수동형으로 쓴다. 이때 문장의 동사보다 시간상 앞선 일을 나타낼 때는 완료수동형으로 쓴다.

	수동형	완료수동형
to부정사	to be p.p.	to have been p.p.
동명사	being p.p.	having been p.p.

3 Jeremy doesn't like **being left** alone. // He seems happy **to be surrounded** by his friends now.
Jeremy는 혼자 남겨지는 것을 싫어한다. 그는 지금 친구들에게 둘러싸여 있어서 행복해 보인다.

4 I *am* thrilled **to have been selected** as a member of the Seoul Orchestra.
나는 서울 관현악단의 단원으로 선발돼서 아주 기쁘다.

5 The customer *complained* of **having been charged** twice for the online order.
그 고객은 온라인 주문에 대해 비용이 두 번 청구된 것에 대해 불만을 제기했다.

Answers p.24

STRUCTURE 밑줄 친 부분에 유의하여 다음 문장을 해석하시오.

1 We take pride in having achieved our sales targets for the year.

2 She claimed to have been at the party, but I don't remember seeing her there.

3 Nobody wants to be crossed off the list before having the opportunity to show their abilities. 기출

4 He can't shake off the feeling of having been betrayed by his closest friend.

GRAMMAR 다음 문장의 네모 안에서 어법상 알맞은 것을 고르시오.

5 The residents remembered [warning / being warned] about the storm and gathered emergency supplies.

take pride in ~에 대해 자부심을 느끼다 cross off (줄을 그어) 지우다, 빼다 shake off ~을 떨쳐 내다 betray 배신하다 emergency supplies 비상용품

CHAPTER TEST

A 구조 시제와 태에 유의하여 다음 문장을 해석하시오.

1 The restaurant offers a special discount on their signature dishes every Wednesday.

기출 2 Since your products had never let me down, I bought your brand-new laptop.

기출 3 Because there is no given day for recycling, residents are putting their recycling out at any time.

4 The amount of food waste from households has been increasing steadily.

5 By the time the semester ends, we will have covered all the required topics in the curriculum.

기출 6 Local climate changes may be caused when air pollutants are emitted during land-clearing activities.

B 어법 다음 문장의 네모 안에서 어법상 알맞은 것을 고르시오.

1 In 1981, a construction worker [discovered / has discovered] a gigantic bar of gold during the construction of a central bank in Mexico City.

기출 2 Since the industrial revolution, technological advances [changed / have changed] the nature of skills needed in workplaces.

3 The crowd's cheers [heard / were heard] to erupt in excitement as the winning goal was scored.

4 A nutritious and well-balanced meal was cooked [the athletes / for the athletes].

5 She seems [to drop / to have dropped] her keys somewhere on the path during the morning walk.

6 The customer at the airport check-in counter was [made / made to] wait for hours before receiving any assistance.

A let down ~를 실망시키다 brand-new 새로운, 신제품인 put out ~을 내놓다 household 가정, 가구 steadily 꾸준히 semester 학기 curriculum 교육과정 pollutant 오염 물질 emit 배출하다, 내뿜다 land-clearing 개간(의) B gigantic 거대한 industrial revolution 산업 혁명 advance 발전, 진보 nature 본질, 특징 workplace 직장 erupt 터지다, 분출하다 nutritious 영양가가 높은 path 길 assistance 도움

Answers p.25

C 배열 밑줄 친 우리말과 같은 뜻이 되도록 괄호 안의 말을 바르게 배열하시오.

1 그 과학자는 역사상 가장 끔찍한 무기를 만드는 데 관여한 것을 후회했다.
(involved, regretted, being, in)
→ The scientist ______________________ the creation of the most horrific weapon in history.

기출 **2** 경품 행사에서 우리는 가방 500개를 선착순으로 나눠 드릴 예정입니다. (distribute, going, are, to)
→ At the giveaway event, we ______________________ 500 backpacks on a first-come, first-served basis.

3 Shakespeare의 작품은 영문학에서 가장 위대한 성취 중 일부로 간주된다.
(some, considered, are, of)
→ Shakespeare's works ______________________ the greatest achievements in English literature.

4 나는 일주일 전에 그 물품을 반품했지만, 환불은 아직 처리되지 않았다.
(processed, not, been, has)
→ I returned the item a week ago, but the refund ______________________ yet.

5 교량의 보수 작업이 엔지니어 팀에 의해 수행되었다. (out, by, carried, was)
→ The maintenance work on the bridge ______________________ a team of engineers.

6 새로운 기사가 계속해서 추가되고 있으니, 최신 업데이트를 주목해 주세요!
(added, new articles, being, are)
→ ______________________ all the time, so look out for the latest updates!

7 그는 활동 기간 동안 그래미상을 세 번 수상했던 것으로 알려져 있다.
(won, known, have, to, is)
→ He ______________________ three Grammy Awards during his career.

C involved 관여하는 horrific 끔찍한, 무서운 weapon 무기 distribute 나누어 주다 giveaway 경품, 증정 on a first-come, first-served basis 선착순으로 achievement 성취, 업적 process 처리하다 maintenance 보수, 유지 article 기사 look out for ~를 주목하다, 찾다

[1-2] 다음 글을 읽고, 물음에 답하시오.

Dear Mr. Spencer,

I will have lived in this apartment for ten years as of this coming April. I have enjoyed living here and hope to continue doing so. When I first moved into the Greenfield Apartments, I was told that the apartment had been recently painted. Since that time, I have never touched the walls or the ceiling. Looking around over the past month has made me realize how old the paint has become. I would like to update the apartment with a new coat of paint. I understand that I must get permission to do so as per the lease agreement. Please advise at your earliest convenience.

Sincerely,
Howard James 기출

1 밑줄 친 문장을 시제에 유의하여 해석하시오.

2 빈칸에 들어갈 알맞은 단어를 윗글에서 찾아 글의 목적을 완성하시오.

→ to request permission to ____________ the ____________ again

[3-4] 다음 글을 읽고, 물음에 답하시오.

You may think Stone Age humans were primitive compared to modern humans, but they were far more sophisticated than the grunting cavemen often depicted on screen. For example, as far back as 43,000 years ago, shortly after they settled in Europe, early humans spent their time playing music on flutes. The flutes were made from bird bone and mammoth ivory. The instruments were found in a cave in southern Germany in 2012, and are believed to use in religious rituals or simply as a way to relax.

3 밑줄 친 부분을 어법상 바르게 고쳐 쓰시오.

4 윗글의 제목으로 가장 적절한 것은?

① Stone Age Humans' Sophistication Revealed Through Flutes
② The Influence of the Stone Age on the Modern World
③ A Brief History of the Flute: Its Origins and Evolution

D [1-2] as of ~일자로 ceiling 천장 coat 칠, 도금 permission 허가 as per ~에 따라 lease agreement 임대차 계약 advise 알리다, 통지하다 at one's earliest convenience 형편 닿는 대로, 가급적 빨리 [3-4] Stone Age 석기 시대 primitive 원시적인 sophisticated 세련된, 정교한 grunting 투덜거리는 caveman 원시인 depict 묘사하다 settle 정착하다 ivory 상아 instrument 악기, 도구 religious 종교의 ritual 의식

CHAPTER

06

조동사

조동사란?

본동사와 함께 쓰여 말하는 사람의 심적 태도(의지, 기대, 추측, 가능성 등)를 나타내는 말이다. 보통 하나의 조동사에 다양한 뜻이 있으므로, 문맥을 살펴 조동사의 의미를 파악한다.

조동사	의미
can	능력/허가/추측/요청
may	허가/추측
will	미래/의지/요청/과거의 반복된 습관(would)
must	의무·필요(= have to)/추측
should	충고·의무
had better	충고·경고

He goes to school everyday. 그는 매일 학교에 간다.

→ He **must** go to school everyday. 〈기대〉 그는 매일 학교에 가야 한다.

→ He **must** be at school by now. 〈추측〉 그는 분명 지금쯤 학교에 있을 것이다.

다양한 조동사 표현

- 조동사 뒤에 have p.p.가 오면 과거 사실에 대한 추측, 후회 등을 나타낸다.

  Mary **cannot have broken** the vase because she was out all day.

  Mary는 하루 종일 밖에 있었기 때문에 그 꽃병을 깨뜨렸을 리가 없다.

- 조동사는 다른 말과 함께 쓰여 관용적 의미를 나타내기도 한다.

  I **cannot but change** my mind and **allow** them to join.

  나는 마음을 바꿔 그들이 합류하도록 허락할 수밖에 없다.

UNIT 31 능력/허가/요청

다음의 조동사는 동사에 능력, 허가, 요청의 의미를 더해 준다.

분류	조동사	의미
능력	can(= be able to) *과거형은 could	~할 수 있다
허가	can/may	~해도 좋다, ~해도 된다
요청·부탁	Can/Will/Could/Would you ~?	~해주시겠어요?

[1] The competent interpreter **can** speak multiple languages / fluently and effortlessly.
그 유능한 통역사는 여러 언어를 유창하고 쉽게 구사할 수 있다.

[2] The monarch butterfly **is able to** fly / more than four thousand kilometers / to a warmer climate. 기출
제왕나비는 더 따뜻한 기후로 4천 킬로미터 이상 날아갈 수 있다.

[3] Only 13-year-olds and older **can** attend the concert. // Food **cannot** be brought into the concert hall. 기출
13세 이상만 콘서트에 참석할 수 있다. 공연장 내로는 음식물을 반입할 수 없다.

[4] [If you feel unwell], / you **may** take a break and rest for a while.
만일 당신이 아프면 잠시 쉬면서 휴식을 취해도 된다.

[5] **Would you** come take a look at my car? // It's making a strange noise.
오셔서 제 차 좀 살펴봐 주시겠어요? 차에서 이상한 소리가 나거든요.

MORE 「**Shall we/I ~?**」는 제안을 나타내며 '~할까요?'로 해석한다.

Shall I reserve tickets for the movie, // or do you have a specific film in mind?
제가 영화 티켓을 예매할까요? 아니면 당신이 염두에 둔 특정한 영화가 있나요?

STRUCTURE 다음 문장에서 조동사를 포함한 동사 부분에 밑줄을 긋고, 문장을 해석하시오.

Answers p.28

1 Take control of your mindset and repeat to yourself "I can and I will pass this exam." 기출

2 A computer cannot make independent decisions without instructions by humans. 기출

3 May I use your laptop for a moment to send an urgent email?

4 Employees may not enter the restricted area without their identification cards.

5 Could you help me with making a QR code for a YouTube video?

take control of ~을 다잡다[통제하다] mindset 마음가짐, 사고방식 independent 독립적인 instruction 지시 restricted 제한된 identification card 신분증

충고·의무

다음의 조동사는 동사에 충고나 의무의 의미를 더해 준다.

분류	조동사	의미
약한 충고	should	~해야 한다, ~하는 것이 좋겠다
↕	need/had better/ought to	~할 필요가 있다/〈일종의 경고〉 ~하는 것이 낫다/~해야 한다
강한 의무	must/have to	(반드시) ~해야 한다 *과거/미래의 의무는 had to/will have to로 씀

1 You **should** check the nutrition facts label / before consuming food or beverage. 기출
여러분은 음식이나 음료를 섭취하기 전에 영양 성분표를 확인해야 한다.

2 ***Need** we dress up for the event // or can we go for a casual look?
우리가 그 행사에 정장을 입고 갈 필요가 있나요? 아니면 평상복을 입어도 되나요?

*need는 보통 의문문·부정문에서만 조동사로 쓰이고, 긍정문에서는 일반동사(need to-v)로 쓰임

3 All children **must** be accompanied by an adult / to participate in this camp. 기출
모든 아이들은 이 캠프에 참가하기 위해 반드시 어른과 동행해야 합니다.

MORE 충고·의무를 나타내는 조동사의 부정형은 기본적으로 '금지'를 의미하나, have to와 need의 부정형은 '불필요'를 의미한다.

- must not ~해서는 안 된다 〈강한 금지〉
- had better not ~하지 않는 것이 낫다 〈경고〉
- don't have to(= need not) ~할 필요가 없다 〈불필요〉
- ought not to/should not ~하면 안 된다 〈금지〉

Drivers **must not** drive / under the influence of alcohol.
운전자들은 음주 운전을 해서는 안 된다.

You **don't have to** answer right away / [if you're busy at the moment].
지금 당신이 바쁘시면 당장 답해 주실 필요가 없습니다.

Answers p.28

STRUCTURE 다음 문장에서 조동사를 포함한 동사 부분에 밑줄을 긋고, 문장을 해석하시오.

1 Parents must provide an explanation for student absences to the school office. 기출

2 You have to see life as a series of adventures, and each adventure broadens your horizons. 기출

3 You had better double-check your flight information before heading to the airport.

4 We ought not to test the safety of new products or drugs on animals.

GRAMMAR 다음 문장의 네모 안에서 어법상 알맞은 것을 고르시오.

5 You [must not / need not] park here because it's a fire lane for emergency vehicles.

explanation 설명(서), 해명 absence 결석 a series of 일련의 broaden 넓히다 horizon 지평, 시야 head to ~로 향하다 fire lane 소방도로

UNIT 33 추측·가능

다음의 조동사는 동사에 추측이나 가능성의 의미를 더해 준다.

분류	조동사	의미
약한 추측·가능 ↕ 강한 추측·가능	might/may/could	~일지도 모른다, ~일 수도 있다
	can	~일 수도 있다
	should/ought to/would/will	~일 것이다
	must/cannot	~임이 틀림없다/~일 리가 없다

1 The package **may** arrive today, // but there **could** also be a delay.
소포가 오늘 도착할 수도 있지만, 지연될 수도 있다.

2 By offering discounts and promotion goods, / the sales **can** go up again.
할인과 판촉 상품을 제공하면, 매출이 다시 늘어날 수도 있다.

3 According to the weather forecast, / we **should** be able to enjoy clear skies tomorrow.
일기 예보에 따르면, 우리는 내일 맑은 하늘을 즐길 수 있을 것이다.

4 You **must** be hungry / since you've had nothing to eat all day.
당신은 하루 종일 아무것도 먹지 않았으니 분명히 배가 고프겠군요.

MORE should와 ought to는 보통 '의무'의 뜻으로 쓰일 때가 많지만, '추측'의 뜻으로 쓰이기도 하므로 문맥을 잘 살펴 해석한다.

[If you value the relationship], / you **ought to** apologize to him for your behavior. 〈의무〉
만약 당신이 그 관계를 소중히 여긴다면, 당신은 그에게 당신의 행동에 대해 사과해야 한다.

The buffet is set up, // so the food **ought to** be enough for the four of us. 〈추측〉
뷔페가 차려져 있으니, 음식은 우리 넷이서 먹기에 충분할 것이다.

Answers p.28

STRUCTURE 다음 문장에서 조동사를 포함한 동사 부분을 모두 찾아 밑줄을 긋고, 문장을 해석하시오.

1 If the traffic isn't too heavy, we should be at home within an hour.

2 Your coach would be very proud of you for not giving up and trying your best.

3 The sudden announcement of a snowstorm in the middle of summer cannot be true.

4 The constant delays in the project must imply that there are underlying problems.

5 A lone genius might create a classic work of art or literature, but he could never create an entire industry. 기출

announcement 소식, 발표 snowstorm 눈보라 constant 계속되는, 끊임없는 imply 암시하다 underlying 근본적인 lone 혼자인 genius 천재 classic 최고 수준의, 일류의 industry 산업

UNIT 34 조동사+have p.p.

조동사 뒤에 have p.p.가 오면 과거의 일에 대한 추측·가능성을 나타내며, 조동사에 따라 확신의 정도가 다르다.

분류	조동사	의미
약한 추측·가능 ↕ 강한 추측·가능	might/may have p.p.	~했을지도 모른다
	could have p.p.	~했을 수도 있다, ~할 수도 있었다
	must have p.p.	~했음이 틀림없다
	cannot have p.p.	~했을 리가 없다

1 [When you were a child], / you **might have believed** in magical creatures like unicorns. 기출
여러분은 어렸을 때 유니콘과 같은 마법의 생명체를 믿었을지도 모른다.

2 He **must have forgotten** about the appointment / [because he didn't show up].
그는 나타나지 않은 것으로 보아 약속을 잊어버렸음이 틀림없다.

과거의 일에 대한 후회·유감은 「**should have p.p.**」로 나타내며 '~했어야 했다 (그런데 하지 않았다)'로 해석한다.

3 I'm on the wrong street. // I **should have turned** left at the intersection.
나는 길을 잘못 들어섰다. 나는 교차로에서 좌회전했어야 했다.

어법 현재·미래의 일에 대해 말할 때는 「**조동사+ⓥ**」를, 과거의 일에 대해 말할 때는 「**조동사+have p.p.**」를 쓰는 것에 유의한다.
We cannot [miss / ***have missed**] the bus / [because we were at the stop on time].
우리는 정시에 정류장에 있었기 때문에 그 버스를 놓쳤을 리가 없다.

Answers p.29

STRUCTURE 「조동사+have p.p.」 구문에 유의하여 다음 문장을 해석하시오.

1 You must have seen a lot of brand-new electronic devices at the Electronics Fair. 기출

2 She could have joined the advanced class, but she chose to stay in the intermediate level.

3 When first learning to read, you may have studied specific facts about the sounds of letters. 기출

4 You shouldn't have waited until now to book your tickets. Now the prices are much higher.

GRAMMAR 다음 문장의 네모 안에서 어법상 알맞은 것을 고르시오.

5 You cannot [follow / have followed] the recipe precisely because the soup is too salty.

electronic device 전자 기기 electronics 전자 제품 fair 박람회 advanced 상급[고급]의 intermediate 중급의 specific 특정한, 구체적인 precisely 정확히

UNIT 35 조동사 관용 표현

조동사가 쓰인 다양한 관용 표현을 알아 둔다.

used to-v: ~하곤 했다; (상태가) ~이었다	would ⓥ: ~하곤 했다 *과거의 상태를 나타낼 때 would는 쓸 수 없음
would like to-v: ~하고 싶다	would rather A than B: B하느니 차라리 A하겠다
may[might] as well ⓥ: ~하는 편이 낫다	may well ⓥ: 아마 ~일 것이다, ~하는 것도 당연하다
cannot (help) but ⓥ: ~하지 않을 수 없다(= cannot help v-ing)	cannot ⓥ too ~: 아무리 ~하게 …해도 지나치지 않다

1 She **used to be** a great singer, // but she lost her voice. 기출
↳ would be (X)
그녀는 (예전에는) 훌륭한 가수였지만 목소리를 잃었다.

2 **I'd like to continue** my subscription to your magazine / [as I have enjoyed it for many years]. 기출
저는 수년간 귀사의 잡지를 즐겨 읽어 왔기 때문에 계속 구독하고 싶습니다.

3 You **may as well think** big / (to realize your full potential).
여러분은 잠재력을 충분히 실현하기 위해서 크게 생각하는 편이 낫다.

4 Despite our differences, / I **cannot help but like** him / for his genuine kindness.
우리의 차이점에도 불구하고, 나는 그의 진정한 친절 때문에 그를 좋아하지 않을 수 없다.

Answers p.29

STRUCTURE 조동사 관용 표현에 유의하여 다음 문장을 해석하시오.

1 When my parents were away, I would stay up late watching my favorite TV shows.

2 I would rather be a poor shoemaker than be a wealthy person under a lot of stress. 기출

3 Since the movie starts in an hour, we might as well grab dinner first.

4 The event was rescheduled without notice, so you may well ask about the reasons behind it.

5 When meeting new people, you cannot be too polite to make a good first impression.

GRAMMAR 다음 문장의 네모 안에서 어법상 알맞은 것을 고르시오.

6 In the face of injustice, he cannot help [speak / speaking] up for what is right.

shoemaker 구두장이 grab 잠깐[급히] ~하다 reschedule 일정을 변경하다 notice 예고, 통지 first impression 첫인상 injustice 불의 speak up for ~에 대한 지지를 밝히다, ~를 옹호하다

UNIT 36 should의 생략

☑ 주장, 제안, 명령, 요구, 필요 등을 의미하는 동사/형용사/명사 뒤의 that절이 당위성(~해야 한다)을 나타낼 때 that절의 동사는 「(should) ⓥ」 형태이다.

동사	〈주장〉 insist, argue 등 〈명령〉 order, command 등	〈제안〉 propose, suggest/recommend(권하다)/advise(충고하다) 등 〈요구〉 demand, request, require, ask/urge(촉구하다) 등
형용사	necessary, essential, vital(필수적인)/important(중요한)/desirable(바람직한) 등	
명사	proposal, suggestion/recommendation/wish(바람) 등	

[1] I *request* / [that you **(should) be** our guest speaker / for our upcoming event]. 기출
저는 다가오는 저희 행사에 귀하가 초청 연사가 되어 주시기를 요청드립니다.

[2] It is *necessary* / [that every child **(should) have** the same educational opportunities].
S(가주어) S'(진주어)
모든 아이들이 동일한 교육 기회를 가져야 하는 것이 필수적이다.

[3] It was the stylist's *suggestion* / [that the dancers **(should) wear** long hair wigs for the performance].
S(가주어) S'(진주어)
무용수들이 공연을 위해 긴 머리 가발을 써야 한다는 것이 그 스타일리스트의 제안이었다.

어법 suggest, order, ask 등이 다른 의미로 쓰였거나, that절의 내용이 당위성이 아닌 단순 사실을 나타낼 경우에는 that절에 「(should) ⓥ」를 쓰지 않고, 인칭과 수, 시제에 맞는 동사를 쓴다.

Studies *suggest* / [that reading in print **results** in better comprehension than reading online].
연구는 인쇄물로 읽으면 온라인으로 읽는 것보다 더 잘 이해된다는 점을 시사한다.

Answers p.30

STRUCTURE 다음 문장에서 should가 들어갈 수 있는 곳에 ✓ 표시하고, 문장을 해석하시오.

1 The king ordered that every person in the kingdom obey the rules for a harmonious society.

2 It is essential that the nuclear plant undergo regular safety evaluations.

3 It was the mayor's recommendation that the city promote cultural events for residents.

4 The UN asks that all companies remove their satellites from orbit within 25 years after the end of their mission. 기출

GRAMMAR 다음 문장의 네모 안에서 어법상 알맞은 것을 고르시오.

5 Data suggests that around twelve percent of the world's population [be / is] left-handed.

kingdom 왕국 obey 복종하다 harmonious 조화로운 nuclear plant 원자력 발전소 undergo 받다, 겪다 evaluation 평가 mayor 시장 promote 장려하다, 촉진하다 remove 제거하다 satellite 인공위성 orbit 궤도 population 인구 left-handed 왼손잡이인

CHAPTER TEST

A 구조 다음 문장에서 조동사를 포함한 동사 부분을 모두 찾아 밑줄을 긋고, 문장을 해석하시오.

1 The street should be less crowded today because it's a public holiday.

2 Can I take a photograph of your handmade crafts to post on my social media pages?

기출 3 Before getting a taxi driver's license in London, a person must pass an incredibly difficult test.

기출 4 You need not bring anything to the party as everything will be provided.

5 Considering his gentle and caring nature, he cannot have intentionally harmed anyone.

6 The artist's unique style and talent may well make her a prominent figure in the art world.

B 어법 다음 문장의 네모 안에서 어법상 알맞은 것을 고르시오.

1 When I was young, I [would / used to] live in a small town in the coastal region.

2 Students [had not better / had better not] make any hasty decisions in selecting their majors.

3 The drama series has captivated me completely, and I cannot but [await / to await] the next episode.

4 The experienced pilot could [land / have landed] the aircraft safely, and everyone on board felt relieved.

5 Based on their research, scientists argue that the feather [evolve / evolved] in dinosaurs before the appearance of birds.

기출 6 We thought as hard as possible to find the hidden meaning, but came up with nothing — we must [miss / have missed] it.

Ⓐ public holiday 공휴일 handmade craft 수공예품 post 게시하다 incredibly 매우, 믿을 수 없을 만큼 gentle 온화한 caring 자상한 nature 성품 intentionally 고의로 prominent 유명한 figure 인물 Ⓑ coastal 해안의 region 지역 hasty 성급한 major 전공 completely 완전히 relieved 안도하는 feather 깃털 dinosaur 공룡 appearance 나타남, 출현 come up with ~을 생각해 내다

Answers p.30

C 배열 밑줄 친 우리말과 같은 뜻이 되도록 괄호 안의 말을 바르게 배열하시오.

1 우리 오늘 밤에 집에서 피자를 주문하고 축구 경기를 볼까요?
(order, we, some pizza, shall)
→ ______________________ and watch the soccer match at home tonight?

2 우리는 기후 변화가 미래 세대에 미치는 영향을 무시하지 말아야 한다.
(to, ignore, not, ought)
→ We ______________________ the impact of climate change on future generations.

기출 3 여러분의 삶은 특별히 여러분의 것이므로, 여러분의 삶을 다른 사람들의 것과 비교할 필요가 없다.
(have, not, compare, do, to)
→ You ______________________ your life to others' because your life is uniquely yours.

기출 4 농부의 고대 조상은 아침 식사로 산딸기와 버섯을 먹었을지도 모른다.
(berries, have, may, eaten)
→ The peasant's ancient ancestor ______________________ and mushrooms for breakfast.

5 언어 능력의 정확한 평가를 위해, 온라인 번역기는 시험 응시자에 의해 사용될 수 없다.
(not, used, be, may)
→ For the accurate evaluation of language skills, online translators ____________ ____________ by the test-takers.

6 나는 반려동물 가게에서 동물을 사느니 차라리 보호소에서 동물을 입양하겠다.
(rather, a pet, adopt, would)
→ I ______________________ from a shelter than buy one from a pet store.

7 계정을 보호하는 것에 관해서라면, 강력한 비밀번호의 필요성은 아무리 많이 강조해도 지나치지 않다.
(emphasize, much, cannot, too, strong passwords, the need for)
→ When it comes to protecting our accounts, we ______________________ ______________________.

C ignore 무시하다 generation 세대 peasant 농부 ancestor 조상 accurate 정확한 translator 번역기 adopt 입양하다 shelter 보호소 when it comes to ~에 관해서라면 protect 보호하다

[1-2] 다음 글을 읽고, 물음에 답하시오.

All of you must have had moments of confusion when you needed to spell tricky words such as dessert and desert. "Dessert" is a tasty treat; a "desert" is a dry, sandy stretch of land. Their meanings are very different, but they're only one letter apart. Here's a great way to know without a doubt which one belongs in your sentence: Remember that the kind of dessert you can eat has two Ss, just like a tasty "strawberry shortcake."

1 밑줄 친 부분을 해석하시오.

2 빈칸에 주어진 철자로 시작하는 단어를 써서 질문에 대한 대답을 완성하시오.

Q: What is the main focus of the passage?
A: It is to provide a trick to help remember the d__________ between the s__________ of "dessert" and "desert."

[3-4] 다음 글을 읽고, 물음에 답하시오.

The world can be a better place if, while you are here, you give of yourself. A priest was sharing a story about newborn twins, and one of them was ill. The twins were in separate incubators, as per hospital rules. A nurse on the floor repeatedly suggested that the twins are kept together in one incubator. The doctors finally agreed to try this. When the twins were brought into contact with each other, the healthy twin immediately put his arms around his sick brother. This instinctive exchange gradually helped the sick twin to regain his health. The babies' family and the doctors witnessed the intangible force of love and the incredible power of giving. 기출

3 밑줄 친 문장에서 어법상 틀린 부분을 찾아 바르게 고쳐 쓰시오.

__________ → __________

4 윗글의 주제로 가장 적절한 것은?

① benefits of using incubators for newborn babies
② growing importance of donations to hospitals
③ healing power of the act of love and giving

D [1-2] confusion 혼란 spell 철자를 쓰다 tricky 까다로운 desert 사막 treat 간식 stretch 뻗은 구간 without a doubt 확실히, 의심할 여지없이
[3-4] give of oneself 자신을 헌신하다 priest 목사, 신부 separate 분리된 incubator 인큐베이터 repeatedly 반복적으로 bring ~ into contact with … ~을 …와 접촉하게 하다 instinctive 본능적인 exchange 교감; 교환 gradually 점차적으로 regain 회복하다, 되찾다 witness 목격하다 intangible 만질 수 없는

CHAPTER

07 가정법

가정법이란?

사실이 아니거나 실제로 일어날 가능성이 희박한 일을 가정·상상·소망할 때 쓰는 동사의 형태이다. 사실을 있는 그대로 말하거나 실현 가능성이 상당히 있는 일을 말하는 직설법과는 다른 시제를 쓴다.

If he **has** time, he **will join** us. 〈직설법〉

그가 시간이 된다면, 우리와 함께할 것이다.

If he **had** time, he **would join** us. 〈가정법〉

만약 그가 시간이 된다면, 우리와 함께할 텐데. (← 그는 시간이 없어서 우리와 함께하지 못한다.)

가정법의 종류와 의미

- 가정법은 동사의 시제에 따라 '가정법 과거'와 '가정법 과거완료'로 나뉜다.
- 직설법과 달리 가정법은 시제와 그것이 가리키는 때가 일치하지 않는다. 가정법 과거는 현재·미래의 일을, 가정법 과거완료는 과거의 일을 나타낸다.

  If I **knew** her phone number, I **would call** her. 〈가정법 과거〉

  만약 내가 그녀의 휴대폰 번호를 안다면, 그녀에게 전화할 텐데.

  If I **had known** her phone number, I **would have called** her. 〈가정법 과거완료〉

  만약 내가 그녀의 휴대폰 번호를 알았다면, 그녀에게 전화했을 텐데.
- 가정법은 기본적으로 접속사 if와 함께 쓰이나, 이 외에도 S+wish, as if[though] 등의 표현과 함께 쓰이기도 한다.

UNIT 37 가정법 과거

가정법 과거는 현재 사실과 반대되거나 현재·미래에 실현 가능성이 거의 없는 일을 가정할 때 쓴다.

• If+S'+동사의 과거형 ~, S+would/could/might ⓥ …: 만약 ~라면, …할 텐데[것이다]

[1] If he *were in better health, / he **could participate** in the hiking trip.
만약 그가 더 건강하다면, 도보 여행에 참가할 수 있을 텐데. *if절의 동사가 be동사일 경우 주어의 인칭과 수에 관계없이 were를 씀

[2] If we **traveled** back in time, / we **would see** the dinosaurs walking around. 기출
만약 우리가 과거로 되돌아간다면, 공룡이 걸어 다니고 있는 것을 볼 것이다.

미래에 실현 가능성이 매우 희박한 일을 가정할 때는 if절에 were to나 should를 쓸 수 있다.

• If+S'+were to/should ⓥ ~, S+would/could/might ⓥ …: 만약 (혹시라도) ~라면, …할 텐데[것이다]

[3] If I **were to be** born again, / I **would choose** to be a soccer player.
만약 내가 다시 태어난다면, 축구 선수가 되기를 선택할 텐데.

[4] If all of the oceans **should be** dried up, / the climate **would[*will] experience** extreme shifts.
만약 모든 바다가 말라버린다면, 기후는 극심한 변화를 겪게 될 것이다. *if절에 should가 쓰일 경우 주절에 명령문이나 조동사의 현재형이 올 수 있음

MORE 가정법 과거는 정중한 요청이나 제안을 나타낼 때도 사용된다.
We **would be** grateful / if you **could change** your mind. 당신이 마음을 바꿔 주실 수 있다면 감사하겠습니다.

Answers p.33

STRUCTURE 밑줄 친 부분에 유의하여 다음 문장을 해석하시오.

1 If you were a robot, you would be stuck here all day analyzing data. 기출

2 If she had another chance to start a business, she might enter the e-commerce market.

3 If the sun were to suddenly vanish, life on Earth would not be able to exist.

4 If bees should continue to decline in population, many crops could face challenges in reproduction.

GRAMMAR 다음 문장의 네모 안에서 어법상 알맞은 것을 고르시오.

5 Children would love eating vegetables if they [taste / tasted] like cotton candy.

be stuck 매여 있다, 꼼짝 못하다 e-commerce 전자 상거래 vanish (갑자기) 사라지다 exist 존재하다 decline 감소하다 population 개체 수 crop (농)작물 reproduction 생식, 번식 cotton candy 솜사탕

UNIT 38 가정법 과거완료/혼합가정법

가정법 과거완료는 과거 사실과 반대되거나 과거에 실현 가능성이 거의 없었던 일을 가정할 때 쓴다.

- If+S′+had p.p. ~, S+would/could/might+have p.p. …: 만약 ~했더라면, …했을 텐데[것이다]

1 If you **had taken** a taxi to the airport, / you **wouldn't have missed** the flight.
만약 네가 공항까지 택시를 타고 갔더라면, 비행기를 놓치지 않았을 텐데.

2 If Edison **had been** able to use the Internet, / invention processes **might have sped** up significantly.
만약 Edison이 인터넷을 사용할 수 있었다면, 발명 과정이 상당히 빨라졌을지도 모른다.

혼합가정법은 if절과 주절이 가리키는 때가 서로 다른 경우에 쓴다. 과거 사실을 반대로 가정했을 때 현재에 어떤 일이 일어날지를 가정하는 맥락에서 주로 쓴다.

- If+S′+had p.p. ~, S+would/could/might ⓥ …: (과거에) 만약 ~했더라면, (현재에) …할 텐데[것이다]

3 I **might have** more money now / if I **had bought** that stock earlier.
만약 내가 그 주식을 더 일찍 샀더라면, 지금 더 많은 돈을 가지고 있을 텐데.

4 If Shakespeare **had not written** *Romeo and Juliet*, / modern adaptations of the story **might not exist.**
만약 Shakespeare가 '로미오와 줄리엣'을 쓰지 않았다면, 그 이야기의 현대적 각색은 존재하지 않을지도 모른다.

Answers p.33

STRUCTURE 밑줄 친 부분에 유의하여 다음 문장을 해석하시오.

1 If they had called ahead, the restaurant would have reserved a table for them.

2 If the weather had been nicer during our vacation, we could have enjoyed some outdoor activities.

3 She would be earning a higher salary now if she had taken the job offer.

4 If Columbus had landed in Asia, we might see a stronger Asian influence on Western culture.

GRAMMAR 다음 문장의 네모 안에서 어법상 알맞은 것을 고르시오.

5 If Japan had not colonized Korea, the Korean people could [avoid / have avoided] hardships during that period.

ahead 미리 reserve 예약해 두다, 따로 남겨 두다 outdoor 야외의 earn (돈을) 받다, 벌다 salary 급여 land 도착[착륙]하다 influence 영향력 colonize 식민지로 만들다 hardship 고난, 어려움 period 기간

UNIT 39 if가 생략된 가정법

if절의 (조)동사가 were, had, should인 경우 if를 생략할 수 있으며, 이때 주어와 (조)동사가 도치된다.

- If+S′+were ~ → Were+S′ ~
- If+S′+had p.p. ~ → Had+S′+p.p. ~
- If+S′+should ⓥ ~ → Should+S′+ⓥ ~

1 **Were I** as good at singing as you, / I **might pursue** a career on the stage.
= If I were as good at singing as you
내가 너만큼 노래를 잘한다면, 나는 무대에서 경력을 쌓을 수도 있을 텐데.

2 **Had her father known** her struggles, / he **would have offered** support.
= If her father had known her struggles
그녀의 아버지가 그녀의 고군분투를 알았더라면, 지원을 제공했을 것이다.

3 **Should the price drop**, / **I'd consider** upgrading my smartphone to a top-end model.
= If the price should drop
가격이 내려간다면, 나는 내 스마트폰을 최고 모델로 업그레이드하는 것을 고려할 텐데.

어법 if가 생략된 가정법 문장에서 if절의 어순이나 주절의 동사 형태를 묻는 어법 문제가 빈출된다. 문장이 Were, Had, Should로 시작하는데 의문문은 아니면서 문맥상 가정의 뜻을 나타낸다면 if가 생략된 가정법 문장이 아닌지 확인해 본다.

Were it possible, I [will / *would] turn back time and make a better decision.
가능하다면 나는 시간을 되돌려 더 나은 결정을 내릴 것이다.

Answers p.33

STRUCTURE 다음 문장의 밑줄 친 부분을 해석하시오.

1 Had Beethoven been able to hear his own compositions, he could have refined his masterpieces even further.

2 Were the picture genuine, collectors would pay millions of dollars for it.

3 So many people would lose their lives should a devastating tsunami hit the area again.

4 Should you need more information, please do not hesitate to contact us.

GRAMMAR 다음 문장의 네모 안에서 어법상 알맞은 것을 고르시오.

5 [Gary had / Had Gary] read the instructions carefully, he would have known how to operate the machine.

composition 곡, 작곡 refine 다듬다, 개선하다 masterpiece 걸작 genuine 진품의 devastating 엄청난, 파괴적인 tsunami 쓰나미 hesitate 주저하다, 망설이다 contact 연락하다 instructions 사용 설명서 operate (기계를) 조작[가동]하다

UNIT 40 S+wish+가정법

「S+wish」 뒤에 가정법을 사용하여 현재나 과거에 이룰 수 없는[없었던] 소망을 표현한다. 가정법 과거는 주절과 같은 시점의 일을, 가정법 과거완료는 주절보다 이전 시점의 일을 나타낸다.

S+wish(ed)+가정법 과거		의미
S+wish	S'+(조)동사의 과거형	~하면 좋을 텐데, ~하면 좋겠다고 생각하다 (현재에 대한 현재의 아쉬움)
S+wished		~했다면 좋았을 텐데, ~하면 좋겠다고 생각했다 (과거에 대한 과거의 아쉬움)
S+wish(ed)+가정법 과거완료		**의미**
S+wish	S'+had p.p. 또는	~했다면 좋을 텐데, ~했다면 좋겠다고 생각하다 (과거에 대한 현재의 아쉬움)
S+wished	S'+would/could/might+have p.p.	~했었다면 좋았을 텐데, ~했다면 좋았겠다고 생각했다 (대과거에 대한 과거의 아쉬움)

1 **I wish I could attend** the event, // but I have a prior commitment.
내가 행사에 참석할 수 있다면 좋겠지만, 내게는 선약이 있다.

2 When he was in elementary school, / **he wished** he **had** more friends.
그가 초등학생이었을 때, 그는 친구가 더 많으면 좋겠다고 생각했다.

3 **I wish I had met** you sooner / so that I could love you longer.
내가 당신을 더 오래 사랑할 수 있도록 당신을 더 빨리 만났다면 좋을 텐데.

4 **She wished** she **would have taken** a different route / to avoid the traffic jams.
그녀는 교통 정체를 피하기 위해 다른 경로를 택했다면 좋았겠다고 생각했다.

Answers p.34

STRUCTURE 밑줄 친 부분에 유의하여 다음 문장을 해석하시오.

1 I wish I were perfect, but I will settle for being me because that's pretty nice.

2 He wishes he had more money and didn't have to worry about monthly bills.

3 Martin Luther King wished everyone would not be judged by the color of their skin.

4 I wish I had spent less time working and more time hanging out with my children.

GRAMMAR 다음 문장의 네모 안에서 어법상 알맞은 것을 고르시오.

5 Upon the failure of the project, Jane wished she [took / had taken] the colleague's advice sooner, but it was too late.

settle for ~에 만족하다 bill 청구서 hang out with ~와 시간을 보내다 upon ~하자 곧, ~하자마자 colleague (직업상의) 동료

UNIT 41 as if[though]+가정법

as if[though] 뒤에 가정법을 사용하여 사실과 반대되는 일이나 사실일 가능성이 거의 없는 일을 가정할 수 있다. 가정법 과거는 주절과 같은 시점의 일을, 가정법 과거완료는 주절보다 이전 시점의 일을 나타낸다.

주절+as if[though]+가정법 과거		의미
S+V(현재시제)	as if[though]+S′+동사의 과거형	마치 ~인 것처럼 …하다
S+V(과거시제)		마치 ~였던 것처럼 …했다
주절+as if[though]+가정법 과거완료		**의미**
S+V(현재시제)	as if[though]+S′+had p.p.	마치 ~였던 것처럼 …하다
S+V(과거시제)		마치 ~였었던 것처럼 …했다

1 Many of us *live* day to day / **as if** time **were** endless, // but moments slip away.
우리들 다수는 마치 시간이 끝이 없는 것처럼 하루하루를 살지만, 시간은 흘러간다.

2 My parents *worshipped* medical doctors / **as if** they **possessed** godlike qualities. 기출
우리 부모님은 의사가 마치 신과 같은 재능을 지닌 것처럼 그들을 우러러보았다.

3 He *is* regarded / **as though** he **had worked** alone / to create the cutting-edge device.
그는 마치 그 최첨단 장치를 만들기 위해 혼자 노력했던 것처럼 여겨진다.

4 Right after the heated argument, / they *laughed* together / **as if** nothing **had happened.**
격렬한 논쟁 직후, 그들은 마치 아무 일도 없었던 것처럼 함께 웃었다.

MORE 화자가 생각하기에 사실일 가능성이 있는 경우에는 as if[though] 다음에 직설법을 쓴다.
She speaks / **as if** she **is** an expert in the field. 〈as if+직설법〉
그녀는 그 분야의 전문가인 것처럼 말한다. (실제로 그녀가 전문가일 수도 있다고 생각할 때)

Answers p.34

STRUCTURE 밑줄 친 부분에 유의하여 다음 문장을 해석하시오.

1 He is wearing two jackets and fur boots as if it were midwinter.

2 The historian talks about the event as if he had witnessed it firsthand.

3 She handled the vase carefully as if it had once belonged to an ancient royal dynasty.

4 They dragged their feet as if they were 50 years older than they actually were. 기출

5 She seemed at ease on stage as if she had rehearsed the speech a hundred times before.

midwinter 한겨울 historian 역사가 firsthand 직접, 바로 handle 다루다 royal dynasty 왕조 drag 질질 끌다 at ease 편안한, 걱정 없는 rehearse 리허설을 하다

UNIT 42 if절을 대신하는 표현

if절 대신에 가정의 의미를 가진 어구를 사용하여 가정법 문장을 만들 수 있다.

- Without[But for]+N, S+would/could/might ⓥ …: N이 없다면 …할 텐데[것이다]
  = If it were not for[Were it not for]+N
- Without[But for]+N, S+would/could/might+have p.p. …: N이 없었다면 …했을 텐데[것이다]
  = If it had not been for[Had it not been for]+N
- otherwise: 그렇지 않으면/않았다면
  = if ~ not

1 **Without** emotions, / we **would** not **be** able to make true connections with others.
= If it were not for emotions / Were it not for emotions
감정이 없다면 우리는 다른 사람들과 진정한 관계를 맺을 수 없을 것이다.

2 **Without** the Nile River, / Egyptians **could** never **have established** their ancient civilization.
= If it had not been for the Nile River / Had it not been for the Nile River
나일강이 없었다면 이집트인들은 결코 고대 문명을 이룩할 수 없었을 것이다.

3 I received a scholarship for college; // **otherwise**, I **couldn't have afforded** the tuition.
= If I hadn't received a scholarship for college
나는 대학 장학금을 받았다. 그렇지 않았다면 나는 등록금을 감당할 수 없었을 것이다.

MORE 주어로 쓰인 명사(구), 부사구, to부정사구 등이 가정의 의미를 나타내는 경우도 있다.

A true friend *would* never *lie* to you. 진정한 친구라면 당신에게 절대 거짓말을 하지 않을 텐데.

What *would* you *do* **in his place**? 당신이 그의 입장이라면 무엇을 하겠는가?

To hear from her, I *would be* relieved. 그녀의 소식을 듣는다면 나는 안심할 텐데.

Answers p.35

STRUCTURE 밑줄 친 부분에 유의하여 다음 문장을 해석하시오.

1 Without air, no gentle breeze would touch our faces on a warm spring day.

2 Fortunately, I can speak Chinese; otherwise, working in China would be quite challenging.

3 She couldn't pass the test. Consistent studying might have helped her get better grades.

4 Voltaire left his name off the title page; otherwise he would have got into trouble again. 기출

GRAMMAR 다음 문장의 네모 안에서 어법상 알맞은 것을 고르시오.

5 If it [were not for / had not been for] his mother then, Ben Carson, a renowned doctor, might not have achieved such remarkable success.

breeze 산들바람 consistent 꾸준한 leave A off B A를 B에서 빼다 title page (책의) 속표지 renowned 유명한 remarkable 놀라운, 주목할 만한

CHAPTER TEST

A 구조 가정법 표현에 유의하여 다음 문장을 해석하시오.

1 If I were a superhero, I would use my powers to bring justice to the world.

2 If you had saved enough money, you might be able to afford your dream house.

3 Were it Christmas every day, the holiday's excitement would diminish over time.

4 If Mars were to have an Earth-like atmosphere, the climate would be more moderate and less extreme.

5 A wise man would never underestimate the impact of small actions on long-term success.

기출 6 Comparing ourselves to others can lead to the feeling of envy ("I wish I could be as successful as her").

B 어법 다음 문장의 네모 안에서 어법상 알맞은 것을 고르시오.

1 Without their expertise, our team might [struggle / have struggled] to complete the task now.

2 The accident could have been avoided if the driver [were / had been] driving at a slower speed.

3 I should have accepted his proposal of marriage ten years ago. If I had, we might [be / have been] married now.

4 During her graduation ceremony, she wished she [spent / had spent] more time making unforgettable memories with her classmates.

기출 5 You should regulate the use of media devices with a set schedule as if you [are / were] on a strict diet.

6 Had Native Americans been able to protect their lands, their cultural heritage would [be / have been] better preserved today.

Ⓐ justice 정의 afford (~을 살) 여유가 되다 diminish 줄어들다, 감소하다 atmosphere 대기 moderate (기후가) 온화한 underestimate 과소평가하다 envy 질투, 부러움
Ⓑ expertise 전문 지식 struggle (~하려고) 애쓰다 proposal 청혼; 제안 graduation ceremony 졸업식 unforgettable 잊지 못할 regulate 규제[통제]하다 device 기기, 장치 strict 엄격한 Native American 아메리카 원주민 cultural heritage 문화유산

Answers p.35

C 배열 밑줄 친 우리말과 같은 뜻이 되도록 괄호 안의 말을 바르게 배열하시오.

1 장마철이 시작되기 전에 내가 물이 새는 지붕을 고쳤다면 좋을 텐데.
(I, repaired, the leaky roof, had)
→ I wish ______________________ before the rainy season started.

2 당신이 배송 지연을 겪으신다면, 저희에게 이메일로 연락 주십시오.
(you, any delays, should, experience)
→ ______________________ in delivery, please contact us via our email.

3 만약 내가 화가 났을 때 그녀가 진실을 말해 주었다면, 나는 마음이 상하지 않았을 텐데.
(felt, not, have, would, hurt)
→ If she had told me the truth when I was upset, I ______________________.

기출 **4** Ted는 얼어붙은 채 그저 그곳에 앉아 있었다. 그는 마치 자신이 트럭에 치였던 것 같은 기분이었다.
(he, if, been, as, hit, had)
→ Ted just sat there, frozen. He felt ______________________ by a truck.

5 만약 우리의 눈이 육체 대신 영혼을 본다면, 아름다움에 대한 우리의 인식은 바뀔 것이다.
(change, of beauty, would, our perception)
→ If our eyes saw souls instead of bodies, ______________________.

6 소방관들이 신속하게 대응해 불을 껐다. 그렇지 않았다면 피해가 클 수도 있었다.
(been, could, the damage, otherwise, have)
→ The firefighters responded swiftly to put out the fire; ______________
______________ extensive.

7 만약 페니실린의 발견이 없었다면, 더 많은 사람들이 세균성 질병으로 사망했을지도 모른다.
(had, the discovery, for, been, not, it, if)
→ ______________________ of penicillin, more people might have died from bacterial diseases.

C leaky 물이 새는, 구멍이 난 via ~을 통해 frozen 얼어붙은 perception 인식 swiftly 신속하게 put out (불을) 끄다 extensive (규모·정도 등이) 큰, 엄청난 discovery 발견 bacterial 세균의

[1-2] 다음 글을 읽고, 물음에 답하시오.

If you're in the path of a hurricane, what's the one thing you should always do? No one told Katie Mehnert of Houston, Texas, to evacuate — but she wishes she had evacuated, and plans to do so the next time a hurricane threatens. She lost her home and car to Hurricane Harvey. "I didn't live in a flood zone, and I thought that I was well prepared," says Mehnert. But the nearby dam during the hurricane proved to be the problem: "We were flooded in the middle of the night. The water was rising fast so we had to go," she says.

1 밑줄 친 부분을 해석하시오.

2 윗글의 제목으로 가장 적절한 것은?

① How to Evacuate Safely During Natural Disasters
② Learning from Loss: The Importance of Evacuating During a Hurricane
③ The Large Dam Dilemma: The Environmental and Economic Impacts of Large Dams

[3-4] 다음 글을 읽고, 물음에 답하시오.

Confident leaders are not afraid to ask the basic questions. When you don't know something, admit it as quickly as possible and immediately take action — ask a question. If you have forgotten who the governor is, quietly ask a friend but one way or the other, quit hiding, and take action. Paradoxically, when you ask basic questions, you will more than likely be perceived by others to be smarter. And more importantly, you'll end up knowing far more over your lifetime. This approach will cause you to be more successful than you would have been ____________________ to know more than you did. 기출

3 빈칸에 들어갈 말로 어법상 알맞은 것은?

① if you pretend　② you had pretended　③ had you pretended

4 빈칸에 들어갈 알맞은 단어를 윗글에서 찾아 글의 요지를 완성하시오.

→ You should ______________ your ignorance and feel free to ask ______________ questions.

Ⓓ [1-2] path 길목 evacuate 대피하다 threaten (나쁜 일이) 다가오다, 위협하다 flood 홍수 prove (~임이) 밝혀지다, 드러나다 [3-4] confident 자신감 있는 admit 인정하다 take action 행동을 취하다 governor 주지사 one way or the other 어떤 식으로든 paradoxically 역설적이게도 perceive 인식하다 end up -ing (결국) ~하게 되다 ignorance 무지 feel free to *do* 자유롭게 ~하다

CHAPTER

08

형용사적·부사적 수식어구

형용사적 수식어구란?

형용사 역할을 하는 수식어구로, 명사를 앞이나 뒤에서 꾸며 준다. 형용사(구), 전치사구, to부정사(구), 분사(구) 등이 있다.

형용사(구)	a book **useful for educators** 교육가들에게 유용한 책
전치사구	a book **about gardening** 원예에 관한 책
to부정사(구)	a book **to read** 읽을 만한 책
분사(구)	a **fascinating** book 매혹적인 책 a book **written by AI** 인공지능에 의해 쓰인 책

부사적 수식어구란?

부사 역할을 하는 수식어구로, 동사, 형용사, 다른 부사, 구, 절, 문장 전체 등을 꾸며 준다. 전치사구, to부정사(구)는 형용사적 수식어구로 쓰일 뿐만 아니라 부사적 수식어구로도 쓰이므로, 문맥을 통해 정확한 쓰임을 파악하도록 한다.

부사(구)	She went to the store **quite often.** 그녀는 그 가게에 꽤 자주 갔다.
전치사구	She went to the store **by bike.** 그녀는 자전거를 타고 가게에 갔다.
to부정사(구)	She went to the store **to buy groceries.** 그녀는 식료품을 사기 위해 가게에 갔다.

UNIT 43 to부정사의 형용사적 수식

- to부정사(구)는 명사(N)의 뒤에서 형용사처럼 명사를 수식할 수 있다. 「**N+to-v**」 형태이며 '~할/하는 N'으로 해석한다.

[1] The winner will have the opportunity (**to collaborate with renowned artists**).
우승자는 유명 예술가들과 협업할 기회를 갖게 된다.

[2] We are asking / to be the only group (**to use the multipurpose room after school**). 기출
우리는 방과 후에 다목적실을 사용하는 유일한 동아리가 되기를 요청합니다.

- to부정사(구)가 명사를 수식할 때, to부정사 뒤에 전치사가 오는 경우도 있다. 즉 「**N+to-v+전치사**」 형태일 때, 수식 받는 명사는 전치사의 목적어이다.

[3] At the library, we found a quiet corner / with a chair (**to sit on**). (← sit on a chair)
도서관에서 우리는 앉을 의자가 있는 조용한 구석 자리를 발견했다.

[4] A true friend is someone (**to talk to**), (← talk to someone) / someone (**to share your stories with**). (← share your stories with someone)
진정한 친구란 대화할 수 있는 사람, 즉 당신의 이야기를 나눌 수 있는 사람이다.

어법 「**N+to-v**」는 문장에서 주어, 목적어, 보어 역할을 한다. 특히 to부정사(구)의 수식을 받는 명사가 주어라면 동사와의 수 일치에 유의한다.
In my opinion, / **the best comedy movie** (to watch with your friends) / **is** *Dumb and Dumber*.
(S: the best comedy movie, V: is)
내 생각에, 친구들과 함께 보기에 가장 좋은 코미디 영화는 'Dumb and Dumber'이다.

Answers p.38

STRUCTURE 다음 문장에서 밑줄 친 말을 수식하는 어구를 모두 찾아 ( )로 묶고, 문장을 해석하시오.

1 The first person to make a mobile phone call was the American engineer Martin Cooper.

2 A problem is a challenge to be overcome and a lesson to be learned.

3 Do you have any specific types of music to listen to while you're studying?

4 The couple was excited about building their dream house to live in for many years.

GRAMMAR 다음 문장의 네모 안에서 어법상 알맞은 것을 고르시오.

5 One way to reduce carbon emissions [is / are] by increasing the use of renewable energy sources.

overcome 극복하다 carbon 탄소 emission 배출(물)

UNIT 44 분사의 형용사적 수식

분사(구)는 명사의 앞이나 뒤에서 형용사처럼 명사를 수식할 수 있다. 분사가 단독으로 쓰이면 명사 앞에, 다른 어구가 붙어 길어지면 명사 뒤에 위치한다.

현재분사+N	〈능동·진행〉	과거분사+N	〈수동·완료〉
N+현재분사구	~하는/하고 있는 N	N+과거분사구	~된/당한/해진 N

1 In the community, / there are **growing** concerns / over the **rising** crime rates.
지역 사회에서는 증가하고 있는 범죄율에 대한 커지는 우려가 있다.

2 We need to provide refuge / for animals (**suffering from habitat loss**).
우리는 서식지 상실을 겪고 있는 동물들에게 피난처를 제공해야 한다.

3 Do not spend your **limited** time / comparing yourself to others; // love your uniqueness.
자신을 남과 비교하는 데 한정된 시간을 쓰지 말라. 자신의 고유성을 사랑하라.

4 The leaves (***fallen on the ground**) / created a beautiful carpet of nature.
S V
땅에 떨어진 낙엽들이 아름다운 자연의 카펫을 만들었다. *자동사의 과거분사는 '완료'를 의미

MORE 주어를 뒤에서 수식하는 과거분사를 문장의 본동사로 착각하지 않도록 유의한다.
Garments (**stained** with ink) have to be washed with extra care.
S V
잉크로 얼룩진 의류는 각별히 주의해서 세탁되어야 한다.

Answers p.38

STRUCTURE 다음 문장에서 명사를 수식하는 분사(구)를 찾아 (　)로 묶고, 문장을 해석하시오.

1 Scholars often have conflicting views on the interpretation of historical events.

2 She installed a hidden device to record the sounds of wildlife in the forest.

3 In Berlin, Henrietta came across a little girl leading a blind woman. 기출

4 According to Einstein, only a life lived for others is a life worthwhile.

5 The investigation revealed connections among the people involved in the scandal.

conflict 상반되다 interpretation 해석 install 설치하다 wildlife 야생 동물 come across ~을 우연히 마주치다 worthwhile 가치 있는 investigation 조사 connection 유대 관계 involved in ~에 연루된

UNIT 45 감정을 나타내는 분사

감정을 나타내는 분사가 명사를 수식하는 경우, 현재분사와 과거분사 간에 의미 차이가 있다.

현재분사: ~하게 하는 (능동 – 감정을 일으키는 주체를 수식)		**과거분사:** ~한/하는 (수동 – 감정을 느끼는 대상을 수식)	
interesting	흥미로운	interested	흥미를 느끼는
exciting	신나는	excited	신이 난
amazing	놀라운	amazed	놀란
pleasing	즐거움을 주는	pleased	즐거워하는
satisfying	만족감을 주는	satisfied	만족한
disappointing	실망스러운	disappointed	실망한
frustrating	좌절감을 주는	frustrated	좌절한
confusing	혼란을 느끼게 하는	confused	혼란스러워하는
embarrassing	당황스럽게 하는	embarrassed	당황한
exhausting	지치게 하는(= tiring)	exhausted	지친(= tired)

1 Losing my passport during my trip (S) / was (V) a **frustrating** experience for me.
여행 중에 여권을 분실했던 것은 내게 좌절감을 주는 경험이었다.

2 With each complex math problem, / the **frustrated** students asked for help from the teacher.
복잡한 수학 문제를 풀 때마다 좌절한 학생들은 선생님의 도움을 요청했다.

Answers p.39

STRUCTURE 다음 문장에서 명사를 수식하는 분사(구)를 모두 찾아 (   )로 묶고, 문장을 해석하시오.

1 The soft melody of the piano created a pleasing atmosphere during the dinner party.

2 The exhausted traveler collapsed onto the hotel bed after a long and tiring journey.

3 The most satisfying moments often come from the simple pleasures in our busy lives.

4 For companies interested in delighting customers, exceptional service is part of the overall company culture. 기출

GRAMMAR 다음 문장의 네모 안에서 어법상 알맞은 것을 고르시오.

5 Tripping over my own shoelaces in the mall was an [embarrassing / embarrassed] incident.

atmosphere 분위기 collapse 드러눕다, 주저앉다 delight 기쁘게 하다 trip over ~에 걸려 넘어지다 incident 사건

UNIT 46 to부정사의 부사적 수식 I

☑ to부정사(구)가 부사 역할을 할 때는 다양한 의미로 쓰이므로 문맥에 따라 적절히 해석한다. 부사 역할의 to부정사(구)는 대부분 목적(~하기 위해서/하도록)을 나타내며, 이때 to 앞에 in order나 so as를 덧붙이기도 한다.

1 (**To make dreams into reality**), / it(S) takes(V) a lot of determination and dedication.
꿈을 현실로 만들기 위해서는 많은 결심과 헌신이 필요하다.

2 Empathizing with employees (**to understand their point of view**)(S) / can be(V) helpful for managers. 기출
직원들의 관점을 이해하기 위해 그들과 공감하는 것은 관리자들에게 도움이 될 수 있다.

☑ 부사 역할의 to부정사(구)는 결과(그 결과 ~하다/해버리다)를 나타내기도 하며, 주로 다음과 같은 형태로 쓰인다.

grow up to-v	자라서 ~하다	wake up to-v	깨어 보니 ~하다
only to-v	결국 ~할 뿐이다, 결국 ~하고 말다	never to-v	결코 ~하지 못하다

3 Despite his tough childhood, / the boy(S) grew up(V) (**to be a successful entrepreneur**).
힘들었던 어린 시절에도 불구하고, 그 남자아이는 자라서 성공적인 사업가가 되었다.

4 She waited patiently for his call, / (only **to receive a text message instead**).
그녀는 참을성 있게 그의 전화를 기다렸지만, 결국 전화 대신에 문자 메시지 한 통을 받았을 뿐이었다.

Answers p.39

STRUCTURE 다음 문장에서 부사 역할을 하는 to부정사구를 찾아 ( )로 묶고, 문장을 해석하시오.

1 To be a great champion, you must believe you are the best. If you're not, pretend you are.

2 He turned his phone on silent mode not to disturb others during the meeting.

3 The ship sailed into the sea, never to return to the same harbor.

4 The campers woke up to find their tents surrounded by a thick layer of fog.

5 Food appeared when the rat pressed the bar. Then the rat began to press it purposefully to be fed. 기출

silent mode 무음 모드 disturb 방해하다 sail 출항하다, 항해하다 harbor 항구 camper 야영객 surround 둘러싸다 rat 쥐 press 누르다 purposefully 의도적으로 feed 먹이를 주다(-fed-fed)

UNIT 47 to부정사의 부사적 수식 II

부사 역할의 to부정사(구)는 감정의 원인(~해서), 판단의 근거(~하다니, ~하는 것을 보니), 조건(~한다면)을 나타내기도 한다.

[1] [As she opened the door], / she was surprised / (**to find her son standing in the doorway**). 기출
(she: S, was surprised: V)
그녀는 문을 열었을 때 아들이 문간에 서 있는 것을 보고 놀랐다.

[2] You must be foolish / (**to believe everything on the Internet without fact-checking**).
인터넷 상의 모든 것을 사실 확인도 없이 믿다니 당신은 어리석음에 틀림없다.

[3] (**To hear him speak English**), / you would think / [he grew up in an English-speaking environment].
(you: S, would think: V, [he grew up ... environment]: O)
그가 영어로 말하는 것을 듣는다면, 당신은 그가 영어를 사용하는 환경에서 자랐다고 생각할 것이다.

to부정사(구)는 형용사 뒤에서 부사처럼 형용사를 수식할 수 있다. 「**형용사+to-v**」 형태이며 '~하기에 …한'으로 해석한다.

[4] A great boss is hard (**to find**), / difficult (**to leave**), / and impossible (**to forget**).
(hard: SC_1, difficult: SC_2, impossible: SC_3)
훌륭한 상사는 찾기 어렵고, 떠나기도 어렵고, 잊기도 불가능하다.

어법 형용사를 수식하는 to부정사(구)의 경우, 의미상 목적어가 문장의 주어와 일치하므로 따로 표시하지 않는다.
The problem is easy **to solve it**. (×) → The problem is easy **to solve**. (○) 그 문제는 풀기 쉽다.
(it = The problem)

Answers p.39

STRUCTURE 다음 문장에서 부사 역할을 하는 to부정사(구)를 찾아 (   )로 묶고, 문장을 해석하시오.

1 After a long day at work, she was pleased to see her dog waiting at the door.

2 The teacher must be very upset to speak to me in such a sharp tone.

3 To see other people work out, you will be motivated to make exercise a daily habit.

4 Chemicals can be dangerous to handle without the proper protective gear and knowledge.

GRAMMAR 다음 문장의 네모 안에서 어법상 알맞은 것을 고르시오.

5 The smartphone app is convenient [to use / to use it] for managing your personal finances.

tone 어조, 말투 work out 운동하다 motivate 동기를 부여하다 daily 일상적인 chemical 화학 물질 proper 적절한 convenient 편리한 finance 재정, 자금

UNIT 48 to부정사가 만드는 주요 구문

to부정사(구)는 too, enough와 함께 쓰여 정도·결과를 나타내기도 한다.

- **too+형용사/부사+to-v**: ~하기에 너무 …한/하게, 너무 …해서 ~할 수 없는
- **형용사/부사+enough to-v**: ~하기에 충분히 …한/하게, 충분히 …해서 ~할 수 있는

[1] The emotions were **too strong to conceal**, // and tears filled up her eyes.
감추기에는 감정이 너무 강렬해서, 눈물이 그녀의 눈에 가득했다.

[2] The instructions were **clear enough** / for the child **to build** the Lego on his own.
그 설명서는 아이가 혼자서 레고를 조립하기에 충분히 명확했다.

to부정사가 쓰이는 관용 표현을 알아 둔다.

be[make] sure to-v: 확실히[반드시] ~하다	be willing to-v: 기꺼이 ~하다
be eager to-v: ~하고 싶어 하다	be likely to-v: ~할 것 같다, ~하기 쉽다
be about to-v: 막 ~하려고 하다	be due to-v: ~할 예정이다
be supposed to-v: ~하기로 되어 있다, ~해야 하다	have no choice but to-v: ~할 수밖에 없다

[3] Sometimes [when you **are supposed to be** listening to someone], / your mind (S) starts (V) to wander. 기출
때때로 당신이 어떤 이의 말을 듣기로 되어 있을 때, 당신의 마음은 산만해지기 시작한다.

Answers p.40

STRUCTURE 밑줄 친 부분에 유의하여 다음 문장을 해석하시오.

1 The backpack was too small for me to pack everything for the trip.

2 He speaks Japanese fluently enough to communicate effectively in business meetings.

3 We had no choice but to sell our car to pay off our debts.

4 You have to be willing to alter your ideas and let others influence your perspective.

5 When Amy was about to leave work, she was given some tasks that must be done immediately. 기출

pack (짐을) 챙기다 fluently 유창하게 pay off ~을 다 갚다 debt 빚, 부채 alter 바꾸다, 변경하다

CHAPTER TEST

A 구조 수식어구의 쓰임에 유의하여 다음 문장을 해석하시오.

1 She took a day off to enjoy the beach, only to be met with rain.

기출 2 Going along with the group usually feels like the natural thing to do.

기출 3 The brain has the capacity to change in response to injury in order to compensate for the damage.

4 He was disappointed to find out that his favorite band had canceled their upcoming concert.

5 The road construction is due to continue until the end of the year.

기출 6 There is a term in painting called "working with a limited palette;" choosing to use only a few colors on purpose.

B 어법 다음 문장의 네모 안에서 어법상 알맞은 것을 고르시오.

1 The only player to save the team from a series of defeats [was / were] the star striker.

2 The grocery store offers a wide range of [freezing / frozen] foods such as pizzas, ice cream, and more.

3 Students often carry a backpack with various school supplies, including pens [to write / to write with].

4 Through my work as a journalist, I've had chances to interact with many [interesting / interested] people.

5 The interview questions were not easy to respond [to / to them] because they required broad knowledge.

기출 6 Patricia is eager [to be / to being] the best mom she can be, but she finds parenting a hard task.

Ⓐ take off 휴가를 내다 go along with ~을 따르다, ~에 동조하다 capacity 능력 in response to ~에 대응하여 compensate for ~을 보상[보충]하다 upcoming 곧 있을, 다가오는 construction 공사 term 용어 on purpose 의도적으로 Ⓑ defeat 패배 striker 스트라이커, 공격수 a wide range of 아주 다양한 school supplies 학용품 journalist 기자 interact with ~와 교류하다 broad 폭넓은 parenting 육아

Answers p.40

C 배열 밑줄 친 우리말과 같은 뜻이 되도록 괄호 안의 말을 바르게 배열하시오.

1 그녀는 앞으로 나서며 "두려워할 게 아무것도 없어."라고 혼잣말을 했다.
(to, afraid, nothing, be, of)
→ As she stepped forward, she said to herself, "There is ______________________."

2 불꽃놀이가 밤하늘을 밝히자, 몇몇 흥분한 관중들이 함성을 질렀다.
(spectators, shouted, excited, some)
→ ______________________ as the fireworks lit up the night sky.

3 챔피언 결정전에서 막판 승리를 거두다니 그 팀은 운이 좋았다.
(to, fortunate, was, win)
→ The team ______________________ a last-minute victory in the championship game.

4 나는 어머니의 서랍 뒤쪽에서 여러 번 접힌 종이 한 장을 발견했다.
(folded, a piece of, several, paper, times)
→ In the back of my mother's drawer, I found ______________________.

5 그 수영장 파티는 모두가 웃으며 즐길 수 있을 만큼 충분히 활기찼다.
(enough, to, enjoy, everyone, lively, for)
→ The pool party was ______________________ with laughter.

6 토론에 적극적으로 참여하는 학생들은 주제를 더 잘 이해할 것 같다.
(actively participating, are, students, in discussions)
→ ______________________ likely to comprehend the topic better.

기출 **7** 냄새 분자는 너무 작아서 눈으로는 볼 수 없지만 코로는 감지할 수 있다.
(small, our eyes, see, too, to, for)
→ Odor molecules are ______________________ but can be detected by our nose.

C firework 불꽃놀이 fortunate 운 좋은, 다행한 last-minute 마지막 순간의 drawer 서랍 lively 활기찬 discussion 토론 comprehend 이해하다 odor 냄새 molecule 분자 detect 감지하다, 발견하다

[1-2] 다음 글을 읽고, 물음에 답하시오.

In the small town of Dighton, Marcy lived in a two-story house. One day, she came home to find a fire in the laundry room. The flames had started in the living room and were spreading fast. Screaming, Marcy grabbed her phone and called 911. Shortly after, a group of firefighters arrived and quickly brought the fire under control. "It's an old house, and the fire could have been much worse," said one of the firefighters. Marcy sank to the floor. It was finally all over. The house was a bit damaged but no one was injured. She could feel the tension drop away.

1 밑줄 친 부분을 해석하시오.

2 윗글에 드러난 Marcy의 심경 변화로 가장 적절한 것은?

① panicked → relieved
② angry → grateful
③ worried → hopeful

[3-4] 다음 글을 읽고, 물음에 답하시오.

For many years, the companies ⓐ producing Holland's world-renowned tulips were contaminating the country's water and soil with pesticides. In 1991, the Dutch government adopted a policy ⓑ designed to cut pesticide use in half by 2000. Greenhouse growers realized they had to develop new methods if they were going to maintain product quality with fewer pesticides. In response, they created a new system using water circulation. The new system not only reduced the pollution ⓒ releasing into the environment; it also increased profits by giving companies greater control over growing conditions. 기출

3 밑줄 친 ⓐ~ⓒ 중, 어법상 틀린 것을 찾아 기호를 쓰고 바르게 고쳐 쓰시오.

(   ) → ____________________

4 빈칸에 주어진 철자로 시작하는 단어를 써서 이 글의 요약문을 완성하시오.

→ Due to the government regulation, the Dutch tulip industry shifted to e____________ friendly methods, which led to bigger p____________.

Ⓓ [1-2] story (건물의) 층 laundry room 세탁실 flame 불길 spread 번지다 grab 재빨리 들다, 꽉 잡다 shortly after 곧, 금세 bring ~ under control ~을 진압하다 sink 주저앉다, 가라앉다 tension 긴장 drop away (긴장이) 풀리다, 줄어들다 [3-4] world-renowned 세계적으로 유명한 contaminate 오염시키다 pesticide 농약 adopt 채택하다 design 고안하다 circulation 순환 pollution 오염 release 배출하다, 내뿜다 profit 이익 shift 전환하다, 바뀌다

CHAPTER
09
관계절

관계절이란?

관계사(관계대명사, 관계부사)가 이끄는 절로, 앞의 명사(선행사)를 꾸며 주거나 보충 설명할 수 있다.

• 관계대명사: 「접속사+대명사」 역할을 하며, 선행사의 종류와 관계대명사절 내의 역할에 따라 구별하여 사용

I have *a friend*. + **He** is talented at playing the guitar.

↓

I have *a friend* [**who** is talented at playing the guitar]. 내게는 기타 연주에 재능이 있는 친구가 한 명 있다.

선행사 관계대명사절

선행사	격		
	주격	소유격	목적격
사람	who that	whose	who(m) that
사람 이외 (동식물, 사물, 개념 등)	which that	whose of which	which that

• 관계부사: 「접속사+부사」 역할을 하며, 선행사의 종류에 따라 구별하여 사용

I remember *the day*. + We first met at that café **then**.

↓

I remember *the day* [**when** we first met at that café]. 나는 우리가 그 카페에서 처음 만났던 날을 기억한다.

선행사 관계부사절

선행사	관계부사	
시간 (time, day 등)	when	that
장소 (place 등)	where	
이유 (reason(s))	why	
방법 (way)	how	

UNIT 49 주격·소유격 관계대명사

☑ 주격 관계대명사는 관계대명사절 내에서 '주어' 역할을 하며, 선행사에 따라 who(사람), which(사람 이외), that(사람, 사람 이외)을 쓴다. 「**선행사(N)+관계대명사절**」은 '~한 N'이라고 해석하며, 문장 내에서 주어, 목적어, 보어 역할을 한다.

1 *People* [**who** *take vitamin supplements] / may experience increased energy levels.
S/선행사 V O
비타민 보충제를 섭취하는 사람들은 증가한 에너지 수치를 경험할 수도 있다. *주격 관계대명사절의 동사는 선행사의 인칭과 수에 일치

2 *The novel* [**which** sold more than 400 million copies worldwide] / is one of the best-sellers.
S/선행사 V SC
전 세계적으로 4억 부 이상 팔린 그 소설은 베스트셀러 중 하나이다.

3 As I walked through the park, / I found *something* [**that** sparkled in the sunlight].
S V O/선행사
나는 공원을 걷다가 햇빛에 반짝이는 무언가를 발견했다.

☑ 소유격 관계대명사 whose는 「**선행사(N)+whose+명사**」 형태로 쓰여서, 뒤에 나오는 명사가 선행사의 소유임을 나타낸다.

4 It is hard / to deal with *a child* [**whose** behavior is out of control].
선행사
행동이 통제 불능인 아이를 다루는 것은 어렵다.

어법 주어가 관계대명사절의 수식을 받는 경우, 문장 전체의 동사는 주어에 수를 일치시켜야 한다.
The artist [that specializes in landscapes] **is** known for her unique use of color.
S/선행사 V
풍경화를 전문으로 하는 그 화가는 독특한 색상 사용으로 유명하다.

Answers p.43

STRUCTURE 다음 문장에서 밑줄 친 명사(구)를 수식하는 관계대명사절을 찾아 [ ]로 묶고, 문장을 해석하시오.

1 Can you recommend a movie which is perfect for a relaxing weekend afternoon?

2 It is an old country house whose kitchen is decorated with floral patterns.

3 Leaders give their employees the resources that enable them to perform their job well. 기출

4 Marketing plays an important role for businessmen who are striving for economic success in competitive markets. 기출

GRAMMAR 다음 문장의 네모 안에서 어법상 알맞은 것을 고르시오.

5 The paintings which hang in their living room [reflect / reflects] their love for fine art.

recommend 추천하다 decorate 장식하다 floral 꽃의 resource 자원 enable 할 수 있게 하다 businessman 사업자 hang 걸려 있다 fine art 미술

UNIT 50 목적격 관계대명사

- 목적격 관계대명사는 관계대명사절 내에서 '목적어' 역할을 하며, 선행사에 따라 who(m)(사람), which(사람 이외), that(사람, 사람 이외)을 쓴다.

[1] This charity organization is helping *people* [**who(m)** the government cannot reach].
(S: This charity organization / V: is helping / O/선행사: people)
이 자선 단체는 정부의 손길이 닿지 않는 사람들을 돕고 있다.

[2] He was surprised and delighted / by *the camera* [**that** his wife bought for him].
(S: He / V: was / SC: surprised and delighted / 선행사: the camera)
그는 아내가 자신을 위해 사준 카메라에 놀라고 기뻐했다.

- 목적격 관계대명사는 준동사나 전치사의 목적어 역할을 할 수도 있다. 관계대명사가 전치사의 목적어인 경우, 전치사는 관계대명사 바로 앞이나 관계대명사절의 끝에 위치한다.

[3] *The average age* [**to which** people expect to live] / is getting higher than ever.
(S/선행사: The average age / = which people expect to live to / V: is getting / SC: higher)
사람들이 (그 나이까지) 살 것이라고 기대하는 평균 수명은 그 어느 때보다 높아지고 있다.

MORE 목적격 관계대명사 who나 that 앞에는 전치사가 올 수 없으며, 이 경우 전치사는 반드시 관계대명사절의 끝에 와야 한다.

The chair [**on that** a king sits] is called a throne. (×)

→ *The chair* [**that** a king sits **on**] is called a throne. (○) 왕이 앉는 의자는 왕좌라고 불린다.
(= on which a king sits)

Answers p.44

STRUCTURE 다음 문장에서 밑줄 친 명사(구)를 수식하는 관계대명사절을 찾아 [ ]로 묶고, 문장을 해석하시오.

1 The lawyer who we consulted provided some advice on legal matters.

2 The house that they recently moved into has a spacious backyard.

3 I have a neighbor whom I would like to invite over for dinner.

4 Identity thieves can buy goods and services which you will never see but will pay for. 기출

GRAMMAR 다음 문장의 네모 안에서 어법상 알맞은 것을 고르시오.

5 Two researchers did a study [which / in which] they asked people how much they would pay for data recovery. 기출

consult 상담하다 legal 법률상의 spacious 널찍한 identity thief 신원 도용자 goods 재화, 상품 service 용역, 서비스 recovery 복구, 회복

UNIT 51 명사절을 이끄는 관계대명사 what

관계대명사 what은 선행사 the thing(s)을 포함하여 명사절을 이끌고, '~하는 것'으로 해석한다. 관계대명사 what이 이끄는 명사절은 문장 내에서 주어, 목적어, 보어 역할을 한다.

1 [**What** Galileo discovered] was / that the Earth is not the center of the Universe.
(S: [What Galileo discovered], V: was, SC: that the Earth is not the center of the Universe)
갈릴레오가 발견한 것은 지구가 우주의 중심이 아니라는 것이었다.

2 Memory means / storing [**what** you have learned] in your brain for future use. 기출
(S: Memory, V: means, O: storing [what you have learned] in your brain for future use; V′: storing, O′: [what you have learned], M′: in your brain, M′: for future use)
기억은 여러분이 학습한 것을 미래에 사용할 수 있도록 뇌에 저장하는 것을 의미한다.

3 Being alone in unfamiliar places / is [**what** frightens me the most].
(S: Being alone in unfamiliar places, V: is, SC: [what frightens me the most])
낯선 곳에 혼자 있는 것은 나를 가장 두렵게 하는 것이다.

어법 접속사 that, 관계대명사 that, 관계대명사 what을 구별해야 한다.

접속사 that	선행사가 없고, 뒤에 완전한 절이 옴	Writers should not forget [**that** storytelling is important]. 작가는 스토리텔링이 중요하다는 것을 잊지 말아야 한다.
관계대명사 that	선행사가 있고, 뒤에 불완전한 절이 옴	Writers should not forget *the power* [**that** storytelling has ◆]. 작가는 스토리텔링이 가진 힘을 잊지 말아야 한다.
관계대명사 what	선행사가 없고, 뒤에 불완전한 절이 옴	Writers should not forget [**what** storytelling can achieve ◆]. 작가는 스토리텔링이 달성할 수 있는 것을 잊지 말아야 한다.

Answers p.44

STRUCTURE 다음 문장에서 관계대명사 what이 이끄는 명사절을 모두 찾아 [ ]로 묶고, 문장을 해석하시오.

1 What is common among successful individuals is their willingness to take risks.

2 She finally became what she had always wanted to be — a passionate architect.

3 The students started a lively discussion about what the professor emphasized during the lecture.

4 People are puzzled when what they see or hear doesn't match what they were expecting. 기출

GRAMMAR 다음 문장의 네모 안에서 어법상 알맞은 것을 고르시오.

5 Greek artists did not blindly imitate [that / what] they saw in reality; instead they tried to represent true forms. 기출

common 공통의 willingness 기꺼이 하는 마음 take risks 위험을 감수하다 passionate 열정적인 lecture 강의 puzzled 당황한 match 일치하다 Greek 그리스의 blindly 맹목적으로 imitate 모방하다 represent 표현하다, 나타내다

UNIT 52 명사절을 이끄는 복합관계대명사

☑ 복합관계대명사 who(m)ever, whichever, whatever도 선행사를 포함하여 명사절을 이끌고, 그 명사절은 문장 내에서 주어, 목적어, 보어 역할을 한다.

- who(m)ever ~: ~하는 누구든지 (= anyone who(m) ~)
- whichever ~: ~하는 어느 것이든지 (= anything that ~)
- whatever ~: ~하는 무엇이든지 (= anything that ~)

1 [**Whoever** cheats others for an unfair advantage] / should be ashamed of themselves.
S / V / SC / M
부당한 이득을 얻기 위해 다른 사람들을 속이는 사람은 누구든지 스스로를 부끄러워해야 한다.

2 There are various workshops, // so you can join [**whichever** seems most interesting to you].
V_1 / S_1 / S_2 / V_2 / O_2
다양한 워크숍이 있으므로, 여러분은 가장 흥미로워 보이는 것은 어느 것에든지 참가할 수 있다.

3 A child simply accepts [**whatever** is in front of them] / as tool, toy, or environment. 기출
S / V / O
아이는 자기 앞에 놓인 것이 무엇이든지 그것을 도구, 장난감 혹은 환경으로 그대로 받아들인다.

MORE whichever, whatever는 바로 뒤의 명사를 수식하는 형용사 역할을 하기도 한다.

You may sign up for [**whichever** day is best for you].
여러분은 자신에게 가장 적합한 어느 요일에든지 등록할 수 있다.

I can share [**whatever** information is necessary to solve this problem].
나는 이 문제를 해결하는 데 필요한 어떤 정보든지 공유할 수 있다.

Answers p.44

STRUCTURE 다음 문장에서 복합관계대명사가 이끄는 명사절을 찾아 [ ]로 묶고, 문장을 해석하시오.

1 Feel free to select whichever you want from the menu.

2 Whoever applies for the job must have relevant experience and skills.

3 Remember this, and you will be successful in whatever you do: Stay positive. 기출

4 Could I speak to whoever is in charge of Customer Service, please?

5 Whatever bias people may have as individuals gets multiplied when they discuss things as a group. 기출

relevant 관련 있는 in charge of ~을 담당하는 bias 편견 multiply 배가[증가]시키다

UNIT 53 관계부사

- 관계부사 when, where, why는 각각 시간, 장소, 이유를 나타내는 선행사(N) 뒤에 쓰이며 '~한 N'이라고 해석한다. 선행사가 time[day/year], place, reason과 같은 일반적인 명사인 경우 관계부사를 that으로 바꿔 쓸 수 있다.

1 I remember / *the time* [**when** we went on that unforgettable road trip].
S V O/선행사

나는 우리가 잊을 수 없는 장거리 자동차 여행을 떠났던 그때를 기억한다.

2 Could you please tell me *the reason* [**why** you are angry with me]?
V S IO DO/선행사

당신이 제게 화가 나신 이유를 말씀해 주시겠어요?

- 관계부사 how는 방법을 나타내는 선행사 the way와 같이 쓸 수 없고, how 혹은 the way로만 쓴다. 또는 the way that, the way in which로 쓰기도 한다.

= **the way** you treat others / **the way that** you treat others / **the way in which** you treat others

3 Relationships and [**how** you treat others] / determine your real success. 기출
S V O

인간관계와 당신이 다른 사람들을 대하는 방식이 당신의 진정한 성공을 결정한다.

어법 관계사 that은 뒤에 이어지는 절이 불완전하면 관계대명사, 완전하면 관계부사로 쓰인 것이다.

The day [**that** the teacher chose ◆ for the field trip] / turned out to be sunny. 〈관계대명사 that〉

선생님이 현장 학습을 위해 선택한 날은 날씨가 화창했다.

She remembers / *the day* [**that** she received her acceptance letter to college]. 〈관계부사 that〉

그녀는 대학 입학 허가서를 받았던 날을 기억한다.

Answers p.45

STRUCTURE 다음 문장에서 밑줄 친 명사를 수식하는 관계부사절을 찾아 [ ]로 묶고, 문장을 해석하시오.

1 Maria Sutton was a social worker in a place where the average income was very low. 기출

2 2020 was the year when the global pandemic spread rapidly across borders.

3 Adolescents differ from adults in the way they behave, solve problems, and make decisions. 기출

4 The reason why you should visit California is its attractive landmarks such as Disneyland Park.

GRAMMAR 다음 문장의 네모 안에서 어법상 알맞은 것을 고르시오.

5 In situations [which / where] conflicts arise, effective communication can help solve the problem.

social worker 사회복지사 average 평균의 income 소득, 수입 pandemic 전염병 border 국경 adolescent 청소년 differ from ~와 다르다 behave 행동하다 conflict 갈등 arise 발생하다

UNIT 54 관계사와 선행사의 생략

☑ 목적격 관계대명사는 생략할 수 있다. 단, 전치사의 목적어로 쓰인 목적격 관계대명사는 전치사와 떨어져 있는 경우에만 생략할 수 있다.

[1] Think about *the impact* [**(that)** personal computing technology had on leadership]. 기출

개인용 컴퓨터 사용 기술이 지도자들에게 미친 영향에 대해 생각해 보라.

[2] It is not always easy / to get along with *the people* [**(whom)** you work *with*].

함께 일하는 사람들과 잘 지내는 것이 항상 쉬운 일은 아니다.

☑ 선행사가 time[day/year], place, reason과 같은 일반적인 명사인 경우, 선행사나 관계부사 둘 중 하나를 생략할 수 있다.

[3] This library is / *the place* [**(where)** children can explore the world through literature].

이 도서관은 아이들이 문학을 통해 세상을 탐구할 수 있는 곳이다.

[4] ***(The reason)*** [**Why** we chose this hotel for our vacation] / is its excellent reviews.

우리가 휴가를 위해 이 호텔을 선택한 이유는 훌륭한 리뷰 때문이다.

MORE 「**주격 관계대명사+be동사**」도 생략할 수 있다.

How can I recover *the message* [**(which was)** deleted by mistake]?

제가 실수로 삭제된 메시지를 어떻게 복구할 수 있을까요?

Answers p.45

STRUCTURE **다음 문장에서 생략이 일어난 곳에 ✓ 표시하고, 문장을 해석하시오.**

1 She introduced me to a friend she had known since childhood.

2 There is a registration desk participants can check in and receive their badges at.

3 Make sure to explain the reason you arrived late for the meeting.

4 Emma and Liam adopted a dog abandoned on the streets and named him Max.

5 From the time I first learned to read, books have played an essential role in how I experience the world.

6 Musicians skilled in multiple instruments often find more opportunities in the music industry.

registration 등록 check in 참가 수속을 밟다 badge 배지 abandon 버리다, 유기하다 multiple 다양한, 다수의

UNIT 55 보충 설명하는 관계절 I

☑ 콤마(,) 뒤에 이어지는 관계대명사절은 선행사에 대해 보충 설명하며, 맥락에 따라 and, but, because, so 등의 의미로 적절하게 해석한다. 관계대명사 that과 what은 이러한 용법으로는 쓰지 않는다.

[1] *The homeless woman*, [**who** did not have any money], / went into the store. 기출
S/선행사 = and she V
그 노숙자 여성은 돈이 한 푼도 없었는데도 가게에 들어갔다.

[2] *Germany*, [**whose** economy is the largest in Europe], / plays a major role in global trade.
S/선행사 = and its V
독일은 유럽에서 경제 규모가 가장 큰 나라로, 세계 무역에서 큰 역할을 한다.

[3] The brain is a high-energy consumer of *glucose*, [**which** is its fuel]. 기출
선행사 = and it
뇌는 포도당의 고에너지 소비자인데, 그것(포도당)은 뇌의 연료이다.

☑ 관계대명사 which는 앞에 나온 어구나 절 전체를 선행사로 취하여 그것에 대해 보충 설명할 수 있다.

[4] *She regularly volunteers at the animal shelter*, / [**which** shows her dedication to helping animals].
선행사 = and it
그녀는 동물 보호소에서 정기적으로 자원봉사를 하는데, 이는 동물 돕기에 대한 그녀의 헌신을 보여 준다.

MORE 콤마(,) 뒤에서 **all[most/half/some/one] of whom[which]** ~의 형태로 쓰인 관계대명사절은 '그중 모두[대부분/절반/일부/하나]는 ~'으로 해석한다.

I bought *ten books*, [**half of which** were novels]. 나는 열 권의 책을 샀는데, 그중 절반이 소설이었다.
선행사 = and half of them

Answers p.46

STRUCTURE 다음 문장에서 선행사를 모두 찾아 밑줄을 긋고, 문장을 해석하시오.

1 I greatly admire Robert D. Parker's paintings, which emphasize the beauty of nature. 기출

2 This year's lucky family was a young mother named Karen and her 3-year-old son, who she was raising by herself. 기출

3 The psychologist I like most is John Bowlby, whose work focused on children's development. 기출

4 The scholarship covers tuition and book expenses, which means no financial burden for students.

5 She invited ten friends to the party, most of whom were colleagues from her workplace.

admire 좋아하다, 감탄하며 바라보다 raise 기르다, 양육하다 psychologist 심리학자 scholarship 장학금 cover 포함하다 tuition 등록금 burden 부담, 짐

UNIT 56 보충 설명하는 관계절 II

☑ 관계부사 when과 where가 이끄는 절도 선행사에 대해 보충 설명할 수 있고, 맥락에 따라 and, but, because, so 등의 의미로 적절하게 해석한다. 관계부사 why와 how는 이러한 용법으로는 쓰지 않는다.

1 It was *the last day of school*, / [**when** everyone seemed more excited than usual].
(선행사: the last day of school / when = and then)
학기 마지막 날이었는데, 그날은 모두가 평소보다 더 신이 난 것처럼 보였다.

2 *The city of Paris*, [**where** you'll find the famous Eiffel Tower], / is such a beautiful city.
(S/선행사: The city of Paris / where = and there / is: V)
파리는 여러분이 그 유명한 에펠탑을 발견하게 될 곳인데, 매우 아름다운 도시이다.

☑ 관계절은 앞에 콤마(,) 유무에 따라 해석이 달라진다. 콤마가 없는 경우는 관계절에 의해 선행사의 범위가 한정되는 것이고, 콤마가 있는 경우는 이미 특정된 선행사에 대해 관계절이 보충 설명하는 것이다.

3 A search is underway / for *the suspects* [**who** stole jewelry from the local store].
(선행사: the suspects)
지역 상점에서 보석을 훔친 용의자들에 대한 수색이 진행 중이다.

4 The police caught *the robbery suspects*, / [**who** then confessed their crime]. 기출
(선행사: the robbery suspects / who = and they)
경찰은 그 강도 용의자들을 붙잡았고, 그들은 그때 자신들의 범행을 자백했다.

Answers p.46

STRUCTURE 다음 문장에서 선행사에 밑줄을 긋고, 문장을 해석하시오.

1 Last night, we tried a new restaurant, where the prices were reasonable. 기출

2 The best season to watch the Northern Lights starts in August, when the nights get darker. 기출

3 In London, where many famous singers have recorded albums, visitors can tour legendary recording studios. 기출

4 I went skiing in Europe in the early winter of 2023, when snow levels were at a record low.

5 She got a discount on her stay thanks to her friend who worked at the hotel.

6 He admitted to leaving his post to visit his girlfriend, who also worked at the hotel. 기출

reasonable (가격이) 합리적인, 적정한 legendary 전설적인 at a record low 사상 최저의 admit to ~을 인정하다 post 자리

CHAPTER TEST

A 구조 다음 문장에서 관계절을 모두 찾아 [ ]로 묶고, 문장을 해석하시오.

기출 **1** I'm especially interested in purchasing the painting that depicts the horizon, titled *Sunrise*.

2 Home is where you leave everything precious to you. You never question that it will be there when you return.

기출 **3** Grant Wood grew up on a farm and drew with whatever materials were available.

4 Italy scored the winning goal in the 93rd minute, when the game was almost over.

5 You can't control what happens to you, but you can control how you react to it.

6 Van Gogh created a unique painting style, which places him among the world's best artists.

B 어법 다음 문장의 네모 안에서 어법상 알맞은 것을 고르시오.

기출 **1** Tea is a source of vitamins for the nomadic tribes, [who / whose] diet lacks vegetables.

2 When you face challenges, the support you receive from others [make / makes] all the difference.

기출 **3** Supermarkets give you loyalty cards [which / with which] they track your purchasing behaviors precisely.

4 [Who / Whoever] completes the training program successfully will get the certificate.

기출 **5** Creativity leads some individuals to recognize problems [what / that] others do not see.

6 Parents feel delighted at the moment [which / when] their baby takes his first steps.

Ⓐ depict 묘사하다 horizon 지평선 precious 소중한 question 의심하다, 의문을 갖다 material 재료; 자료 place 자리하게 하다 Ⓑ nomadic 유목의 tribe 부족, 종족 lack 부족하다 support 지원, 도움 make all the difference 중요한 영향을 미치다 loyalty card (상점의) 고객 카드, 포인트 적립 카드 track 추적하다 certificate 수료증, 증명서 creativity 창의성 recognize 인식하다 take one's first step 첫걸음을 내딛다

Answers p.46

C 배열 밑줄 친 우리말과 같은 뜻이 되도록 괄호 안의 말을 바르게 배열하시오.

기출 **1** 과학자들에게는 유사한 연구를 하고 유사한 생각을 하는 동료들이 있다. (doing, colleagues, are, who)
→ Scientists have ______________________ similar work and thinking similar thoughts.

2 태블릿은 다양한 업무를 하기 위해 모두가 사용하는 휴대용 기기가 되었다.
(device, uses, everyone, portable)
→ The tablet has become a ______________________ for various tasks.

3 그는 모든 모델의 사진을 찍었고, 그들 중 일부는 이미 광고 경험이 있었다.
(whom, had, some, already, of)
→ He photographed all the models, ______________________ experience in advertising.

기출 **4** 우리는 다른 모든 유기체가 우리가 하는 방식으로 환경을 감지한다고 추정해서는 안 된다.
(we, the way, do, that)
→ We shouldn't assume that all other organisms sense the environment in ______________________.

5 그 의사는 환자에게 빠른 회복을 위해 가능한 것은 무엇이든 하겠다고 말했다.
(possible, whatever, was, do)
→ The doctor told the patient that they would ______________________ for a speedy recovery.

기출 **6** 대부분의 출판사는 자료에 너무 많은 오류를 포함하고 있는 집필자들과 시간을 낭비하고 싶지 않을 것이다.
(material, whose, writers, contains)
→ Most publishers will not want to waste time with ______________________ too many mistakes.

7 모든 구성 요소를 확인했음에도 불구하고, 나는 컴퓨터가 작동을 멈춘 이유를 찾을 수가 없다.
(the computer, find, stopped, the reason)
→ I can't ______________________ working despite checking every component.

C similar 유사한 portable 휴대용의 assume (사실일 것으로) 추정하다 sense 감지하다 publisher 출판사, 출판인 component 구성 요소

[1-2] 다음 글을 읽고, 물음에 답하시오.

Born in 1904, Theodore Seuss Geisel was an American author, cartoonist, and illustrator. At first, he found success in advertising, providing illustrations for many ads. He began using the pen name "Dr. Seuss" back in 1927 with a cartoon published in *The Saturday Evening Post*. But Dr. Seuss is most famous for his children's books, the first of which was published in 1937. He is best known for his imaginative books that often feature playful rhymes and characters. His books have sold over 650 million copies worldwide, translated into numerous languages.

1 밑줄 친 부분을 해석하시오.

2 빈칸에 들어갈 알맞은 단어를 윗글에서 찾아 글의 제목을 완성하시오.

→ From ____________ to ____________ ____________: The Evolution of Dr. Seuss

[3-4] 다음 글을 읽고, 물음에 답하시오.

Don't let the perfect become the enemy of the good. If you want your idea to become the policy ⓐ of which you've long dreamed, you have to be okay with the outcome being a little different than you wanted. Say you're pushing for a clean water act. Even if ⓑ that emerges doesn't match how you originally conceived the bill, you'll have still succeeded in ensuring that kids in troubled areas have access to clean water. ⓒ What counts is that they will be safer because of your idea and your effort. 기출

3 밑줄 친 ⓐ~ⓒ 중, 어법상 틀린 것을 찾아 기호를 쓰고 바르게 고쳐 쓰시오.

(　　) → ____________________

4 윗글에서 필자가 주장하는 바로 가장 적절한 것은?

① 자신이 세운 목표를 주기적으로 점검해야 한다.
② 자신의 이상보다 못한 결과를 받아들일 줄 알아야 한다.
③ 꿈을 실현하기 위해서는 작은 일에도 완벽을 기해야 한다.

Ⓓ [1-2] cartoonist 만화가 illustrator 삽화가 ad 광고(= advertisement) pen name 필명 imaginative 상상력이 풍부한 feature 특징으로 삼다 playful 재미있는 rhyme 운율, 라임 translate 번역하다 numerous 수많은 [3-4] enemy 적 push for ~을 추진하다 act 법안 emerge 드러나다 conceive 구상하다 bill 법안 ensure 확실히 하다 have access to ~에 접근할 수 있다 count 중요하다 effort 노력

CHAPTER 10

부사절 / 분사구문

부사절이란?

「접속사+S′+V′ ~」의 형태로 문장에서 부사 역할을 하는 절로서, 주절의 앞이나 뒤에 온다. 부사절을 이끄는 접속사는 다음과 같은 의미를 나타낸다.

시간	when, while, as, before, after, since, until[till] 등
조건	if, unless 등
이유·원인	because, as, since 등
목적·결과	so (that), so ~ that … 등
양보·대조	although, (even) though, (even) if 등

Because he overslept, he missed the bus. 〈원인〉
그는 늦잠을 잤기 때문에 버스를 놓쳤다.

My family decided to go for a hike **although it was raining.** 〈양보〉
우리 가족은 비가 오고 있는데도 하이킹을 가기로 결정했다.

분사구문이란?

- 분사를 사용하여 부사절을 간결하게 표현한 구문으로, 문장에 다양한 의미를 더해 주는 부사구 역할을 한다.
- 문장의 앞이나 중간, 또는 뒤에 오며, 맥락에 따라 적절한 접속사를 넣어 해석한다.

〈분사구문 만드는 법〉

As we **watched** a comedy show, *we* laughed together.

Watching a comedy show, we laughed together.
우리는 코미디 쇼를 보면서 함께 웃었다.

① 부사절의 접속사와 주어(주절의 주어와 같을 때)를 생략한다.

② 부사절의 동사를 현재분사 형태로 바꾸고, 주절은 그대로 쓴다.

UNIT 57 시간·조건의 부사절

시간의 부사절을 이끄는 접속사는 다음과 같다.

when	~할 때	while	~하는 동안 *cf.* during+명사(구)	as	~할 때, ~하면서
before/after	~하기 전에/~한 후에	since	~한 이후로	until[till]	~할 때까지
once	일단 ~하면, ~하자마자	as soon as	~하자마자	by the time	~할 무렵에는, ~할 때까지는

1 [**When** the firefighters(S′) arrived(V′)], / the fire(S) was spreading(V) through the whole building. 기출
소방관들이 도착했을 때, 불길이 건물 전체로 번지고 있었다.

2 Mark(S) could not stand(V) to lose at games / [**by the time** he(S′) was(V′) eight years old]. 기출
Mark는 8살이 되자 시합에서 지는 것을 참지 못했다.

조건의 부사절을 이끄는 접속사는 다음과 같다.

if	만약 ~라면	unless	만약 ~가 아니라면(= if ~ not), ~하지 않는 한
as long as	~하는 한, ~이기만 하면	in case (that)	~라면, ~인 경우에 대비하여

3 [**If** the weather(S′) *clears up(V′)], / we(S) will have(V) a picnic in the park this afternoon.
만약 날씨가 맑아지면, 우리는 오늘 오후에 공원에서 피크닉을 할 것이다. *시간·조건의 부사절에서는 미래의 일을 현재 시제로 나타냄

4 Feel(V) free to voice your opinions / [**as long as** it(S′) doesn't hurt(V′) anyone's feelings].
다른 사람의 기분을 상하게 하지 않는 한 자유롭게 여러분의 의견을 말하라.

STRUCTURE 다음 문장에서 부사절을 찾아 [ ]로 묶고, 문장을 해석하시오.

Answers p.50

1 Baby Alice's vocabulary has expanded rapidly since she began talking.

2 He played computer games enthusiastically until he achieved the highest level in the game.

3 As soon as the children saw the clown, their faces changed and lit up with a smile. 기출

4 In case you can't come to the interview, please inform us in advance.

5 We do not provide refunds unless class is canceled due to low registration. 기출

vocabulary 어휘력 expand 확장[발전]하다 enthusiastically 열정적으로 clown 광대 light up 밝아지다 in advance 사전에, 미리 registration 등록자 수

UNIT 58 이유·목적·결과의 부사절

이유·원인의 부사절을 이끄는 접속사는 다음과 같다.

because/as/since	~ 때문에, ~이므로 *cf.* because of+명사(구)	now (that)	(지금) ~이므로

1 We arrived at the airport later than expected / [**because** there was a traffic jam].
교통 체증이 있었기 때문에 우리는 예상보다 더 늦게 공항에 도착했다.

2 [**Now that** the rainy season has begun], / it is time (to bring out the umbrellas).
이제 장마철이 시작되었으니 우산을 꺼낼 때다.

목적·결과의 부사절을 이끄는 접속사는 다음과 같다.

so (that) ~	~하기 위해서, ~하도록(= in order that)
so+형용사/부사+that …	매우 ~해서 …하다
such (a[an])(+형용사)+N+that …	매우 ~한 N이라서 …하다

3 They communicated openly / [**so that** misunderstandings could be avoided in their relationship].
그들은 그들의 관계에서 오해를 피할 수 있도록 터놓고 소통했다.

4 She was **so** busy / [**that** she barely had time (to grab a lunch) between meetings].
그녀는 너무 바빠서 회의 사이에 점심을 간단히 먹을 시간이 거의 없었다.

Answers p.50

STRUCTURE 밑줄 친 접속사에 유의하여 다음 문장을 해석하시오.

1 As he is new to school, he hasn't made many friends yet.

2 Since the budget is limited, we need to find alternatives that are much cheaper.

3 The spectators are starting to leave the stadium now that the game is over.

4 It was such a long and difficult exam that many students could not complete it in time.

5 Companies are adopting smart tools in order that employees can work at enhanced levels.

budget 예산 alternative 대안 stadium 경기장 enhanced 향상된

UNIT 59 양보·대조의 부사절

양보·대조의 부사절을 이끄는 접속사는 다음과 같다.

although/(even) though	(비록) ~에도 불구하고, ~이지만 *cf.* despite+명사(구)	(even) if	설사 ~라고 하더라도
형용사[부사/명사]+as+S'+V'	비록 ~이지만	while/whereas	~인 반면에, ~이기는 하지만

1 [**Though** the injury(S') was(V') serious], / the soccer player(S) insisted(V) on continuing to play.
부상이 심각했지만 그 축구 선수는 경기를 계속하겠다고 고집했다.

2 [**Even if** I(S') clean(V'1) and polish(V'2) the window], / it(S) still won't look(V) completely clear.
설사 내가 창문을 닦고 윤을 낸다고 하더라도, 그것은 여전히 완전히 깨끗해 보이지는 않을 것이다.

3 [**While** reducing calorie intake(S') might encourage(V') weight loss], / it(S) could lead(V) to fatigue. 기출
칼로리 섭취를 줄이는 것이 체중 감소를 촉진할지도 모르지만 피로를 초래할 수도 있다.

MORE 복합관계사 **who(m)ever, whichever, whatever, whenever, wherever, however**도 양보의 부사절을 이끌 수 있으며, '누가/어느 것을/무엇을/언제/어디서/아무리 ~하더라도'로 해석한다.

[**Whatever** you decide], / I'll support your choice. 당신이 무엇을 결정하더라도 나는 당신의 선택을 지지할 것이다.

[**However** tired she is], / she always goes for a run. 그녀는 아무리 피곤하더라도 항상 달리기를 하러 간다.

Answers p.50

STRUCTURE 다음 문장에서 부사절을 찾아 [ ]로 묶고, 문장을 해석하시오.

1 Even though I may no longer be a member, I still hope for the success of this organization. 기출

2 Young as he is, he has already gained widespread recognition as a musician.

3 Whoever you may be, you deserve love and respect from others.

4 In 2005, the average class size in Brazil was larger than that in the UK, whereas the reverse was true in 2017. 기출

GRAMMAR 다음 문장의 네모 안에서 어법상 알맞은 것을 고르시오.

5 [Although / Despite] many scientists expect climate change to result in more rainfall, some areas could experience droughts. 기출

organization 조직, 단체 widespread 널리 퍼진, 광범위한 recognition 인정 deserve ~을 받을 자격이 있다 reverse 반대 rainfall 강수량 drought 가뭄

UNIT 60 분사구문의 의미

☑ 분사구문은 대부분 시간(~할 때, ~하는 동안에, ~한 후에) / 동시동작(~하면서) / 연속동작(~하고 나서 …하다, ~하여 (그 결과) …하다)을 나타내며, 문맥에 따라 자연스럽게 해석한다.

1 **Walking down the street**, / I found a dollar bill on the pavement.
동시동작(= *As* I walked down ~)
길을 걷다가, 나는 보도에서 1달러짜리 지폐를 발견했다.

2 She opened the door, / **stepping into a room (filled with the chatter of friends)**.
연속동작(= *and* she stepped into ~)
문을 열고 나서, 그녀는 친구들의 수다로 가득 찬 방으로 들어갔다.

☑ 분사구문은 시간 외에도 이유·원인(~하므로, ~해서), 조건(만약 ~하면), 양보(비록 ~일지라도) 등을 나타낸다. 혹은 주절 뒤에 이어지는 보충 설명(~하는데, …)을 나타내기도 한다.

3 **Feeling sleepy after lunch**, / he decided to do a few stretches at his desk.
이유(= *Because* he felt sleepy ~)
점심 식사 후 졸려서, 그는 책상에서 스트레칭을 몇 번 하기로 결정했다.

4 **Working hard for your dreams**, / you will make them come true step by step.
조건(= *If* you work hard ~)
꿈을 위해 열심히 노력한다면, 여러분은 차근차근 꿈을 이룰 것이다.

5 The wood of teak is particularly attractive, / **having a golden or reddish brown color.** 기출
보충 설명(= *and* it has a golden ~)
티크 목재는 특히 매력적인데, 그것은 금색이나 붉은색이 도는 갈색이다.

Answers p.51

STRUCTURE 다음 문장에서 분사구문을 찾아 ( )로 묶고, 문장을 해석하시오.

1 Joni turned pale, staring at the river water swirling violently around her legs. 기출

2 Graduating from college, he applied for internships to gain practical experience.

3 Searching diligently for the missing person, the police couldn't find any clues.

4 Being sick, she decided to take a day off from work to rest at home.

5 Listening carefully, you can understand the key points being emphasized in the lecture.

6 Ray toured Britain and Europe in the 1660s, studying and collecting plants and animals. 기출

pale 창백한 stare at ~을 바라보다 swirl 소용돌이치다 violently 격렬하게 practical 실제적인 missing 실종된 clue 단서

UNIT 61 분사구문의 시제/태

☑ 「Having p.p.」로 시작하는 분사구문은 주절보다 시간상 앞선 일을 나타낸다.

[1] **Having painted the portrait,** / the artist stepped back to appreciate her work.
= After she **had painted** ~
초상화를 그린 후, 그 화가는 자신의 작품을 감상하기 위해 뒤로 물러섰다.

☑ 「Being/Having been p.p.」로 시작하는 분사구문은 주어와 분사의 관계가 수동임을 나타낸다. 분사구문에서 Being이나 Having been은 보통 생략한다.

[2] **Served with milk and sugar,** / black tea becomes a rich and comforting beverage.
= If it **is served** with ~ / = **Being served** with ~
우유와 설탕을 곁들여 제공된다면, 홍차는 진하고 기운을 북돋우는 음료가 된다.

[3] **Born in a small town surrounded by mountains,** / I am used to the sound of wildlife.
= As I **was born** in ~ / = **Having been born** in ~
산으로 둘러싸인 작은 마을에서 태어났기 때문에, 나는 야생 동물의 소리에 익숙하다.

MORE 분사구문에서 Being이나 Having been이 생략되면 명사나 형용사만 남는 경우도 있다.

A friendly person, / he is often invited to social gatherings and events.
= Because he is a friendly person / = Being a friendly person
상냥한 사람이기 때문에, 그는 사교 모임과 행사에 자주 초대받는다.

Answers p.51

STRUCTURE 다음 문장에서 분사구문을 찾아 ( )로 묶고, 문장을 해석하시오.

1 Compared with the old washers, modern washers are indeed technologically advanced. 기출

2 Having lost his way, the traveler asked for directions at the nearest gas station.

3 Nervous, she tapped her fingers against her thigh before her big speech.

4 The report, having been written by Erica, was submitted to her supervisor for review.

GRAMMAR 다음 문장의 네모 안에서 어법상 알맞은 것을 고르시오.

5 [Using / Used] properly and wisely, a smartphone can be a powerful tool for productivity.

washer 세탁기 technologically 기술적으로 ask for directions 길을 묻다 gas station 주유소 tap (가볍게) 두드리다 thigh 허벅지 submit 제출하다
supervisor 상사, 상관 properly 적절하게 productivity 생산성

UNIT 62 분사구문의 부정 / 접속사 + 분사구문

☑ 분사구문의 부정은 분사 앞에 부정어(not, never 등)를 써서 나타낸다.

1 **Not being a morning person**, / Luna often arrived late for her morning classes.
= Because she was not a morning person
아침형 인간이 아니었기 때문에, Luna는 오전 수업에 종종 늦게 도착했다.

2 **Never having ridden a roller coaster**, / David felt nervous [as the coaster moved up].
= Because he had never ridden ~
롤러코스터를 타 본 적이 없어서, David는 롤러코스터가 위로 올라갈 때 긴장했다.

☑ 분사구문의 의미를 명확하게 하기 위해 분사 앞의 접속사를 생략하지 않고 그대로 두는 경우도 있다.

3 Azim was watching television at an airport terminal / **while waiting for a flight.** 기출
= while he was waiting ~
Azim은 비행기를 기다리면서 공항 터미널에서 TV를 보고 있었다.

4 **Once purchased**, / the ticket cannot be refunded for any reason.
= Once it is purchased
일단 구매되면 표는 어떤 이유로도 환불될 수 없습니다.

Answers p.52

STRUCTURE 다음 문장에서 분사구문을 찾아 (　)로 묶고, 문장을 해석하시오.

1 Not having brought my umbrella, I had to borrow one when it started to rain.

2 Since coming back from Mexico, she has been staying in touch with the local tour guide.

3 The basketball player took a fifteen-foot shot and the ball went through the net, never touching the rim. 기출

4 Tom apologized after having annoyed his roommate with loud music late at night.

5 Police officers need to show their identification if asked to do so on official duty.

6 Never having been studied before, the rare species remains a mystery.

stay in touch with ~와 연락하고 지내다 net 골망 rim (원형 물건의) 가장자리, 테 official duty 공무(公務) rare 희귀한 species (생물의) 종(種)

UNIT 63 분사구문의 의미상 주어

☑ 분사구문의 의미상 주어가 주절의 주어와 다를 때 분사 앞에 의미상 주어를 밝혀 준다.

[1] Julia (S) excelled in both literature and mathematics, / **the latter** (S′) **being her favorite subject.**
Julia는 문학과 수학 모두에서 두각을 나타냈는데, 후자(수학)는 그녀가 가장 좋아하는 과목이었다.

☑ 분사구문의 의미상 주어가 일반인인 경우 주절의 주어와 달라도 생략해서 관용적으로 쓰는 분사구문이 있다.

generally/broadly/frankly/strictly speaking: 일반적으로/대체로/솔직히/엄밀히 말해서	judging from[by]: ~로 판단하건대
speaking[talking] of: ~에 대해 말하자면	considering (that): ~을 고려하면
supposing (that): ~라고 가정하면	granting[granted] (that): ~을 인정하더라도

[2] **Broadly speaking,** / cultural norms vary significantly from one country to another.
대체로 말해서, 문화적 규범은 나라마다 크게 다르다.

MORE 분사구문의 의미상 주어가 앞에 나온 어구나 절 전체를 뜻하는 경우, 의미상 주어는 주절의 주어와 달라도 따로 밝혀 주지 않는다. 이때의 분사구문은 '결과'의 의미로 해석한다.

During the late 1800s, printing (S) became cheaper and faster, / **leading to an explosion in the number of newspapers.** 기출 1800년대 후반에 인쇄가 더 저렴하고 빨라졌는데, 이는 신문 발행 부수의 폭발적 증가로 이어졌다.

Answers p.52

STRUCTURE 다음 문장의 밑줄 친 부분을 해석하시오.

1 The sun setting, we gathered around the campfire and shared stories with one another.

2 There being no available parking spaces, we had to park far away.

3 No one having proposed any topics in advance, the meeting lacked direction.

4 Judging from the dark clouds on the horizon, it looks like a storm is approaching.

5 Granting that you're under a lot of stress, your behavior is still unacceptable.

6 When regions can no longer produce food, people will be forced to move to other areas, making them "climate refugees." 기출

campfire 모닥불 direction 방향(성) approach 다가오다, 접근하다 unacceptable 용납할 수 없는 be forced to *do* ~할 수밖에 없다 refugee 난민

UNIT 64 with + O' + 분사

「**with + O' + v-ing**」는 'O'가 ~한 채로 / ~하면서 / ~해서'라고 해석한다. 이때 O'와 분사(v-ing)의 관계는 능동이다.

1 Logan performed on the stage / **with his family watching him proudly.**
능동 관계

Logan은 가족들이 자랑스레 지켜보는 가운데 무대에서 공연했다.

「**with + O' + p.p.**」는 'O'가 ~된 채로 / ~되면서 / ~되어서'라고 해석한다. 이때 O'와 분사(p.p.)의 관계는 수동이다.

2 **With just one chance left to qualify,** / he managed to squeeze into the Olympic team. 기출
수동 관계

참가 자격을 얻기 위해 단 한 번의 기회만 남겨진 가운데, 그는 간신히 올림픽 팀에 합류하게 되었다.

MORE with + O' 다음에 현재분사 being이 생략된 「**with + O' + 형용사 / 부사 / 전치사구**」의 형태로도 쓰일 수 있다.

Do not speak during meals / **with your mouth *full*.**
식사 중에는 입을 가득 채운 채로 말하지 마라.

He felt sleepy and started nodding off / **with the heater *on*.**
히터를 켠 상태에서 그는 졸음이 와서 꾸벅꾸벅 졸기 시작했다.

The politician greeted the supporters / **with her hand *in the air*.**
그 정치인은 공중에 손을 들고 지지자들에게 인사했다.

Answers p.53

STRUCTURE 다음 문장의 밑줄 친 부분을 해석하시오.

1 The old man sat by the fireplace, with his dog sleeping at his feet.

2 With more and more people owning pets, the pet care industry is thriving.

3 The stage director watched the actors rehearse at the studio with her arms folded.

4 With the puzzle pieces scattered on the table, they began to put them together.

5 With the earphones off, she could hear the sounds of nature around her.

GRAMMAR 다음 문장의 네모 안에서 어법상 알맞은 것을 고르시오.

6 With no one severely [wounding / wounded], the firefighter took a moment to catch his breath.

fireplace 벽난로 thrive 번창하다 fold one's arms 팔짱을 끼다 scatter 흩어지게 만들다, 흩뿌리다 put together ~을 맞추다, 조립하다 severely 심하게 wound 다치게 하다 catch one's breath 숨을 돌리다

CHAPTER TEST

A 구조 다음 문장에서 부사절 혹은 분사구문에 밑줄을 긋고, 문장을 해석하시오.

기출 1 To stop the spread of fake news, read stories before you share them.

기출 2 In case you didn't see it, I'm enclosing a copy of our travel itinerary.

3 The results fell short of expectations even though I worked diligently.

4 He double-checked his calculations so that there wouldn't be any mistakes in the report.

5 Opening the gift box, she discovered a pair of sunglasses perfect for the upcoming summer.

6 The storm knocked down a telephone pole, causing a power outage in the neighborhood.

B 어법 다음 문장의 네모 안에서 어법상 알맞은 것을 고르시오.

기출 1 When turbulence hit the plane, the little boy remained very calm [while / during] the adults were afraid.

2 The painting was [so / such] a masterpiece that it inspired generations of artists.

기출 3 One day, Kathy got off her bus and stood in front of the school while [cried / crying].

4 [Having been / Being] to the U.S. before, he knew the importance of tipping in restaurants.

5 This novel, [translating / translated] with great care, kept the author's unique style.

6 With his heart [beating / beaten] fast, he approached the stage to deliver his speech.

Ⓐ fake 가짜의 enclose 동봉하다 itinerary 여행 일정(표) fall short of ~에 미치지 못하다 expectation 기대 calculation 계산 telephone pole 전봇대 power outage 정전 neighborhood 인근, 동네 Ⓑ turbulence 난기류 inspire 영감을 주다 tip 팁을 주다 deliver a speech 연설을 하다

Answers p.53

C 배열 밑줄 친 우리말과 같은 뜻이 되도록 괄호 안의 말을 바르게 배열하시오.

1 사회가 불공정하면 구성원 간의 신뢰가 약화된다.
(being, the society, unfair)
→ ______________________________, trust among its members weakens.

2 직장에서 긴 하루를 보내고 나서, 그녀는 허브차를 한 잔 마셨다.
(a long, had, having, day)
→ ______________________________ at work, she had a cup of herbal tea.

3 커튼을 걷어 젖힌 상태에서, 열린 창문으로 부드러운 산들바람이 흘러 들어왔다.
(drawn, the curtains, with, back)
→ ______________________________, a gentle breeze flowed through the open window.

4 이제 시험이 끝났으니, 우리는 드디어 긴장을 풀고 여름 방학을 즐길 수 있다.
(that, are, the exams, now, over)
→ ______________________________, we can finally relax and enjoy our summer break.

5 어떻게 해야 할지 몰라서, 그는 결국 성급한 결정을 내렸다.
(what, knowing, do, not, to)
→ ______________________________, he ended up making a hasty decision.

6 수리 기사가 곧 도착한다고 가정하면, 손님들이 도착하기 전에는 TV가 수리될 것이다.
(arrives, that, the repairman, supposing)
→ ______________________________ soon, we will have the TV fixed before our guests arrive.

7 그 제조사가 비용을 너무 많이 절감해서 제품의 품질이 더 나빠졌다.
(deeply, the product's quality, that, suffered, so)
→ The manufacturer cut costs ______________________________.

C unfair 불공정한 weaken 약화되다 herbal 허브의 repairman 수리 기사 deeply 크게; 깊이 suffer 더 나빠지다 manufacturer 제조자

[1-2] 다음 글을 읽고, 물음에 답하시오.

Life offers endless chances to doubt yourself. It's easy to crumble when people stomp on you. It takes courage to get up, straighten yourself, and say: "I'm still a $100 bill. My worth is still the same." Some people will try to criticize you, and sometimes, life will nearly tear you apart. But as long as you get up again, you'll always be fine — and there's no wrinkle a little ironing can't fix. You know your worth. That's all that matters.

1 밑줄 친 부분을 해석하시오.

2 빈칸에 들어갈 알맞은 단어를 윗글에서 찾아 글의 주제를 완성하시오.

→ Believe in your ______________ despite challenges and criticism.

[3-4] 다음 글을 읽고, 물음에 답하시오.

One day, Jane was walking home, with her head down, ⓐ fighting tears of total despair, when a woman came down the sidewalk toward her. ⓑ Embarrassing at being seen in such an emotional mess, she turned her head away. But the woman moved directly in front of Jane, waited until she looked up, and then smiled. ⓒ Looking into her eyes, the woman spoke in a quiet voice, "Whatever is wrong will pass. You're going to be OK." She then smiled again and walked away. Jane was deeply moved by the woman's unexpected kindness and unconditional caring! 기출

3 밑줄 친 ⓐ~ⓒ 중, 어법상 틀린 것을 찾아 기호를 쓰고 바르게 고쳐 쓰시오.

(   ) → ______________________

4 윗글에서 Jane이 마지막에 느꼈을 심경으로 가장 적절한 것은?

① indifferent
② depressed
③ touched

Ⓓ [1-2] endless 끝없는 doubt 의심하다; 의심 crumble 허물어지다 stomp on ~을 짓밟다 courage 용기 straighten 바로 세우다 bill 지폐 tear ~ apart ~을 찢다 wrinkle 주름 ironing 다림질 matter 중요하다 [3-4] despair 절망 sidewalk 인도 emotional 감정적인 mess 엉망인 상태 unconditional 무조건적인 caring 관심

CHAPTER 11
비교구문

비교구문이란?

둘, 혹은 셋 이상인 대상의 성질이나 상태를 비교하여 그 차이를 나타내는 구문이다. 형용사나 부사의 원급, 비교급, 최상급을 사용하여 표현할 수 있다.

- 원급을 사용한 비교구문: ***A*+as+원급+as+*B*** (A는 B만큼 ~하다)

  This elephant is **as big as** our house.

  이 코끼리는 우리 집만큼 크다.

- 비교급을 사용한 비교구문: ***A*+비교급+than+*B*** (A는 B보다 더 ~하다)

  This elephant is **bigger than** the tree.

  이 코끼리는 그 나무보다 더 크다.

- 최상급을 사용한 비교구문: ***A*+the+최상급 ~ (in/of …)** (A는 (…에서) 가장 ~하다)

  This elephant is **the biggest** animal **in** the jungle.

  이 코끼리는 정글에서 가장 큰 동물이다.

UNIT 65 원급·비교급 비교

원급 비교는 두 대상을 비교하여 정도가 비슷하거나 같음을 나타낸다.

- as+원급+as …: …만큼 ~한/하게
- not as[so]+원급+as …: …만큼 ~하지 않은/않게

1 Despite his age, / he performs **as energetically as** a young athlete.
나이에도 불구하고 그는 젊은 운동선수만큼 활기차게 동작을 수행한다.

2 Mastering a new language / is **not so simple** / **as** memorizing a few vocabulary words.
새로운 언어를 완전히 익히는 것은 어휘 몇 개를 암기하는 것만큼 간단하지는 않다.

비교급 비교는 두 대상을 비교하여 정도에 차이가 있음을 나타낸다.

- 비교급+than …: …보다 더 ~한/하게
- less+원급+than …: …보다 덜 ~한/하게

3 Our brains tend to remember a recent event **more vividly than** a distant one.
우리의 뇌는 시간상 먼 사건보다 최근의 사건을 더 생생하게 기억하는 경향이 있다.

4 The design of the company's website is **less attractive than** its competitors'.
= its competitors' website designs
그 회사의 웹사이트 디자인은 경쟁사의 것들보다 덜 매력적이다.

어법 두 비교 대상 A, B는 문법적으로 대등해야 한다.

A – B	• to-v – to-v • v-ing – v-ing • his book – mine[my book] • the length of the eraser – that of the pencil • streets in London – those in Paris

Listening is **as important as** *speaking* in effective communication. 효과적인 의사소통에서 듣기는 말하기만큼 중요하다.

Answers p.56

STRUCTURE 다음 문장에서 두 비교 대상에 밑줄을 긋고, 문장을 해석하시오.

1 The old house does not retain heat as efficiently as modern buildings.

2 The new smartphone has a larger display and more advanced features than hers.

3 The economy class seats are less comfortable than the first-class seats.

GRAMMAR 다음 문장에서 어법상 틀린 부분을 찾아 밑줄을 긋고 바르게 고쳐 쓰시오.

4 The symptoms of the flu are typically more severe than that of a common cold.

retain (계속) 유지하다 display 디스플레이(화면 표시 장치) feature 기능, 특징 economy class (비행기의) 이코노미석 first-class (비행기의) 일등석 symptom 증상 flu 독감 typically 보통, 전형적으로 severe 심한

UNIT 66 최상급 비교

최상급 비교는 셋 이상의 대상을 비교하여 그중 하나의 정도가 가장 높음을 나타낸다.

- **the+최상급** ~ (in+단수 명사/of+복수 명사): (…에서/…들 중에서) 가장 ~한/하게
- **the+최상급**+N(+that)(+S')+have[has] ever p.p.: 지금까지 …한 것 중에 가장 ~한 N

[1] **The most important** job **in** raising a child / is nurturing her self-esteem.
S V SC
자녀를 키우는 데 있어 가장 중요한 일은 자녀의 자존감을 키워 주는 것이다.

[2] The Statue of Unity in India is / **the tallest sculpture** [**that has ever been created**].
인도에 있는 통합의 상은 지금까지 만들어진 것 중에 가장 높은 조각상이다.

원급이나 비교급을 사용하여 최상급의 의미를 나타낼 수 있다.

- **비교급**+than any other+**단수 명사**: 다른 어떤 …보다도 더 ~한/하게
- No+**명사**[Nothing/Nobody]+**비교급**+than …: 어떤 N도[아무것도/아무도] …보다 더 ~하지 않다
- No+**명사**[Nothing/Nobody]+as[so]+**원급**+as …: 어떤 N도[아무것도/아무도] …만큼 ~하지 않다

[3] Salt has a **greater** impact on flavor / **than any other ingredient**.
소금은 다른 어떤 재료보다도 맛에 더 큰 영향을 미친다.

[4] **No river** is **longer than** the Nile, / which measures about 4,132 miles in length.
어떤 강도 길이가 약 4,132마일인 나일강보다 더 길지 않다.

Answers p.56

STRUCTURE **최상급 표현에 유의하여 다음 문장을 해석하시오.**

1 This diamond necklace is the most luxurious item of her personal belongings.

2 The pop singer has more followers on social media than any other celebrity.

3 No other planet in the solar system is as close to the Sun as Mercury.

4 According to the author H. Jackson Brown, nothing is more expensive than a missed opportunity.

GRAMMAR **다음 문장에서 괄호 안의 말을 알맞은 형태로 바꿔 쓰시오.**

5 Completing the marathon was the (proud) achievement that I have ever experienced. 기출

necklace 목걸이 luxurious 사치스러운, 호화로운 personal belongings 개인 소지품 celebrity 유명인, 명사 planet 행성 solar system 태양계 Mercury 수성

UNIT 67 주요 비교 표현 I

원급을 사용하는 주요 비교 표현은 다음과 같다.

- as+원급+as possible (= as+원급+as+S′+can/could): 가능한 한 ~한/하게
- not so much *A* as *B*: A라기보다는 오히려 B인
- as many/much as ~: 무려 ~나 되는 수의/양의

1 When dealing with contracts, / descriptions need to be **as precise as possible.** 기출
계약서를 다룰 때 설명은 가능한 한 정확할 필요가 있다.

2 Nikola Tesla was **not so much** *a scientist* / **as** *an inventor and engineer*.
Nikola Tesla는 과학자라기보다는 오히려 발명가이자 엔지니어였다.

비교급을 사용하는 주요 비교 표현은 다음과 같다.

- 비교급+and+비교급: 점점 더 ~한/하게
- the+비교급 ~, the+비교급 …: ~하면 할수록 더 …하다

3 With each piece of feedback from her peers, / her essay became **better and better.**
동료들의 피드백을 받을 때마다 그녀의 에세이는 점점 더 좋아졌다.

4 **The more** you know, / **the more** you realize you don't know.
(O_1 = The more, S_1 = you, V_1 = know, M_2 = the more, S_2 = you, V_2 = realize, O_2 = you don't know)
여러분이 더 많은 것을 알면 알수록, 여러분은 자신이 모른다는 것을 더 많이 깨닫게 된다.

MORE 부사 **much, even, still, far, a lot**은 비교급 앞에 쓰여 '훨씬'이라는 의미로 비교급을 강조한다. 단, 부사 very는 비교급을 강조하지 않는다.
Using a GPS is ***far* easier** / than reading a map. GPS를 사용하는 것이 지도를 읽는 것보다 훨씬 더 쉽다.

Answers p.56

STRUCTURE 비교 표현에 유의하여 다음 문장을 해석하시오.

1 Companies strive to collect as much data as they can from consumers. 기출

2 The stadium can accommodate as many as 50,000 spectators for games.

3 The encouraging words from his coach made him feel more and more confident.

4 The older we are, the longer it takes our brain and body to remove caffeine. 기출

GRAMMAR 다음 문장의 네모 안에서 어법상 알맞은 것을 고르시오.

5 When feeling down, saying "I am really sad" is [very / much] more helpful than declaring "I am happy." 기출

accommodate 수용하다 caffeine 카페인 declare 선언하다

UNIT 68 주요 비교 표현 II

원급·비교급 비교 문장에 배수/분수 표현(half, twice, three times, two thirds, …)을 함께 써서 두 대상 간의 정도 차이를 나타낸다.

- **배수/분수+as+원급+as …**: …보다 -배 ~한/하게
- **배수/분수+비교급+than …**: …보다 -배 더 ~한/하게

1 The population of China is around **four times larger** / **than** that of the United States.
중국의 인구는 미국의 인구보다 약 4배 더 많다. (that = the population)

2 The small container holds **one fourth as much** liquid / **as** the big one.
작은 용기에는 큰 용기에 비해 4분의 1만큼의 액체가 들어간다.

최상급을 사용하는 주요 비교 표현은 다음과 같다.

- **one of the+최상급+복수 명사**: 가장 ~한 … 중 하나 (→ 주어 자리에 오면 단수 취급)
- **the+서수+최상급**: … 번째로 가장 ~한

3 Nervousness about public speaking is / **one of the most common fears** among people. 기출
공적인 말하기에 대한 불안감은 사람들 사이에서 가장 흔한 공포 중 하나이다.

4 This car is **the second fastest** model / in the manufacturer's lineup.
이 자동차는 제조업체의 라인업에서 두 번째로 가장 빠른 모델이다.

MORE 부사 **much, by far, the very**는 최상급 앞에 쓰여 '단연코'라는 의미로 최상급을 강조한다.
After trying several brands, / she finally found ***the very*** **best** shampoo for her hair.
여러 브랜드를 써 본 후, 마침내 그녀는 자신의 머리에 단연코 가장 좋은 샴푸를 찾았다.

Answers p.57

STRUCTURE 비교 표현에 유의하여 다음 문장을 해석하시오.

1 The professional athlete can jump twice as high as an average person.

2 LED light bulbs can last more than 25 times longer than traditional light bulbs.

3 Our company is the third largest provider of Internet services in the region.

4 Among all the presentations, Sarah's was by far the most informative and organized.

GRAMMAR 다음 문장의 네모 안에서 어법상 알맞은 것을 고르시오.

5 One of the most popular restaurants among locals [is / are] closing down next month.

professional 프로의, 직업의 light bulb 전구 traditional 기존의, 전통적인 provider 제공자 informative 유익한

CHAPTER TEST

A 구조 다음 문장의 빈칸에 알맞은 말을 쓰고, 문장을 해석하시오.

1 The artist's second album did not sell as well ________ his debut album.

2 Nobody in my neighborhood is more generous ________ Angela at helping those in need.

3 He is the most influential politician ________ the country, with a significant number of supporters.

4 As the race progressed, the distance between the runners grew shorter ________ shorter.

5 In some cases, animals in zoos can live up to three ________ longer than those in the wild.

B 어법 다음 문장의 네모 안에서 어법상 알맞은 것을 고르시오.

1 The movie was not [as memorable / more memorable] as the book despite its impressive special effects.

2 Amy's vocal range was wider than any other [participant / participants] in the audition.

기출 3 Solids, like wood for example, transfer the sound waves [very / much] better than air typically does.

4 Despite its innovative design, the product's performance was not as effective as [that / those] of its competitor.

5 In the center of the very [worse / worst] hurricane, there's a calm spot — the eye of the storm.

기출 6 The washing machine is one of the most technologically advanced [example / examples] of a large household appliance.

Ⓐ debut 데뷔, 첫 출연 generous 관대한 in need 어려움에 처한 influential 영향력 있는 politician 정치인 significant 상당한 progress 진행되다 distance 거리 up to ~까지 Ⓑ memorable 기억에 남는 impressive 인상적인 special effect 특수 효과 vocal range 음역대 solid 고체 transfer 전달하다 sound wave 음파 innovative 혁신적인 performance 성능 competitor 경쟁자 spot (특정한) 곳, 장소 household appliance 가전제품

Answers p.57

C 배열 밑줄 친 우리말과 같은 뜻이 되도록 괄호 안의 말을 바르게 배열하시오.

1 기린의 목은 사람의 목보다 약 18배 길다.
(long, times, eighteen, as, as)
→ The giraffe's neck is about ____________________ a human's.

기출 **2** 코알라는 에너지가 거의 없어서, 가능한 한 적게 움직이는 경향이 있다.
(possible, little, as, as)
→ Koalas have almost no energy, so they tend to move ____________________.

3 이 퍼즐은 내가 살면서 지금까지 시도한 것 중에 두 번째로 가장 어려운 도전으로 꼽힌다.
(challenge, hardest, the, second)
→ This puzzle ranks as ____________________ I've ever attempted in my life.

기출 **4** 그것은 그 도시가 지금까지 주최한 것 중에 가장 큰 취업 박람회로, 80명이 넘는 고용주가 참가한다.
(that, job fair, largest, the)
→ It is ____________________ the city has ever hosted, attracting over 80 employers.

5 멀리 있는 물체는 보통 크기가 더 작고 빛이 줄어들기 때문에 근처의 물체보다는 눈에 덜 띈다.
(than, visible, nearby ones, less)
→ Distant objects are ____________________ often due to smaller size and reduced light.

6 판매원들은 무언가가 더 한정적일수록 그것이 더 가치 있게 된다는 것을 명심해야 한다.
(desirable, the, becomes, more, it)
→ Salespeople should keep in mind that the more limited something is, ____________________.

7 그녀는 아들의 행동에 화가 났다기보다는 실망했다.
(as, much, disappointed, angry, so, not)
→ She was ____________________ by her son's behavior.

C giraffe 기린 tend to *do* ~하는 경향이 있다 rank as (순위 매김 등에서) ~로 꼽히다 job fair 취업 박람회 host (행사를) 주최하다 employer 고용주 visible 눈에 보이는 object 물체 desirable 가치 있는, 바람직한 salesperson 판매원(*pl.* salespeople)

[1-2] 다음 글을 읽고, 물음에 답하시오.

When you enter a store, you will see many options and choices. It doesn't matter whether you want to buy coffee, jeans, or a phone. In all these situations, we are basically flooded with options from which we can choose. The majority of people will tell us that they prefer having more alternatives. This is interesting because, as science suggests, the more options we have, the harder our decision making process will be. The thing is that when the amount of options exceeds a certain level, our decision making will start to suffer. 기출

1 밑줄 친 부분을 해석하시오.

2 빈칸에 주어진 철자로 시작하는 단어를 써서 이 글의 주제를 완성하시오.

→ When we have too many c____________, our decision making becomes h____________.

[3-4] 다음 글을 읽고, 물음에 답하시오.

No other flower is as popular as red roses for Valentine's Day, so it should come as no surprise that this rose color symbolizes love and admiration. "Red roses are the most popular and typical Valentine's Day gift," says Alfred Palomares, vice president of merchandising at an online flower delivery service. However, if you are in a new relationship, you might want to stay away from this distinctive color. "Because they convey a message of deep romantic feelings, they are the perfect gift for your wife or long-term partner."

3 밑줄 친 부분을 Red roses로 시작하는 문장으로 바꿀 때, 빈칸에 알맞은 말을 쓰시오.

→ Red roses are ________ ________ ________ flower for Valentine's Day

4 윗글의 제목으로 가장 적절한 것은?

① Beyond the Bloom: The Meaning Behind Red Roses
② Forget the Roses: Unconventional Gifts for Your Valentine
③ Understanding the Meaning Behind Different Colors of Roses

D [1-2] be flooded with ~로 넘쳐나다 majority 대다수 process 과정 exceed 넘어서다 suffer 고통스럽다 [3-4] It comes as no surprise that ~ ~는 놀랄 일이 아니다 symbolize 상징하다 admiration 존경 vice president 부사장, 부회장 merchandising 판촉 stay away from ~을 피하다, 가까이하지 않다 distinctive 독특한 convey 전달하다 bloom 꽃; 개화 unconventional 색다른

CHAPTER

12

주의할 구문

특수구문이란?

내용을 보다 효과적으로 전달하기 위해 문장의 기본 구조를 특수하게 변형한 구문이다.

- 부정구문: '~ 않다/아니다'라는 의미를 표현하기 위해 부정을 나타내는 어구(no, not …)를 사용한 구문

All that glitters is **not** gold.

반짝이는 게 다 금은 아니다.

- 동격구문: 앞의 명사를 보충 설명하기 위해 뒤에 다른 명사(구)나 명사절을 덧붙인 구문

Paris, **the capital of France**, is an attractive city.

프랑스의 수도인 파리는 매력적인 도시이다.

병렬구조란?

등위접속사나 상관접속사가 문법적으로 같은 성격과 형태를 가진 단어, 구, 절을 연결한 구조이다.

I like **skiing** and **hiking.** 〈단어-단어〉

나는 스키 타기와 하이킹하기를 좋아한다.

We can meet either **at the café** or **at the park.** 〈구-구〉

우리는 카페나 공원에서 만날 수 있다.

The food looked delicious, but **it tasted terrible.** 〈절-절〉

그 음식은 맛있어 보였지만 맛은 끔찍했다.

UNIT 69 부정구문

문장의 전체 또는 부분을 부정하거나, 두 개의 부정 표현을 써서 강한 긍정을 나타낼 수 있다.

- 〈전체 부정〉 no, none, nobody, nothing, not ~ any / neither: 아무(것)도 ~ 않다 / 어느 쪽도 ~ 않다
- 〈부분 부정〉 not+all, every/both/always/necessarily/entirely: 모두/둘 다/항상/반드시/전적으로 ~한 것은 아니다
- 〈강한 긍정〉 부정어+A+without[unless]+B: A하려면 반드시 B하다, A할 때 반드시 B하다
  never fail to-v: 반드시 ~하다

1 **Nothing** happens immediately, // so in the beginning we **can't** see **any** results.
(S_1 V_1 M_1 M_2 S_2 V_2 O_2)
즉시 일어나는 것은 아무것도 없으므로, 처음에 우리는 어떤 결과도 볼 수 없다.

2 **Not all** information on the Web / is trustworthy. 기출
웹상의 모든 정보가 신뢰할 수 있는 것은 아니다.

3 The party would**n't** be complete / **without** some lively music and dancing.
파티가 완성되려면 반드시 신나는 음악과 춤이 있어야 한다.

MORE 부정어 외에도 부정의 뜻을 나타내는 어구가 있다.

• few(수)/little(양): 거의 ~없는 *cf.* a few/a little: 조금 있는	• rarely, seldom(빈도): 좀처럼 ~않는 • hardly, scarcely(정도): 거의 ~않는

I **seldom** eat fast food / because I prefer healthier options.
나는 더 건강한 선택을 선호하기 때문에 패스트푸드를 좀처럼 먹지 않는다.

Answers p.60

STRUCTURE 부정구문에 유의하여 다음 문장을 해석하시오.

1 Neither of them were wrong; they just had different preferences. 기출

2 It is not necessary to have both of the ingredients for the recipe.

3 The line drawn between examples of sports, leisure, and play is not always clear. 기출

4 I won't join the basketball game unless my knee injury heals completely.

5 He never fails to make me laugh with his funny jokes.

6 In the desert, there were hardly any signs of life, except for a few cactuses.

preference 선호 ingredient 재료 leisure 여가 heal 낫다, 치유되다 sign 흔적, 징후 except for ~를 제외하고

UNIT 70 동격구문

앞에 나온 명사에 대한 보충 설명을 콤마(,), of, 접속사 that을 이용해 덧붙일 수 있다. 이때 보충 설명을 제공하는 명사(구)나 명사절을 '동격'이라고 한다.

- N, 명사(구): ~인 N
- N of 명사(구): ~인 N
- N+that절: ~라는 N *동격의 that절과 자주 쓰이는 N: fact, rumor, news, feeling, idea, belief, thought, opinion, possibility 등

1 Mount Everest, **the highest mountain in the world**, / draws adventurers from around the globe.
S = V
세계에서 가장 높은 산인 에베레스트산은 전 세계의 모험가들을 끌어들인다.

2 The dream **of exploring space** has been realized / through the efforts of scientists and engineers.
S = V
우주 탐험의 꿈은 과학자들과 기술자들의 노력으로 실현되었다.

3 Our organization was founded / on the belief [**that all animals should be respected**]. 기출
=
우리 단체는 모든 동물들이 존중받아야 한다는 믿음으로 설립되었다.

어법 동격절을 이끄는 접속사 that 뒤에는 완전한 절이 오는 반면, 관계대명사 that[which] 뒤에는 불완전한 절이 온다.

The study supports / the idea [that regular exercise improves cognitive function]. 〈접속사 that〉
=
그 연구는 규칙적인 운동이 인지 기능을 향상시킨다는 생각을 뒷받침한다.

A stereotype is / an idea [that ◆ is widely held by people towards others or something]. 〈관계대명사 that〉
고정관념은 사람들이 타인이나 어떤 것에 대해 널리 가지고 있는 생각이다.

Answers p.60

STRUCTURE 다음 문장에서 밑줄 친 말과 동격인 어구를 찾아 밑줄을 긋고, 문장을 해석하시오.

1 She married Raymond Woodard Brink, a young mathematics professor she had met in Moscow. 기출

2 He liked the company, and he liked the idea of owning its stock. 기출

3 It may take you around two months to get accustomed to the habit of waking up early.

4 The manager focused on the fact that the employee had been late to work seven times. 기출

GRAMMAR 다음 문장의 네모 안에서 어법상 알맞은 것을 고르시오.

5 I heard the news [that / which] my favorite singer was coming to Korea for a concert tour.

Moscow 모스크바 stock 주식 get accustomed to ~에 익숙해지다 manager 관리자, (회사의) 부장

UNIT 71 병렬구조 I

등위접속사는 문법적으로 대등한 말을 연결하여 병렬구조를 만든다. 등위접속사 **and**(그리고, ~와), **or**(또는, ~나), **but**(그러나, ~이지만)은 단어와 단어, 구와 구, 절과 절을 연결한다.

1 The new employee in the marketing department (S) / is (V) **intelligent** (SC1(단어)) [and] **willing** (SC2(단어)) to learn.
마케팅 부서의 그 신입 사원은 똑똑하고 기꺼이 배우려고 한다.

2 In the gym, / you (S) can exercise (V) **on your own** (M1(구)) [or] **with a personal trainer** (M2(구)).
체육관에서 여러분은 혼자서 또는 개인 트레이너와 함께 운동할 수 있다.

등위접속사 **so**(그래서, ~해서), **for**(왜냐하면 ~이기 때문이다)는 절과 절을 연결한다.

3 **I've done this hike before** (절), // [so] **I know [it isn't dangerous]** (절). 기출
나는 전에 이 하이킹을 해 본 적이 있어서 위험하지 않다는 것을 알고 있다.

4 **She bought a new car** (절), // [for] **her old one was constantly breaking down** (절).
그녀는 새 차를 구입했는데, 왜냐하면 그녀의 오래된 차가 계속 고장이 났기 때문이다.

MORE 등위접속사로 두 개의 to부정사(구)를 연결할 때, 뒤에 오는 to부정사(구)의 to는 생략할 수 있다.
In free play, / children learn **to make their own decisions** [and] **(to) get along with others**. 기출
자유 놀이를 하면서, 아이들은 스스로 결정을 내리고 다른 사람들과 어울리는 것을 배운다.

Answers p.61

STRUCTURE 다음 문장에서 접속사로 연결되어 병렬구조를 이루는 말에 밑줄을 긋고, 문장을 해석하시오.

1 The first half of the movie was funny, but the second half turned serious.

2 You can pay for your purchase with cash, credit card, or mobile payment.

3 This workshop is suitable for beginners, so no experience is necessary. 기출

4 They canceled the event, for the weather forecast predicted heavy rain.

GRAMMAR 다음 문장의 네모 안에서 어법상 알맞은 것을 고르시오.

5 The shoemaker dug a hole in the garden and [burying / buried] his bag of gold in it. 기출

serious 진지한 credit card 신용카드 mobile payment 모바일 결제 suitable 적합한 weather forecast 일기예보 predict 예보하다, 예측하다 dig (구멍 등을) 파다(-dug-dug) bury 묻다, 매장하다

상관접속사 역시 문법적으로 대등한 말을 연결하여 병렬구조를 만든다.

both A and B	A와 B 둘 다	not only A but (also) B	A뿐만 아니라 B도 (= B as well as A)
either A or B	A 혹은 B, A와 B 둘 중 하나	neither A nor B	A도 B도 아닌
not A but B	A가 아니라 B		

1 The job involves both **designing graphics** and **developing websites**.
S V O1 O2
그 일은 그래픽을 디자인하고 웹사이트를 개발하는 것 둘 다를 필요로 한다.

2 Anna was hired / not only **for her talent** but also **for her positive attitude**.
S V M1 M2
= Anna was hired / **for her positive attitude** as well as **for her talent**.
Anna는 그녀의 재능뿐만 아니라 긍정적인 태도 때문에 고용되었다.

3 He could neither **talk** nor **swallow** / for several days following the surgery.
S 조동사 V1 V2
그는 수술 후에 며칠 동안 말도 할 수 없었고 삼킬 수도 없었다.

어법 상관접속사로 연결된 어구가 주어 자리에 오면 동사는 B에 일치시킨다. 단, 「both A and B」는 항상 복수 취급한다.

Either she or *I* **am** going to make the final decision. 그녀와 나 둘 중 하나가 최종 결정을 내릴 것이다.
S V

Both *fishing* and *camping* **require** basic equipment. 낚시와 캠핑 둘 다 기본 장비가 필요하다.
S V

Answers p.61

STRUCTURE 다음 문장에서 접속사로 연결되어 병렬구조를 이루는 말에 밑줄을 긋고, 문장을 해석하시오.

1 We can take either the bus or the train to the concert venue.

2 Both studying and working part-time can be challenging for students.

3 Jack not only ran three hair shops, but also helped his clients experience their inner beauty. 기출

4 The former agent felt safe neither in the city nor in the countryside.

GRAMMAR 다음 문장의 네모 안에서 어법상 알맞은 것을 고르시오.

5 Not the failure but the lessons learned from it [shape / shapes] our future.

venue 장소 work part-time 아르바이트를 하다 run 운영하다 client 고객 inner 내면의 former 전직의, 이전의 agent 요원 countryside 시골 shape 만들다

CHAPTER TEST

A 구조 특수구문에 유의하여 다음 문장을 해석하시오.

1 She was anxious about the possibility of missing her flight.

2 I don't agree with you entirely because I think there may be another solution.

기출 3 When animals face one another in conflict, they rarely plunge into battle right away.

4 Psychology, the study of the mind and behavior, helps us to understand others and ourselves.

기출 5 Directly after viewing the videos, participants made few errors in their responses and recalled the details correctly.

기출 6 Alexandra uses both her phone and tablet to surf the Internet, write emails and check social media.

B 어법 다음 문장의 네모 안에서 어법상 알맞은 것을 고르시오.

1 There is [few / little] doubt that we are driven by our instincts for survival.

2 He turned his surfboard toward the beach and [gliding / glided] smoothly across the water.

기출 3 For many centuries, knowledge was recorded in Latin — a language that [nobody / somebody] spoke any longer.

기출 4 She looks around the café, but she can't shake off the feeling [that / which] something is missing.

5 Neither the teacher nor the students [was / were] aware of the heavy snowfall outside.

6 She used to spend her free time either drawing pictures or [visit / visiting] art galleries.

Ⓐ anxious 불안한 plunge into ~에 뛰어들다 psychology 심리학 recall 기억해 내다 surf (인터넷을) 검색하다 Ⓑ drive 움직이게 하다, (어떤 행동을 하도록) 만들다 instinct 본능 survival 생존 surfboard 서핑 보드 glide 미끄러지듯 가다 smoothly 부드럽게 Latin 라틴어 missing 빠진, 없어진 heavy snowfall 폭설

Answers p.61

C 배열 밑줄 친 우리말과 같은 뜻이 되도록 괄호 안의 말을 바르게 배열하시오.

기출 **1** 그룹 내의 경쟁이 팀워크에 반드시 해가 되는 것은 아니다.
(harmful, is, necessarily, not)
→ Competition within a group ______________________ to teamwork.

2 서로 다른 도시에 살다 보니 여동생과 나는 명절 때를 제외하고는 거의 만나지 않는다.
(meet, except, scarcely)
→ Living in different cities, my sister and I ______________________ during holidays.

3 나는 그 초대를 거절했는데, 왜냐하면 나는 이미 주말 계획을 세웠기 때문이다.
(had, I, made, already, for)
→ I declined the invitation, ______________________ plans for the weekend.

기출 **4** 그 원고는 상업적 가치가 있을 뿐만 아니라 사실상의 오류도 없다.
(only, commercial value, has, not)
→ The manuscript ______________________ but also is free of factual errors.

5 그들의 서로에 대한 사랑은 그들이 직면한 어떤 장애물도 반드시 극복하게 했다.
(failed, overcome, to, never)
→ Their love for each other ______________________ any obstacles they faced.

6 경찰은 그가 자신의 알리바이에 대해 거짓말을 해 왔다는 증거를 발견했다.
(that, found, the police, the evidence)
→ ______________________ he had been lying about his alibi.

7 그녀는 전화를 받을 때 반드시 화면의 전화번호를 우선 확인한다.
(the phone, without, answer, doesn't)
→ She ______________________ first checking the phone number on the screen.

C harmful 해가 되는, 유해한 decline 거절하다 commercial 상업적인 manuscript (책·악보 등의) 원고 factual 사실상의, 실제의 evidence 증거 alibi 알리바이, 변명

[1-2] 다음 글을 읽고, 물음에 답하시오.

Positive fantasies can help us relax. If you want to relax, you can try simply closing your eyes and fantasizing about some future outcome that you might enjoy. But what about when your objective is to make your wish a reality? You would rather not be relaxed. You should be energized enough to get off the couch and lose those pounds or study for that test. The principle of "Dream it. Wish it. Do it." does not hold true: in dreaming it, you weaken the energy you need to do it. You put yourself in a temporary state of complete happiness, calmness — and inactivity. 기출

1 밑줄 친 부분을 해석하시오.

2 윗글의 내용을 다음과 같이 요약할 때, 네모 안에서 알맞은 것을 고르시오.

→ While positive fantasies can be good for relaxation, they [increase / reduce] the energy needed for action by leaving you [content / dissatisfied] and inactive.

[3-4] 다음 글을 읽고, 물음에 답하시오.

There is a myth ______________ genes determine race. That is, you might think people who look superficially different would have big differences in their genes, but that's not the case. According to the National Human Genome Research Institute, humans share 99.9 percent of their genes with each other. Even that 0.1 percent doesn't have any racial markers. In fact, a groundbreaking 2002 study revealed there is more genetic diversity between people of African descent than between Africans and Eurasians.

3 빈칸에 들어갈 말로 어법상 알맞은 것은?

① of ② that ③ which

4 윗글의 제목으로 가장 적절한 것은?

① Genes Can't Tell Your Race
② Social Justice Beyond Racial Categories
③ How Evolution Has Shaped Our Genetic Makeup

D [1-2] fantasy 상상 fantasize 상상하다 objective 목표 energized 활력을 얻은 couch 소파 hold true 사실이다 temporary 일시적인 calmness 고요 inactivity 비활동 [3-4] myth 근거 없는 믿음 gene 유전자 race 인종 that is (to say) 즉, 다시 말해 superficially 겉으로 보기에, 표면적으로 be not the case 실제로는 그렇지 않다 marker 표시 groundbreaking 획기적인 genetic 유전적인 diversity 다양성 descent 가계, 혈통

솔리드

solid 구문

필수 구문 학습으로 쉬워지는 수능 독해

기본

정답 및 해설

DARAKWON

정답 및 해설

CHAPTER 01 주어의 이해

UNIT 01 명사구 주어 p.10

1 To see the potential in every obstacle / is the mindset of a true optimist.
(S: To see the potential in every obstacle / V: is / SC: the mindset of a true optimist)

모든 장애물에서 가능성을 보는 것이 진정한 낙천주의자의 사고방식이다.

- to부정사구(To see the potential in every obstacle)가 문장의 주어로 쓰이면 단수 취급하므로 뒤에 단수 동사 is가 왔다.

2 Saying, "Everyone is doing it" / may turn some people off from an idea.
(S: Saying, "Everyone is doing it" / V: may turn / O: some people)

"모두가 그것을 하고 있다."라고 말하는 것은 일부 사람들로 하여금 어떠한 생각에 대해 흥미를 잃게 할지도 모른다.

3 Never to cross the street on a red light / is a fundamental rule (for pedestrian safety).
(S: Never to cross the street on a red light / V: is / SC: a fundamental rule)

빨간불일 때 절대로 길을 건너지 않는 것이 보행자 안전을 위한 기본 규칙이다.

- to부정사의 부정형: not[never] to-v

4 Not learning the importance of time management / affected my ability (to meet deadlines and stay organized).
(S: Not learning the importance of time management / V: affected / O: my ability)

시간 관리의 중요성을 배우지 못한 것은 마감일을 지키고 체계성을 유지하는 내 능력에 영향을 미쳤다.

- 동명사의 부정형: not[never] v-ing
- to meet 이하는 앞의 명사구 my ability를 수식하는 형용사적 용법의 to부정사구이다.

5 정답 • tends

Raising prices tends to reduce domestic car sales, // so some domestic autoworkers lose their jobs.
(S_1: Raising prices / V_1: tends / O_1: to reduce domestic car sales / S_2: some domestic autoworkers / V_2: lose / O_2: their jobs)

가격 인상은 국산 차 판매를 감소시키는 경향이 있으므로, 일부 국내 자동차 회사 근로자들은 일자리를 잃는다.

→ 동명사구(Raising prices)가 문장의 주어로 쓰이면 단수 취급하므로 뒤에 단수 동사 tends가 오는 것이 어법상 알맞다.
- 두 개의 문장이 등위접속사 so에 의해 병렬로 연결된 구조이다.
- 동사 tend는 to부정사를 목적어로 취한다.

UNIT 02 명사절 주어 I p.11

1 Currently, whether we should move to a different location / is under discussion.
(S: whether we should move to a different location / V: is / SC: under discussion)

현재 우리가 다른 장소로 이동해야 하는지는 논의 중이다.

- 명사절(whether ~ location)이 문장의 주어로 쓰이면 단수 취급하므로 뒤에 단수 동사 is가 왔다.

2 That the new law passed without opposition / indicates strong support (among lawmakers).
(S: That the new law passed without opposition / V: indicates / O: strong support)

새로운 법이 반대 없이 통과되었다는 것은 입법자들의 강력한 지지를 나타낸다.

3 Whether social media is a reliable source of news or not / has long been debated.
(S: Whether social media is a reliable source of news or not / V: has long been debated)

소셜 미디어가 믿을 만한 뉴스 정보원인지 아닌지는 오랫동안 논의되어 왔다.

- 주어는 과거부터 현재까지 논의되어 온 대상이므로 동사를 현재완료수동태(has been debated)로 썼다.

4 That the new restaurant received excellent reviews from food critics / boosted its reputation.
(S: That the new restaurant received excellent reviews from food critics / V: boosted / O: its reputation)

새로운 레스토랑이 음식 비평가들로부터 우수한 평가를 받았다는 것은 그곳의 명성을 드높였다.

5 정답 • is

Whether we should use different approaches or continue with existing strategies / is a critical question.
(S: Whether we should use different approaches or continue with existing strategies / V'1: use / V'2: continue / V: is / SC: a critical question)

우리가 다른 접근법을 사용해야 할지, 아니면 기존의 전략을 유지해야 할지는 중대한 문제이다.

→ 명사절(Whether we should use ~ with existing strategies)이 문장의 주어로 쓰이면 단수 취급하므로 뒤에 단수 동사 is가 오는 것이 어법상 알맞다. 이때 동사 바로 앞의 명사구 existing strategies를 주어로 착각하지 않도록 주의한다.
- Whether절 내에서 두 개의 동사구 use different approaches와 continue with existing strategies가 등위접속사 or에 의해 병렬로 연결되어 있다.

UNIT 03 명사절 주어 II p.12

1 Who designed the unique building / was a topic of conversation (among architects).
(S: Who designed the unique building / V: was / SC: a topic of conversation)

누가 그 독특한 건물을 디자인했는지는 건축가들 사이의 대화 주제였다.

◎ 명사절(Who ~ building)이 문장의 주어로 쓰이면 단수 취급하므로 뒤에 단수 동사 was가 왔다.

2 What was discussed between the CEO and the board members / remains confidential.
(S: What was discussed between the CEO and the board members / S′: What / V′: was discussed / V: remains / SC: confidential)

최고 경영자와 이사진들 간에 무엇이 논의되었는지는 기밀로 남아 있다.

◎ 어떤 문제가 '논의된' 것이므로 수동태 was discussed가 쓰였다.

3 Why certain individuals are more prone to addiction / is our research topic.
(S: Why certain individuals are more prone to addiction / V: is / SC: our research topic)

왜 어떤 사람들은 중독에 빠지기가 더 쉬운지가 우리의 연구 주제이다.

4 Whom you rely on (for support) (within your team) / shows your professional relationships.
(S: Whom you rely on (for support) (within your team) / O′: Whom / S′: you / V′: rely on / V: shows / O: your professional relationships)

여러분이 팀 내에서 지원을 받기 위해 누구에게 의지하는지는 여러분의 직업상 관계를 보여 준다.

◎ 의문사 Whom은 명사절 내에서 전치사 on의 목적어로 쓰였다.

5 What we need in education / is not measurement, accountability, [or] standards.
(S: What we need in education / V: is / SC: measurement, accountability, or standards)

교육에서 우리가 필요로 하는 것은 측정, 책무성, 또는 표준이 아니다.

6 Whose work was chosen for the final presentation / will be announced tomorrow.
(S: Whose work was chosen for the final presentation / V: will be announced)

최종 발표를 위해 누구의 작품이 선정되었는지는 내일 발표될 것이다.

◎ Whose는 바로 뒤의 명사 work를 수식하는 의문형용사로 쓰였다.

◎ 선정 결과가 '발표되는' 것이므로 수동태 will be announced가 쓰였다.

UNIT 04 가주어 it

p.13

1 It is important / to keep in mind that success is not solely defined by material wealth.
(S(가주어): It / S′(진주어): to keep in mind that success is not solely defined by material wealth)

성공이 오로지 물질적 부에 의해서만 정의되는 것은 아님을 명심하는 것이 중요하다.

◎ that 이하는 동사 keep의 목적어로 쓰인 명사절이다.

◎ 성공이 '정의되는' 것이므로 수동태 is defined가 쓰였다.

2 It is a matter of debate / whether we should choose economic growth over environmental sustainability.
(S(가주어): It / S′(진주어): whether we should choose economic growth over environmental sustainability)

우리가 과연 환경의 지속 가능성에 우선하여 경제 성장을 선택해야 하는지는 논쟁의 문제이다.

3 It is a mystery / why the ancient civilization disappeared without leaving any records.
(S(가주어): It / S′(진주어): why the ancient civilization disappeared without leaving any records)

고대 문명이 왜 아무런 기록도 남기지 않고 사라졌는지는 수수께끼이다.

◎ 전치사 without의 목적어로 동명사구 leaving any records가 쓰였다.

4 It has long been held / that the capacity (for laughter) is a peculiarly human characteristic.
(S(가주어): It / S′(진주어): that the capacity (for laughter) is a peculiarly human characteristic)

웃음의 능력은 인간만의 독특한 특징이라고 오랫동안 여겨져 왔다.

◎ It is held that ~: ~라고 여기다

5 정답 • That → It

It was not known exactly / what caused the sudden power outage in the entire city.
(S(가주어): It / S′(진주어): what caused the sudden power outage in the entire city / S′: what / V′: caused)

무엇이 도시 전체에 갑작스러운 정전을 일으켰는지는 정확히 알려지지 않았다.

→ 문맥상 what 이하의 내용이 알려지지 않은 것이므로, what이 이끄는 명사절이 진주어로 쓰인 문장이다. 주어 자리에는 가주어 It이 필요하므로, That을 It으로 고쳐 써야 한다.

UNIT 05 it을 주어로 하는 구문

p.14

1 It is thirty degrees outside, // [so] make sure to wear light clothing.
(S_1: It / V_1: is / SC_1: thirty degrees / V_2: make / SC_2: sure)

바깥 기온이 30도이니까, 반드시 가벼운 옷을 입으세요.

◎ 두 개의 문장이 등위접속사 so에 의해 병렬로 연결된 구조이다.

2 It was already dark / [when she arrived at a small roadside restaurant].
(S: It / V: was / SC: dark / ↳ 부사절(시간))

그녀가 길가의 작은 식당에 도착했을 때는 날이 이미 어두워져 있었다.

3 It seems / that the company is facing financial difficulties / due to the economic downturn.
(S: It / V: seems / SC: that the company is facing financial difficulties)

그 회사는 경기 침체로 인해 재정적인 어려움에 직면하고 있는 것 같다.

4 It happened / that the teacher was not in the office / [when the principal stopped by].
(S(가주어): It / S′(진주어): that the teacher was not in the office / ↳ 부사절(시간))

교장 선생님이 들렀을 때 마침 그 선생님은 교무실에 있지 않았다.

5 [Since he's been studying diligently for months], / it follows / that he'll excel in his final exams.
(↳ 부사절(원인) / S(가주어): it / S′(진주어): that he'll excel in his final exams)

그는 몇 달 동안 열심히 공부해 왔기 때문에 당연히 기말고사에서 우수할 것이라는 결론이 나온다.

6 It is likely / that AI will become increasingly integrated into everyday life.
S(가주어) S′(진주어)

인공지능은 아마도 일상생활에 점점 더 통합될 것이다.

- AI가 '통합되는' 것이므로 수동태 will become integrated가 쓰였다.

UNIT 06 to부정사·동명사의 의미상 주어 p.15

1 It was very considerate / of you to offer your help / [when I was in need].
S(가주어) 의미상 주어 S′(진주어)
↳ 부사절(시간)

내가 어려움에 처해 있을 때 당신이 도움을 준 것은 정말 사려 깊은 일이었다.

2 It is impossible / for us to drop our son off (at school) (early in the morning).
S(가주어) 의미상 주어 S′(진주어)

우리가 이른 아침에 아들을 차에 태워 학교에 내려 주는 것은 불가능합니다.

3 I appreciate / your participating in the workshop and sharing your expertise.
S V 의미상 주어 O

워크숍에 참여하여 당신의 전문적 지식을 공유해 주셔서 감사합니다.

- 동명사구 participating in the workshop과 sharing your expertise가 등위접속사 and에 의해 병렬로 연결된 구조이다.

4 Individuals (with more work experience) / have higher chances of achieving successful careers.
S V O

업무 경력이 더 많은 사람들은 성공적인 경력을 달성할 가능성이 더 높다.

- 동명사구 achieving successful careers의 의미상 주어는 문장의 주어인 Individuals with more work experience이다.

CHAPTER TEST p.16

A

1 That the experiment eventually produced positive results / delighted the researchers.
S V O

그 실험이 결국 긍정적인 결과를 냈다는 것이 그 연구자들을 기쁘게 했다.

2 To buy more food than you need / would result in unnecessary waste and higher expenses.
S V O

여러분이 필요한 것보다 더 많은 음식을 사는 것은 불필요한 낭비와 더 높은 비용을 초래할 것이다.

3 How well you handle stressful situations / can impact your mental health / over the long term.
S V O

여러분이 스트레스를 많이 주는 상황을 얼마나 잘 다루느냐는 장기적으로 여러분의 정신 건강에 영향을 미칠 수 있다.

4 It is doubtful / whether the new restaurant can attract customers / with its unique menu.
S(가주어) S′(진주어)

새로 생긴 식당이 독특한 메뉴로 손님들을 끌어모을 수 있을지는 확실하지 않다.

5 Considering the current situation, / what we need / is effective communication (among group members).
S V SC

현재의 상황을 고려하면 우리에게 필요한 것은 조원들 간의 효과적인 의사소통이다.

- considering은 '~를 고려하면'이라는 뜻의 전치사이다.
- 이 문장에서 what은 명사절을 이끄는 관계대명사로 쓰였다.

6 [Whether you are a beginner or an experienced runner], / it is important / to warm up before exercising.
↳ 부사절(양보) S(가주어) S′(진주어)

여러분이 달리기 경험이 없는 사람이든 많은 사람이든 간에 운동 전에 천천히 몸을 푸는 것은 중요하다.

- 이 문장에서 Whether절은 '~이든 아니든'이라는 뜻의 부사절이므로, 이를 주어로 착각하지 않도록 주의한다.

1 정답 • It

It would be a great pleasure / to house this wonderful piece of art.
S(가주어) S′(진주어)

이 훌륭한 미술 작품을 소장하는 것은 큰 기쁨이 될 것이다.

→ to부정사구(to house ~ of art)가 문장의 진주어이므로 가주어 역할을 할 수 있는 It이 어법상 알맞다.

2 정답 • of

It was foolish / of her to jump to conclusions / without considering all the available information.
S(가주어) 의미상 주어 S′(진주어)

그녀가 입수 가능한 모든 정보를 고려하지 않고 성급하게 결론을 내린 것은 어리석은 일이었다.

→ foolish는 사람에 대한 주관적인 평가를 나타내는 형용사이므로, to부정사의 의미상 주어는 「of+목적격」으로 나타낸다.

- 전치사 without의 목적어로 동명사구 considering ~ information이 쓰였다.

3 정답 • to maintain

It remains essential / to maintain a healthy work-life balance / for overall well-being.
S(가주어) S′(진주어)

전반적인 행복을 위해 일과 삶의 건강한 균형을 유지하는 것은 여전히 필수적이다.

→ 문장의 동사 remains 뒤에 접속사 없이 또 다른 동사 maintain이 이어질 수 없다. 문맥상 일과 삶의 균형을 유지하는 것이 필수적이라는 내용이 되어야 하므로, 진주어 역할을 할 수 있는 to maintain이 어법상 알맞다.

4 정답 • What

What the teacher mentioned / became the topic of discussion / among the students.
S V SC

선생님이 언급한 것이 학생들 사이에서 토론의 주제가 되었다.

→ 문장의 동사 became 앞에서 명사절이 주어로 쓰인 구조이다. 문맥상 주어는 '선생님이 언급한 것'이라는 의미가 되어야 하므로, '~하는 것'이라는 뜻의 명사절을 이끄는 관계대명사 What이 어법상 알맞다.

5 정답 • Using

Using small clay pieces (to account for transactions) / was an ancient method of record-keeping.
S V SC

거래 내역을 설명하기 위해 작은 점토 조각을 사용하는 것은 고대의 기록 관리 방법이었다.

→ 문장의 동사는 was이고, 주어 역할을 할 명사구가 필요하므로 명사구를 만드는 동명사 Using이 어법상 알맞다.

▶ to account for transactions는 목적을 나타내는 부사적 용법의 to부정사구이다.

6 정답 • determines

In this world of technology, / how organizations adapt to digital changes / determines their long-term success.
S V O

이러한 기술의 세계에서는 조직이 디지털 변화에 어떻게 적응하는지가 그것의 장기적인 성공을 결정한다.

→ 의문사 how가 이끄는 명사절이 주어 역할을 하고, 명사절 주어는 단수 취급하므로, 단수 동사 determines가 어법상 알맞다.

C

1 It was a 2.5-hour journey in total, // and we finally made it to the destination.
S1 V1 SC1 S2 V2

총 2시간 반의 여정이었고, 우리는 드디어 목적지에 도착했다.

▶ 두 개의 문장이 등위접속사 and에 의해 병렬로 연결된 구조이다.

2 It was clear / that she made a huge mistake, // and she immediately took responsibility for it.
S1(가주어) S′1(진주어) S2 V2 O2

그녀가 큰 실수를 저질렀음이 분명했고, 그녀는 즉시 그것에 대해 책임을 졌다.

▶ 두 개의 문장이 등위접속사 and에 의해 병렬로 연결된 구조이다.

3 Getting in the habit of asking questions / transforms you into an active listener.
S V O

질문을 하는 습관을 들이는 것은 당신을 적극적인 청자로 바꾼다.

▶ 동명사구(Getting ~ questions)가 문장의 주어로 쓰이면 단수 취급하므로 뒤에 단수 동사 transforms가 왔다.

4 His speech emphasized / the importance of **our** stepping outside of our comfort zones.
S V O

그의 연설은 우리가 안전지대 밖으로 나가는 것의 중요성을 강조했다.

▶ 소유격 대명사 our는 동명사구 stepping ~ our comfort zones의 의미상 주어이다.

5 Whether the doctors agree on the diagnosis / will determine the course of treatment for the patient.
S V O

의사들이 그 진단에 동의하는지는 환자의 치료 과정을 결정할 것이다.

6 It appears / that the golden toad is one of the first victims / (of climate change <caused largely by global warming>).
S V SC

황금 두꺼비는 주로 지구 온난화로 인해 야기되는 기후 변화의 첫 희생양들 중 하나인 것 같다.

▶ one of the+복수 명사: (복수 명사) 중 하나

▶ caused 이하는 앞의 명사구 climate change를 수식하는 과거분사구이다.

7 It was necessary / for them to change the door lock, / [as there was difficulty opening the lock with the key].
S(가주어) 의미상 주어 S′(진주어)

부사절(이유)

그들은 문 잠금 장치를 바꿀 필요가 있었는데, 왜냐하면 열쇠로 자물쇠를 여는 데 어려움이 있었기 때문이다.

D

[1-2]

❶ Clarity in an organization keeps everyone working in one accord.
S V O OC

▶ 동사 keep의 목적격보어로 현재분사(working)가 쓰였다.

❷ It also energizes key leadership components (like trust and transparency).
S V O

❸ [When assessments are conducted in your organization], / what the members are being assessed on / must be clear // and they must be aware of it.
부사절(시간) S1 V1 SC1 S2 V2 SC2 = what they are being assessed on

수동태의 진행형: be being p.p.(~되고 있다, ~되는 중이다)

❹ [If individuals in your organization are assessed / without knowing the criteria], / it can cause mistrust / and move your organization away from clarity.
부사절(조건) S V1 V2

전치사 without의 목적어로 동명사구(knowing the criteria)가 쓰였다.

❶ 조직에서의 명확성은 모두가 계속 조화롭게 일하게 한다.
❷ 그것은 또한 신뢰와 투명성 같은 핵심적인 리더십 요소에 활력을 준다.
❸ 여러분의 조직에서 평가가 실시될 때, 구성원들이 무엇에 대해 평가되고 있는지는 분명해야 하고 그들은 그것을 알고 있어야 한다.
❹ 만약 여러분의 조직에 있는 개개인들이 기준을 알지 못한 채로 평가된다면, 그것은 불신을 초래하고 여러분의 조직을 명확성으로부터 멀어지게 할 수 있다.

정답 풀이 •

1 정답 what the members are being assessed on
→ 의문사 what이 이끄는 명사절이 주절의 주어 역할을 하고 있다.

2 정답 clarity
→ 조직에서 구성원들을 평가할 때 무엇에 대해 평가하고 있는지를 명확하게 해야 한다는 내용의 글이므로, 글의 주제는 '조직에서의 평가에 있어 명확성의 중요성'이다.

[3-4]

❶ Join us for a dynamic climbing competition (open to all skill levels)!
V O

❷ It's a thrilling opportunity / for everyone (to showcase their abilities on the wall).
의미상 주어

to showcase 이하는 앞의 명사 opportunity를 수식하는 형용사적 용법의 to부정사구이다.

❸ On the day of the event, / the challenge awaits: // The climber [who reaches the top first] / is the winner.
S V S V SC

[ ]는 선행사 The climber를 수식하는 주격 관계대명사절이다.

❹ The atmosphere will be charged with excitement / [as participants push their limits].
S V 부사절(시간)

❺ This competition promises a wonderful experience / for both skilled climbers and newcomers.
S V O

both A and B: A와 B 둘 다

❻ Don't miss the chance (to test your skills and enjoy a day <filled with adventure>)!
V O

to test 이하는 앞의 명사 the chance를 수식하는 형용사적 용법의 to부정사구이다.

filled 이하는 앞의 명사 a day를 수식하는 과거분사구이다.

❶ 모든 기술 수준에 열려 있는 역동적인 등반 대회에 참가하세요!
❷ 그것은 모든 사람들이 벽에서 자신의 능력을 보여 줄 수 있는 짜릿한 기회입니다.
❸ 행사 당일, 도전이 기다리고 있습니다. 가장 먼저 정상에 오르는 사람이 우승자입니다.
❹ 참가자들이 자신의 한계를 밀어붙일 때, 분위기는 흥분으로 가득 찰 것입니다.
❺ 이 대회는 숙련된 등반가와 초보자 모두에게 멋진 경험을 약속합니다.
❻ 여러분의 실력을 시험하고 모험으로 가득 찬 하루를 즐길 기회를 놓치지 마세요!

정답 풀이 •

3 정답 It's a thrilling opportunity for everyone to showcase their abilities on the wall.
→ to부정사구의 의미상 주어 역할을 할 명사로 everyone이 왔는데, 이때 의미상 주어는 전치사 for를 사용하여 나타내므로 everyone을 for everyone으로 고쳐 써야 한다.

4 정답 ①
→ 등반 대회에 관해 소개하며 참가를 독려하는 글이므로, 글의 목적으로 가장 적절한 것은 ①이다.

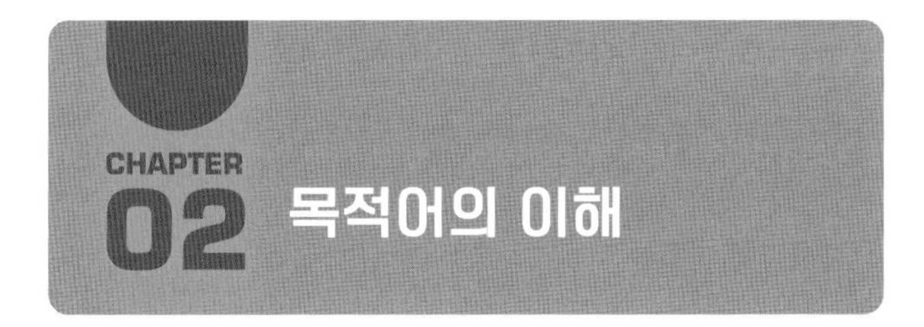

CHAPTER 02 목적어의 이해

UNIT 07 to부정사·동명사 목적어 I

p.20

1 Quit thinking about the past // and focus on the present moment.

V1 O1 V2

과거에 대해 생각하는 것을 그만두고 현재의 순간에 집중하라.

두 개의 명령문이 등위접속사 and에 의해 병렬로 연결된 구조이다.

2 After having two children of their own, / they decided to bring an orphaned child into their family.

S V O

두 명의 자녀를 낳은 후, 그들은 고아가 된 아이를 자신들의 가정에 데려오기로 결정했다.

전치사 After의 목적어로 동명사구(having ~ their own)가 쓰였다.

3 Practice saying no / to requests from others / [that you don't want to fulfill].

V O

당신이 이행하고 싶지 않은 다른 사람들의 요청에 거절하는 연습을 하라.

that 이하는 선행사 requests from others를 수식하는 목적격 관계대명사절이다.

4 You often consider what to do next / based on your values and personal beliefs.

S V O

당신은 종종 당신의 가치관과 개인적인 신념에 따라 다음에 무엇을 할지를 고려한다.

5 With everyone doing their best, the judges couldn't determine who to choose as the winner.

M S V O

모두가 최선을 다하는 가운데, 심사위원들은 누구를 우승자로 뽑아야 할지를 결정할 수 없었다.

with+O'+v-ing: O'가 ~하는 가운데/~하면서/~한 채로

UNIT 08 to부정사·동명사 목적어 II

p.21

1 He hates being late for appointments; // punctuality is crucial for him.

S V O S V SC

그는 약속 시간에 늦는 것을 싫어한다. 시간 엄수는 그에게 매우 중요하다.

세미콜론(;)은 서로 관련 있는 두 개의 문장을 연결할 때 사용하며, 문맥에 따라 적절한 접속사(and, but, so, …)로 해석한다.

2 I will never forget / meeting my favorite author at the book signing event.

S V O

나는 책 사인회에서 내가 가장 좋아하는 작가를 만난 것을 결코 잊지 못할 것이다.

3 At her request, / a skilled doctor tried to restore Amelia's sight, // but it was in vain.

S1 V1 O1 S2 V2 SC2

그녀의 요청에 따라 숙련된 의사가 Amelia의 시력을 회복시키려 했지만 소용없었다.

두 개의 문장이 등위접속사 but에 의해 병렬로 연결된 구조이다.

4 정답 • telling

I regret telling her about the surprise party; // I didn't expect her to reveal the secret.

S V O S V O OC

나는 그녀에게 깜짝 파티에 대해 이야기한 것이 후회된다. 나는 그녀가 비밀을 누설할 줄은 예상하지 못했다.

→ 맥락상 과거의 일에 대한 후회를 나타내므로 동명사 telling이 어법상 알맞다.

UNIT 09 명사절 목적어

p.22

1 I think gardening is a good hobby / [because it allows us to connect with nature].

S V O └→ 부사절(이유) S' V' O' OC'

나는 정원 가꾸기가 우리를 자연과 연결시켜 주기 때문에 좋은 취미라고 생각한다.

동사 think의 목적어로 접속사 that이 이끄는 명사절이 쓰였고, that은 생략되어 있다.

2 Could you please check / if the meeting room is available for tomorrow?

S V O

내일 회의실이 이용 가능한지를 확인해 주시겠어요?

3 We finally found out / who had been making the mysterious noises in the attic.

S V O

우리는 누가 다락방에서 이상한 소리를 내 왔는지를 드디어 알아냈다.

who가 이끄는 의문사절은 과거의 기준 시점(found out)까지 동작이 '진행'된 것을 나타내는 과거완료진행형(had been making)으로 쓰였다.

4 The hairdresser told me / which hairstyle would complement my facial features.

S V IO DO

그 미용사는 내게 어떤 헤어스타일이 내 얼굴 모양을 보완할지를 말해 주었다.

5 정답 • what

[If you believe in yourself], / you can achieve what you value and turn your dream into reality.
(부사절(조건) / S / V1 / O1 / V2 / O2)

여러분이 스스로를 믿으면, 여러분이 중요시하는 것을 이루고 꿈을 현실로 바꿀 수 있다.

→ 동사 achieve의 목적어 역할을 하는 명사절 자리인데, 뒤에 목적어가 빠진 불완전한 절이 이어지므로 선행사를 포함한 관계대명사 what이 어법상 알맞다.

◎ 두 개의 동사구가 등위접속사 and에 의해 병렬로 연결된 구조이다.

UNIT 10 가목적어 it

p.23

1 Our efficient brain does not consider it valuable / to remember all the details.
(S / V / O(가목적어) / OC / O′(진목적어))

우리의 능률적인 뇌는 모든 세부 사항을 기억하는 것을 가치 있다고 여기지 않는다.

2 He found it strange / that such a young boy would be traveling alone.
(S / V / O(가목적어) / OC / O′(진목적어))

그는 그렇게 어린 소년이 혼자 여행하는 것이 이상하다고 생각했다.

3 She kept it a secret / that she was planning to resign from her job.
(S / V / O(가목적어) / OC / O′(진목적어))

그녀는 자신이 직장에서 사직할 계획이라는 것을 비밀로 했다.

4 The invention of the microwave made it possible / for individuals to conveniently prepare meals.
(S / V / O(가목적어) / OC / 의미상 주어 / O′(진목적어))

전자레인지의 발명은 개인들이 편리하게 식사를 준비하는 것을 가능하게 했다.

◎ for individuals는 뒤에 이어지는 to부정사구의 의미상 주어이다.

◎ to부정사를 구성하는 to와 동사원형(prepare) 사이에 부사(conveniently)가 들어가 있다.

5 정답 • it

I make it a rule / to go around the whole shopping mall / at least twice / [before I make a decision].
(S / V / O(가목적어) / OC / O′(진목적어) / 부사절(시간))

나는 결정을 내리기 전에 쇼핑몰 전체를 최소한 두 번은 둘러보는 것을 원칙으로 삼는다.

→ 맥락상 to 이하를 진목적어로 보고 '~하는 것을 원칙으로 삼다'라고 해석하는 것이 자연스러우므로, 목적어 자리에는 가목적어 역할을 할 수 있는 it이 와야 어법상 알맞다.

UNIT 11 재귀대명사 목적어

p.24

1 Lisa didn't feel important / and see herself as a part of the class.
(S / 조동사 / V1 / SC1 / V2 / O2)

Lisa는 스스로 중요하다고 느끼지 않았고 자기 자신을 학급의 일원으로서 생각하지도 않았다.

◎ 동사 feel과 see가 등위접속사 and로 병렬 연결되어 둘 다 didn't에 걸린다.

2 George looked at himself in the mirror / and straightened his posture before the interview.
(S / V1 / O1 / V2 / O2)

George는 면접에 들어가기 전에 거울에 비친 자신의 모습을 보고 자세를 곧게 했다.

◎ 두 개의 동사구가 등위접속사 and에 의해 병렬로 연결된 구조이다.

3 Comparing ourselves to others / can lead to unnecessary stress / about our own lives.
(S / V)

우리 자신을 다른 사람들과 비교하는 것이 자신의 삶에 대한 불필요한 스트레스로 이어질 수 있다.

◎ 동명사 Comparing의 의미상 주어(we)가 동명사의 목적어와 같은 대상을 가리키므로 목적어 자리에 재귀대명사(ourselves)를 썼다.

4 Peter prides himself / on his strong ethical principles / in both his personal and professional life.
(S / V / O)

Peter는 개인적인 삶과 직업적인 삶 모두에 있어 자신의 강력한 윤리적 원칙을 자랑한다.

◎ both A and B: A와 B 둘 다

5 정답 • yourself

You can't tickle yourself / [because your brain anticipates and prepares for the touch].
(S / V / O / 부사절(이유) / S′ / V′1 / V′2)

여러분은 스스로를 간지럽힐 수 없는데, 이는 여러분의 뇌가 닿는 느낌을 예상하고 그것에 대비하기 때문이다.

→ 목적어가 주어 You와 같은 대상이므로 재귀대명사 yourself가 어법상 알맞다.

UNIT 12 전치사의 목적어

p.25

1 Athletes must handle uncertainty / about whether they can win.
(S / V / O / 전 / O′)

운동선수들은 자신들이 이길 수 있는지에 대한 불확실성을 감당해야 한다.

2 The employees are curious / about when the company will announce the promotions.
S V SC 전 O'

직원들은 회사가 언제 승진자를 발표할지에 관해 궁금해한다.

3 The school policy strictly forbids students / from bullying their peers.
S V O 전 O'

학교 방침은 학생들이 친구를 괴롭히는 것을 엄격하게 금지하고 있다.

◎ forbid+O+from v-ing: O가 ~하는 것을 금지하다

4 Don't be envious of what others have; // it only makes you feel unhappy / with what you have.
V SC 전 O' S V O OC 전 O'

다른 사람들이 가진 것을 부러워하지 마라. 그것은 당신이 가진 것에 불만스러움을 느끼게 할 뿐이다.

◎ 세미콜론(;) 뒤에 이어지는 문장에서 사역동사 make의 목적격보어로 원형부정사(feel)가 쓰였다.

5 As a professional, / she is used to dealing with difficult customers in her job.
S V SC 전 O'

전문가로서, 그녀는 직업상 어려운 고객들을 상대하는 데 익숙하다.

CHAPTER TEST

p.26

1 Children often pretend to be superheroes, / using their imagination (to create heroic scenes).
S V O
└ 부사적 용법(목적)

아이들은 종종 슈퍼히어로가 된 것처럼 행세하고, 영웅적인 장면을 만들어 내기 위해 상상력을 이용한다.

◎ using 이하는 주절의 내용을 부연 설명하는 분사구문이다.

2 I will show you / where to put up a tent / for the best views of the sunrise.
S V IO DO

일출을 가장 잘 보기 위해서 어디에 텐트를 쳐야 하는지를 내가 당신에게 알려 줄게요.

3 At first / he tried to cover up the error, // but later he admitted making a mistake.
S_1 V_1 O_1 S_2 V_2 O_2

처음에 그는 잘못을 감추려고 했지만, 나중에는 실수를 저질렀음을 시인했다.

◎ 두 개의 문장이 등위접속사 but에 의해 병렬로 연결된 구조이다.

4 In a competitive market, / consumers judge / whose products or services meet their needs.
S V O

경쟁 시장에서 소비자들은 어느 회사의 제품이나 서비스가 자신들의 요구를 충족시키는지를 판단한다.

5 She explored / whether pursuing a master's degree / would open up more career opportunities.
S V O

그녀는 석사 학위를 받으려고 애쓰는 것이 더 많은 직업의 기회를 가능하게 할 것인지를 조사했다.

◎ whether절의 주어로 동명사구(pursuing a master's degree)가 쓰였다.

6 Adam Smith pointed out / that specialization leads to a general improvement of everybody's well-being.
S V O

Adam Smith는 전문화가 모든 사람들의 복지에 전반적인 향상을 가져온다고 지적했다.

1 정답 • to double-check

Please don't forget to double-check the document for any spelling errors / before sending it out.
V O M

문서를 발송하기 전에 철자 오류가 있는지 재확인할 것을 잊지 마세요.

→ 앞으로 해야 할 일을 잊지 말라는 의미가 되어야 하므로, to부정사인 to double-check가 어법상 알맞다.

◎ 「타동사+부사」로 이루어진 구동사(send out)의 목적어가 대명사(it)인 경우, 목적어는 동사와 부사 사이에 온다.

2 정답 • it

The safety regulations made it mandatory / that workers wear helmets and other protective gear.
S V O(가목적어) OC O'(진목적어)

안전 규정은 노동자가 헬멧과 다른 보호 장비를 착용하는 것을 의무화했다.

→ 맥락상 that절이 문장의 진목적어이므로 목적어 자리에는 가목적어 역할을 할 수 있는 it이 와야 어법상 알맞다.

3 정답 • themselves

Some people communicate to others / about themselves rather freely, // and they can be considered / as the self-disclosing type.
S_1 V_1 S_2 V_2

어떤 사람들은 스스로에 대해 상당히 자유롭게 다른 사람들과 소통하는데, 그들은 자기 노출 유형으로 여겨질 수 있다.

→ 자기 노출 유형인 사람들은 스스로에 대해 자유롭게 소통한다는 의미이므로 재귀대명사 themselves가 어법상 알맞다.

4 정답 • whether

Public opinion is divided / on whether the death penalty should be abolished.

사형 제도가 폐지되어야 하는지에 관해서는 여론이 나뉜다.

➡ 전치사 on의 목적어 역할을 할 수 있는 명사절이 와야 하므로, 접속사 whether가 어법상 알맞다.

5 정답 • what

Local officials did / what was within their power / (to improve the quality of life of residents).
└ 부사적 용법(목적)

지역 공무원들은 주민들의 삶의 질을 높이기 위해 할 수 있는 것을 했다.

➡ 동사 did의 목적어 역할을 하는 명사절 자리인데, 뒤에 주어가 빠진 불완전한 절이 이어지므로 선행사를 포함한 관계대명사 what이 어법상 알맞다.

6 정답 • living

Despite the cultural differences, / they quickly adjusted to living in a foreign country / and made new friends.

문화적 차이에도 불구하고, 그들은 외국 생활에 빠르게 적응하고 새로운 친구들을 사귀었다.

➡ '~하는 것에 적응하다'라는 의미는 전치사 to를 사용한 「adjust to v-ing」로 나타내므로, 동명사 living이 어법상 알맞다.

C

1 After completing the challenging puzzle, / the teammates congratulated themselves on their teamwork.

어려운 퍼즐을 완성한 후, 팀원들은 자신들의 팀워크를 자축했다.

2 Frankl continued to engage / in dialogue with visitors / from all over the world.

Frankl은 전 세계에서 온 방문객들과의 대화에 참여하기를 계속했다.

3 We often take it for granted / that we will always be in good health.
(it: O(가목적어), that ~: O'(진목적어))

우리는 보통 항상 건강할 것이라는 점을 당연하게 여긴다.

4 The ozone layer made it possible / for organisms to evolve on land.
(it: O(가목적어), for organisms: 의미상 주어, to evolve on land: O'(진목적어))

오존층은 생물체가 육지에서 진화하는 것을 가능하게 만들었다.

5 Alexander Fleming discovered / what we now call penicillin, / marking a major breakthrough in the field of antibiotics.

Alexander Fleming은 현재 우리가 페니실린이라고 부르는 것을 발견하여, 항생제 분야에 큰 획을 그었다.

▶ marking 이하는 주절의 주어인 Alexander Fleming을 의미상 주어로 하는 분사구문이다.

6 Given a camera as a gift by her daughter, / she energetically devoted herself / to taking photographs.

딸에게서 카메라를 선물로 받고, 그녀는 사진 찍기에 열정적으로 매진했다.

▶ Given ~ daughter는 주절의 주어인 she를 의미상 주어로 하는 분사구문이다.

7 Let's concentrate on what we can change / instead of worrying about what we can't.

우리가 바꿀 수 없는 것에 대해 걱정하는 대신에 바꿀 수 있는 것에 집중하자.

▶ 구전치사 instead of의 목적어로 동명사구(worrying about what we can't)가 쓰였다.

▶ 전치사 on과 about의 목적어로 what절이 쓰였다.

D

[1-2]

❶ Being a good friend goes beyond shared moments; // it demands trust, / particularly in keeping secrets.

❷ A genuine friend comprehends the gravity of confidentiality.

❸ [When someone shares their struggles or dreams with you], / you should keep it confidential / that they entrusted you with those personal details.
(└ 부사절(시간); it: O(가목적어); that ~: O'(진목적어))

❹ Gaining their trust by preserving confidentiality / fosters a deep, lasting connection.

▶ 동명사구(Gaining ~ confidentiality)가 문장의 주어로 쓰이면 단수 취급하므로 뒤에 단수 동사 fosters가 왔다.

❺ It is the bridge [that strengthens the foundation

of a trustworthy and enduring friendship].

- 주어 It은 앞 문장의 주어 Gaining ~ confidentiality를 가리킨다.
- that 이하는 선행사 the bridge를 수식하는 주격 관계대명사절이다.

❶ 좋은 친구가 된다는 것은 공유된 순간을 넘어서는 일이다. 그것은 특히 비밀을 지키는 데 있어서 신뢰를 필요로 한다.
❷ 진실한 친구는 비밀 유지의 중요성을 이해한다.
❸ 누군가가 당신에게 자신의 힘든 일이나 꿈을 공유할 때, 당신은 그들이 당신에게 그 개인적인 세부 사항들을 맡겼다는 것을 비밀에 부쳐야 한다.
❹ 비밀을 유지함으로써 그들의 신뢰를 얻는 것은 깊고 지속적인 관계를 발전시킨다.
❺ 그것은 신뢰할 수 있고 지속적인 우정의 기반을 강화하는 다리이다.

정답 풀이 •

1 정답 that they entrusted you with those personal details

→ 접속사 that이 이끄는 명사절이 진목적어로 쓰였다.

2 정답 ①

→ 친구의 비밀을 지킴으로써 신뢰를 얻는 것이 친구 관계를 지속시키고 강화하는 데 중요하다는 내용의 글이므로, 필자가 주장하는 바로 가장 적절한 것은 ①이다.

[3-4]

❶ Sibling rivalry(S) is(V) natural(SC), / especially between strong-willed kids.

❷ As parents, / one of the dangers(S) is(V) comparing children unfavorably with each other(SC), / [since they are always looking for a competitive advantage]. (since 이하: 부사절(이유))

❸ A boy(S) does not care(V) how tall he is(O); // he(S) is(V) interested(SC) in(전) who is tallest(O′).

❹ Children(S) measure(V) themselves(O) against their peers / on everything from skateboarding ability to(전) who(O′) has the most friends.

- 「from A to B」는 'A부터 B까지'라는 뜻으로, B의 자리에 의문사절(who has the most friends)이 왔다.

❺ Accordingly, / parents(S) should guard(V) against(전) comparative comments(O′) [that routinely favor one child over another].

- that 이하는 선행사 comparative comments를 수식하는 주격 관계대명사절이다.

❶ 형제 간의 경쟁은 특히 의지가 강한 아이들 사이에서 자연스러운 것이다.
❷ 부모로서, 위험들 중 하나는 자녀들을 서로 호의적이지 않게 비교하는 것인데, 왜냐하면 그들은 항상 경쟁 우위를 추구하기 때문이다.
❸ 남자아이는 자신이 얼마나 키가 큰지 신경 쓰지 않는다. 그는 누가 가장 큰지에 관심이 있다.
❹ 아이들은 스케이트보드를 타는 능력에서부터 누가 가장 많은 친구를 가지고 있는지에 이르기까지 모든 면에서 그들 자신을 또래들과 비교해서 평가한다.
❺ 따라서, 부모들은 일상적으로 한 아이를 다른 아이보다 편애하는 비교의 발언에 대해 경계해야 한다.

정답 풀이 •

3 정답 them → themselves

→ 아이들이 스스로를 또래들과 비교해서 평가한다는 의미이므로 재귀대명사 themselves로 고쳐 써야 한다.

4 정답 comparisons

→ 아이들은 항상 경쟁 우위를 추구하기 때문에, 부모는 자녀들을 서로 호의적이지 않게 비교하지 않도록 조심해야 한다는 내용의 글이다. 따라서 글의 요지는 '자녀 간에 비교하기를 피하는 것이 필수적이다.'이다.

UNIT 13 구 형태의 주격보어

p.30

1 The first step to learning a musical instrument(S) / is(V) getting familiar with its parts and names(SC).

악기를 배우는 데 있어 첫 번째 단계는 악기의 부분과 명칭에 익숙해지는 것이다.

- 전치사 to의 목적어로 동명사구(learning a musical instrument)가 쓰였다.

2 The expired coupon(S_1) was(V_1) of no value(SC_1), // so the shopper(S_2) couldn't enjoy(V_2) the discounts(O_2).

기한이 지난 쿠폰은 아무런 가치가 없어서, 그 쇼핑객은 할인 혜택을 누릴 수 없었다.

- 두 개의 문장이 등위접속사 so에 의해 병렬로 연결된 구조이다.

3 They(S) remained(V) trapped(SC) / in a maze / with no map or guide (to lead them out).

그들은 자신들을 밖으로 인도해 줄 지도도, 안내인도 없이 미로에 갇혀 있었다.

- 그들이 '갇혔다'는 수동의 의미를 나타내므로 주격보어 자리에 과거분사 trapped가 쓰였다.
- to 이하는 앞의 명사구 map or guide를 수식하는 형용사적 용법의 to부정사구이다.

4 I happened to run into my former classmate / three years after graduating from school.
S V SC

나는 학교를 졸업한 지 3년 만에 예전 반 친구를 우연히 마주치게 되었다.

5 정답 • motivating

The positive feedback from my coach / was highly motivating for me.
S V SC

나의 코치의 긍정적인 피드백은 내게 매우 동기 부여가 되었다.

→ 피드백이 '동기 부여를 해 준다'는 능동의 의미를 나타내므로, 현재분사 motivating이 어법상 알맞다.

UNIT 14 절 형태의 주격보어

p.31

1 The problem was / **that the store had changed its business hours without prior notice.**
S V SC

문제는 그 상점이 사전 공지 없이 영업시간을 변경했다는 것이었다.

- that절이 주절보다 시간상 더 앞서 있으므로 과거완료시제(had changed)로 쓰였다.

2 Her dilemma was / **whether she should pursue her passion for art or not.**
S V SC

그녀의 딜레마는 그녀가 예술에 대한 열정을 추구해야 하는지 아닌지였다.

3 Perfection is / not **what I strive for** / [because it can create unnecessary pressure].
S V SC └ 부사절(이유)

완벽함은 내가 얻으려고 노력하는 것이 아닌데, 왜냐하면 그것은 불필요한 압박감을 만들어 낼 수 있기 때문이다.

4 The heart of the matter is / **why safety procedures were neglected in the laboratory.**
S V SC

문제의 핵심은 왜 실험실에서 안전 절차가 무시되었는가이다.

5 The concern of the police is / **whose fingerprints were found at the crime scene.**
S V SC

경찰의 관심사는 범죄 현장에서 누구의 지문이 발견되었는지이다.

6 My question is / **whether there's a large print version of your magazine.**
S V SC

제 질문은 귀사 잡지의 큰 글자판이 있는지 여부입니다.

7 The lesson of the story is / **that true wealth lies in relationships, not possessions.**
S V SC

그 이야기의 교훈은 진정한 부가 소유가 아닌 관계에 있다는 것이다.

UNIT 15 to부정사 목적격보어

p.32

1 Yoga has allowed me **to improve my flexibility, strength, and endurance.**
S V O OC

요가는 내가 유연성과 힘, 지구력을 향상시키도록 해 주었다.

2 The veterinarian advised him **to schedule regular check-ups / for his pet dog.**
S V O OC

그 수의사는 그가 반려견의 정기 건강 검진 일정을 잡도록 권했다.

3 Grace wanted her boyfriend **to share his thoughts and feelings / honestly with her.**
S V O OC

Grace는 자신의 남자친구가 그의 생각과 감정을 그녀에게 솔직하게 공유해 주기를 원했다.

4 (To make good leaders), / effective teachers encourage, invite, and even force / their students **to ask fundamental questions.**
└ 부사적 용법(목적) S V O OC

좋은 리더를 만들기 위해, 유능한 선생님들은 학생들에게 근본적인 질문을 하도록 장려하고, 권유하고, 심지어 강요한다.

- 동사 encourage, invite, force가 등위접속사 and에 의해 병렬로 연결되어 있다.

5 정답 • to inform

In markets, / advertising enables firms to inform their customers / about new products and services.
S V O OC

시장에서 광고는 회사가 새로운 제품과 서비스에 대해 고객들에게 알릴 수 있도록 해 준다.

→ 동사 enable은 목적격보어로 to부정사를 취하므로 to inform이 어법상 알맞다.

UNIT 16 원형부정사 목적격보어

p.33

1 We heard the raindrops **fall** softly on the roof / throughout the night.
S V O OC

우리는 밤새 빗방울이 지붕에 부드럽게 떨어지는 소리를 들었다.

2 I will have my secretary **give** you a call / (to schedule the appointment).
S V O OC ↳ 부사적 용법(목적)

나는 내 비서가 당신에게 전화를 걸어 약속을 잡도록 시키겠다.

3 They watched / one of the most famous violinists of all time / **play** at the show.
S V O OC

그들은 역대 가장 유명한 바이올린 연주자들 중 한 명이 공연에서 연주하는 것을 보았다.

4 Exploring vast deserts / can make a person **feel** small / in the face of nature's forces.
S V O OC

광활한 사막을 탐험하는 것은 사람이 자연의 힘 앞에서 작게 느끼도록 할 수 있다.

▶ Exploring vast deserts는 주어로 쓰인 동명사구이다.

5 You can feel your confidence **grow** / [as you accumulate small accomplishments].
S V O OC ↳ 부사절(시간)

여러분은 작은 성과를 쌓으면서 자신감이 커지는 것을 느낄 수 있다.

6 I saw Todd and his daughter **walk** out of the store with the groceries.
S V O OC

나는 Todd와 그의 딸이 식료품을 들고 가게 밖으로 걸어 나가는 것을 보았다.

7 정답 • find

The locals there helped me find my way / around the city's landmarks and attractions.
S V O OC

그곳의 현지인들은 내가 그 도시의 유적과 명소 곳곳으로 가는 길을 찾도록 도와주었다.

→ 동사 help는 목적격보어로 원형부정사 혹은 to부정사를 취하므로 원형부정사 find가 어법상 알맞다.

UNIT 17 현재분사 목적격보어

p.34

1 Suddenly, I noticed a man with long hair **riding his bike towards me.**
S V O OC

갑자기 나는 긴 머리의 남자가 나를 향해 자전거를 타고 다가오고 있는 것을 알아챘다.

2 The lively music got the children **dancing and laughing joyfully** / at the party.
S V O OC M

활기 넘치는 음악은 아이들이 파티에서 즐겁게 춤추고 웃도록 했다.

3 In the art class, / the artist had her students **experimenting with different painting techniques.**
S V O OC

미술 수업에서 그 예술가는 자신의 학생들이 다양한 그림 기법을 계속 실험하게 했다.

4 The breathtaking sunset at the beach / left them **feeling overwhelmed by the natural beauty.**
S V O OC

해변의 숨 막히는 석양은 그들이 자연의 아름다움에 압도되는 기분을 느끼게 했다.

▶ 그들이 '압도되는' 기분을 느꼈다는 수동의 의미를 나타내므로 feeling의 주격보어 자리에 과거분사 overwhelmed가 쓰였다.

5 The witness caught the suspect **attempting to climb over a fence / into her neighbor's backyard.**
S V O OC

그 목격자는 용의자가 담을 넘어 이웃집의 뒷마당으로 들어가려고 시도하고 있는 것을 발견했다.

UNIT 18 과거분사 목적격보어

p.35

1 Before going on a camping trip, / have your bags **packed with all the essentials.**
V O OC

캠핑 여행을 가기 전에 여러분의 가방이 모든 필수품으로 채워지도록 하라.

2 The archaeologists left the artifact **untouched** / (to preserve its historical significance).
S V O OC ↳ 부사적 용법(목적)

고고학자들은 유물의 역사적 중요성을 보존하기 위해 그것을 본래 그대로 두었다.

3 Among many groups, / police officers often feel themselves **misunderstood** [and] **overly criticized** / by the public.
S V O OC

많은 집단들 중에서도, 경찰관들은 종종 자신들이 대중들에게서 오해를 받고 지나치게 비난을 받는다고 느낀다.

▶ 주어(police officers)와 목적어가 가리키는 대상이 같으므로 재귀대명사 themselves가 쓰였다.

▶ 과거분사 misunderstood와 criticized가 등위접속사 and에 의해 병렬로 연결되어 있다.

4 The instructor made the difficult concept **easily understood** / through visual aids, such as diagrams and charts.
S V O OC M

그 강사는 도식과 도표와 같은 시각적 도구를 통해 그 어려운 개념이 쉽게 이해되도록 했다.

5 정답 • finished

The group members communicated effectively / and got the work finished successfully.
S V1 V2 O2 OC2

그 집단의 구성원들은 효과적으로 의사소통했고, 일이 성공적으로 마무리되도록 했다.

→ 동사 got의 목적어인 the work는 '마무리되는' 대상이므로, 목적격보어 자리에 수동을 의미하는 과거분사 finished가 와야 어법상 알맞다.

◐ 두 개의 동사구가 등위접속사 and에 의해 병렬로 연결된 구조이다.

CHAPTER TEST p.36

1 Nothing in this world is **of any worth** / [if it doesn't bring joy or meaning to our lives].
S V SC
└ 부사절(조건)

이 세상의 그 어떤 것도 우리의 삶에 기쁨이나 의미를 가져다주지 않는다면 가치가 없다.

2 In the quiet morning, / she noticed / the children **giggling in the street outside**.
S V O OC

조용한 아침, 그녀는 바깥 거리에서 아이들이 낄낄거리고 있는 것을 알아챘다.

3 The question is / **where we should build the new community center** / for easy access and convenience.
S V SC

문제는 우리가 쉬운 접근과 편의성을 위해 새로운 주민 센터를 어디에 지어야 하는가이다.

4 Despite their initial concerns, / he finally persuaded / his parents **to approve his plan for studying abroad**.
S V O OC

처음에 있었던 부모님의 걱정에도 불구하고, 그는 결국 유학하기로 한 자신의 계획을 부모님이 승낙하도록 설득했다.

◐ 전치사 for의 목적어로 동명사구(studying abroad)가 쓰였다.

5 I keep / my phone **charged throughout the day** / (to avoid running out of battery).
S V O OC
└ 부사적 용법(목적)

나는 배터리를 다 써버리지 않도록 하루 종일 휴대 전화를 충전되게 한다.

◐ 동사 avoid는 동명사(running)를 목적어로 취한다.

6 One of the great surprises to biologists was / **that humans have only about twenty thousand genes.**
S V SC

생물학자들에게 있어 큰 놀라움 중 하나는 인간이 대략 2만 개의 유전자만 갖고 있다는 것이었다.

◐ 주어가 「One of the+복수 명사」일 때 동사의 수는 One에 일치시키므로 단수 동사 was가 쓰였다.

1 정답 • shocking

The final moments of the film were shocking, / leaving the audience in silence.
S V SC

그 영화의 마지막 순간은 충격적이었고, 관객들을 침묵하게 했다.

→ 영화가 '충격을 주었다'는 능동의 의미를 나타내므로, 현재분사 shocking이 어법상 알맞다.

◐ leaving 이하는 주절의 주어인 The final moments of the film을 의미상 주어로 하는 분사구문이다.

2 정답 • soar

[As she sat by the window], / she watched / the birds gracefully soar through the sky.
└ 부사절(시간) S V O OC

그녀는 창가에 앉아 새들이 우아하게 하늘을 날아오르는 것을 지켜보았다.

→ 지각동사 watch가 쓰였고, 목적어 the birds와 뒤에 이어지는 목적격보어가 능동 관계이므로 원형부정사 soar가 어법상 알맞다.

3 정답 • to engage

The speaker expected / the audience to engage actively / in the Q&A session at the end of the presentation.
S V O OC

그 연사는 발표가 끝날 무렵 질의응답 시간에 청중들이 적극적으로 참여하기를 기대했다.

→ 동사 expect는 목적격보어로 to부정사를 취하므로 to engage가 어법상 알맞다.

4 정답 • screaming

In the midst of the nightmare, / I found myself screaming for help.
S V O OC

악몽을 꾸던 중에 나는 내가 도와달라고 소리치고 있음을 알았다.

→ 동사 find가 쓰였고, 목적어 myself와 뒤에 이어지는 목적격보어가 능동 관계이므로 현재분사 screaming이 어법상 알맞다.

◉ 주어(I)와 목적어가 가리키는 대상이 같으므로 재귀대명사 myself가 쓰였다.

5 정답 • prepare

The chef made / the kitchen staff prepare a special dish for the VIP guest.

그 요리사는 주방 직원들이 그 VIP 손님에게 대접할 특별한 요리를 준비하게 했다.

→ 사역동사 make가 쓰였고, 목적어 the kitchen staff와 뒤에 이어지는 목적격보어가 능동 관계이므로 원형부정사 prepare가 어법상 알맞다.

6 정답 • checked

[If your computer is running slow], / you should get it checked for viruses.

여러분의 컴퓨터가 느리게 작동한다면 바이러스가 있는지 검사받아야 한다.

→ 동사 get이 쓰였고, 목적어 it과 뒤에 이어지는 목적격보어가 수동 관계이므로 과거분사 checked가 어법상 알맞다.

C

1 Playing in his room, / Sam accidentally got / his finger caught in the drawer.

자신의 방에서 놀다가, Sam은 실수로 서랍에 손가락이 끼었다.

◉ Playing in his room은 주절의 주어인 Sam을 의미상 주어로 하는 분사구문이다.

2 While walking around, / the nurse caught / the patient smoking in the hospital courtyard.

돌아다니던 중에 간호사는 그 환자가 병원 안마당에서 담배를 피우고 있는 것을 발견했다.

◉ While walking around는 주절의 주어인 the nurse를 의미상 주어로 하는 분사구문이다. 의미를 명확하게 하기 위해 분사 앞의 접속사 While을 생략하지 않았다.

3 The desire (to appear strong) can cause / us to suppress our emotions.

강하게 보이고자 하는 욕망이 우리로 하여금 감정을 억누르도록 야기할 수 있다.

◉ to appear strong은 앞의 명사 The desire를 수식하는 형용사적 용법의 to부정사구이다.

4 The issue is / whether renewable energy sources can replace fossil fuels effectively.

쟁점은 재생 가능한 에너지원이 화석 연료를 효과적으로 대체할 수 있는가이다.

5 The flooding forced / people to move to higher ground / and seek safety from the rising water levels.

홍수는 사람들이 더 높은 지대로 이동하여 상승하는 수위로부터 안전을 찾도록 만들었다.

◉ move와 seek가 등위접속사 and로 병렬 연결되어 둘 다 to에 걸린다.

6 Mindfulness meditation can help / individuals to become more aware of their pain and deal with it.

마음 챙김 명상은 개인이 자신의 고통을 더 잘 인식하고 그것에 대처하도록 도울 수 있다.

◉ become과 deal이 등위접속사 and로 병렬 연결되어 둘 다 to에 걸린다.

7 His diverse experience was / what made him stand out among the candidates.

그의 다양한 경험은 그를 후보자들 사이에서 돋보이게 만든 것이었다.

D

[1-2]

❶ In the middle of a heated soccer match, / John found himself in a challenging situation / — he had his ankle broken / in a clash with an opposing player.

◉ 대시(—) 앞 문장에서 주어(John)와 목적어가 가리키는 대상이 같으므로 재귀대명사 himself가 쓰였다.

❷ Overwhelmed by the pain, / he reacted angrily, / screaming impulsively and wildly.

◉ Overwhelmed by the pain은 주절의 주어 he의 상태를 설명하는 분사구문이다.

◉ screaming 이하는 주절과 동시에 일어난 일을 나타내는 분사구문이다.

❸ However, / a surprising twist occurred / [when the opposing player, {realizing the severity of the injury}, sincerely apologized].

▶ 접속사 When이 이끄는 부사절에서 realizing ~ the injury는 시간(~한 후에)을 나타내는 분사구문으로 쓰였다.

❹ In that quiet moment, / John's anger transformed into a profound sense of shame.
(John's anger: S, transformed: V)

❺ John realized / [that {it happened due to the unpredictable nature of the game} / and {his emotions momentarily clouded his judgment}].
(John: S, realized: V, that절: O, and: 대등한 연결)

▶ that절 안에서 두 개의 문장이 등위접속사 and에 의해 병렬로 연결되어 있다.

❶ 열띤 축구 경기 도중, John은 자신이 어려운 상황에 놓이게 됐음을 알았다. 그가 상대 선수와의 충돌에서 발목이 부러지게 되었던 것이다.

❷ 고통에 압도되어, 그는 충동적으로 그리고 미친 듯이 비명을 지르며 화가 난 반응을 보였다.

❸ 그러나, 상대 선수가 부상의 심각성을 깨닫고 나서 진심으로 사과했을 때 놀라운 반전이 일어났다.

❹ 그 조용한 순간, John의 분노는 깊은 수치심으로 바뀌었다.

❺ John은 그 일이 경기의 예측할 수 없는 특성 때문에 일어났고, 자신의 감정이 순간적으로 판단력을 흐려 놓았다는 것을 깨달았다.

정답 풀이 •

1 정답 broken

→ 발목이 '부러진' 것이므로 수동을 의미하는 과거분사 broken이 목적격보어로 쓰였다.

2 정답 ①

→ John은 축구 경기 도중에 상대 선수와의 충돌로 발목이 부러져서 화가 났으나, 상대 선수의 사과를 받은 후에 깊은 수치심을 느꼈다고 했으므로, John의 심경 변화로 가장 적절한 것은 ① '격노한 → 후회하는'이다.

② 당황한 → 기쁜

③ 좌절한 → 고무된

[3-4]

❶ This is Nancy Watson, / the captain of the dance club at Gullard High School.
(This: S, is: V, Nancy Watson: SC)

▶ 콤마(,) 이하는 Nancy Watson에 관한 구체적인 설명으로서 Nancy Watson과 동격을 이룬다.

❷ We are one of the biggest faces of the school, / winning a lot of awards.
(We: S, are: V, one of the biggest faces of the school: SC)

▶ winning 이하는 주절의 내용을 부연 설명하는 분사구문이다.

❸ However, / the school isn't giving our club / permission (to practice on the school field) / [because a lot of teachers worry {that we are going to mess up the field}].
(the school: S, isn't giving: V, our club: IO, permission: DO, because절: 부사절(이유), a lot of teachers: S′, worry: V′, that절: O′)

▶ to practice on the school field는 앞의 명사 permission을 수식하는 형용사적 용법의 to부정사구이다.

❹ This is causing us to lose practice time / and ultimately results in creating a bad high school experience for us.
(This: S, is causing: V_1, us: O_1, to lose practice time: OC_1, results: V_2)

▶ 두 개의 동사구가 등위접속사 and에 의해 병렬로 연결된 구조이다.

❺ We promise to use the space respectfully.
(We: S, promise: V, to use the space respectfully: O)

❻ I would be grateful / [if you would allow us to use the school field / for our dance practice].
(I: S, would be: V, grateful: SC, if절: 부사절(조건), you: S′, would allow: V′, us: O′, to use ~: OC′)

❶ 저는 Gullard 고등학교의 댄스 동아리 회장인 Nancy Watson입니다.

❷ 우리 동아리는 학교의 가장 중요한 얼굴 중 하나로, 많은 상을 받고 있습니다.

❸ 그러나, 많은 선생님들께서 우리가 학교 운동장을 엉망으로 만들 것을 염려하시기 때문에, 학교는 우리 동아리가 운동장에서 연습하는 것을 허락하지 않고 있습니다.

❹ 이는 우리에게 연습 시간을 잃게 하고 있으며, 결국 우리에게 안 좋은 고등학교 경험을 만들어 주게 됩니다.

❺ 우리는 그 공간을 소중히 사용할 것을 약속드립니다.

❻ 교장 선생님께서 우리가 댄스 연습을 위해 학교 운동장을 사용하도록 허락해 주신다면 감사하겠습니다.

정답 풀이 •

3 정답 lose → to lose

→ 동사 cause는 목적격보어로 to부정사를 취하므로 lose를 to lose로 고쳐 써야 한다.

4 정답 permission

→ 학교 댄스 동아리 회장이 연습을 위해 학교 운동장을 사용하는 것에 대해 허가를 요청하는 내용의 글이므로, 글의 목적은 '댄스 연습을 위해 학교 운동장 사용 허가를 요청하기'이다.

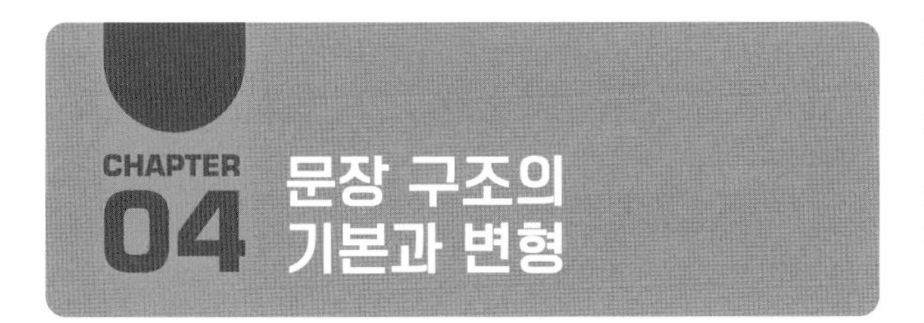

CHAPTER 04 문장 구조의 기본과 변형

UNIT 19 문장의 기본 구조 p.40

1 The shoelaces came loose / [while she was running on the treadmill at the gym].
(S: The shoelaces / V: came / C: loose / 부사절(시간))

그녀가 헬스장에서 러닝머신 위를 달리는 동안 신발 끈이 풀렸다.

2 Due to the unexpected changes in our plans, / we postponed going to the cinema.
(S: we / V: postponed / O: going to the cinema)

우리는 예상치 못한 계획 변경으로 인해 영화관에 가는 것을 연기했다.

- 동사 postpone은 동명사(going)를 목적어로 취한다.

3 In the science class, / the students asked the teacher some questions / with genuine curiosity.
(S: the students / V: asked / O: the teacher / O: some questions)

과학 수업 시간에 학생들은 선생님에게 진정한 호기심으로 몇 가지 질문을 했다.

4 In the swimming competition, / he swam vigorously across the lake / (to get to the other side).
(S: he / V: swam / 부사적 용법(목적))

수영 대회에서, 그는 건너편으로 가기 위해 호수를 힘차게 가로질러 수영했다.

5 A tiger's stripes allow / it to blend in with its surroundings and remain hidden.
(S: A tiger's stripes / V: allow / O: it / C: to blend in with its surroundings and remain hidden / V'1: blend / V'2: remain)

호랑이의 줄무늬는 그것으로 하여금 주변에 섞여 들어 숨어 있게 해 준다.

- blend와 remain이 등위접속사 and로 병렬 연결되어 둘 다 to에 걸린다.

UNIT 20 주어의 이동 p.41

1 Hardly did anyone pay attention / to the note (left on the kitchen counter).
(준부정어: Hardly / 조동사: did / S: anyone / Ⓥ: pay / O: attention)

거의 누구도 부엌 조리대 위에 놓인 쪽지에 주의를 기울이지 않았다.

- left 이하는 앞의 명사 the note를 수식하는 과거분사구이다.

2 At the corner of the street / was a cozy café, / (which was) filled with the aroma of fresh coffee.
(장소의 부사구: At the corner of the street / V: was / S: a cozy café)

길모퉁이에 아늑한 카페가 있었는데, 그곳은 신선한 커피 향으로 가득 차 있었다.

- filled 앞에는 「주격 관계대명사+be동사」인 which was가 생략되어 있다. 해당 관계대명사절은 a cozy café를 부연 설명하는 계속적 용법으로 쓰였다.

3 Under no circumstances / should you disclose your password to anyone.
(부정어구: Under no circumstances / 조동사: should / S: you / Ⓥ: disclose / O: your password)

여러분은 어떤 상황에서라도 비밀번호를 누구에게도 밝혀서는 안 된다.

4 The players couldn't accept the unexpected outcome, // and neither could the spectators.
(S_1: The players / V_1: couldn't accept / O_1: the unexpected outcome / 조동사: could / S_2: the spectators)

선수들은 예상치 못한 결과를 받아들일 수 없었고, 관중들도 그럴 수 없었다.

5 정답 • are

Related to a frugal living are / practices (like avoiding shopping and reducing waste).
(SC: Related to a frugal living / V: are / S: practices / O'1: avoiding shopping / O'2: reducing waste)

쇼핑을 피하고 낭비를 줄이는 것과 같은 실천이 검소한 생활과 관련이 있다.

→ 보어가 문장 맨 앞에 와서 주어와 동사가 도치되었고, 주어의 핵은 practices이므로 복수 동사 are가 어법상 알맞다.

- 전치사 like의 목적어 역할을 하는 두 개의 동명사구가 등위접속사 and에 의해 병렬로 연결되어 있다.

UNIT 21 목적어의 이동 p.42

1 Such a demanding workload he had, // but he remained calm under pressure.
(O_1: Such a demanding workload / S_1: he / V_1: had / S_2: he / V_2: remained / SC_2: calm)

그는 그렇게 벅찬 업무량을 갖고 있었지만, 압박을 받으면서도 평정을 유지했다.

- 두 개의 문장이 등위접속사 but에 의해 병렬로 연결된 구조이다.

2 The spectacular drone light show / people considered the highlight of the entire event.
(O: The spectacular drone light show / S: people / V: considered / OC: the highlight of the entire event)

사람들은 화려한 드론 라이트 쇼가 전체 행사의 하이라이트라고 생각했다.

3 The scientist conducted, / under controlled conditions, / experiments (to test the hypothesis).
(S: The scientist / V: conducted / M: under controlled conditions / O: experiments / 부사적 용법(목적))

그 과학자는 가설을 시험하기 위해 통제 조건 하에서 실험을 했다.

4 Advanced medical technology can make possible / the development of new cures for various diseases.
(S: Advanced medical technology / V: can make / OC: possible / O: the development of new cures for various diseases)

진보한 의료 기술은 다양한 질병에 대한 새로운 치료법의 개발을 가능하게 할 수 있다.

5 정답 • did the Arctic explorers have

Few options (O) did (조동사) the Arctic explorers (S) have (Ⓥ) / [when their ship became trapped in the ice]. (부사절(시간))

배가 얼음에 갇혔을 때 북극 탐험가들에게는 선택의 여지가 거의 없었다.

→ 부정을 뜻하는 표현(Few)을 포함한 목적어가 문장 맨 앞에 올 경우 주어와 동사가 도치되므로, 「조동사+S+Ⓥ」의 어순이 되는 것이 어법상 알맞다.

UNIT 22 보어의 이동

p.43

1 Such a popular destination (SC) it (S) became (V) / [that tourists (S′) flocked (V′) there from all corners of the globe]. (부사절(결과))

그곳은 매우 인기 있는 관광지가 되어서 세계 각지에서 여행객들이 그곳으로 몰려들었다.

• such a[an]+형용사+N+that …: 매우 ~한 N이라서 …하다

2 The ordinary (S) may become (V) under different circumstances (M) the extraordinary (SC).

평범한 사람도 다른 상황에서는 비범한 사람이 될 수 있다.

• 「the+형용사」는 '~하는 사람들'이라는 의미로 복수 보통명사를 나타낸다.

3 The game (S) made (V) the players (O), / more than the coaches (M), / aware of their individual strengths and weaknesses (OC).

그 경기는 코치들보다 오히려 선수들로 하여금 그들 각자의 강점과 약점을 인식하게 만들었다.

4 So exceptional (SC) is (V) the talent (S) (displayed by the young pianist) / [that it (S′) captivates (V′) the audiences and the judges alike (O′)]. (부사절(결과))

그 젊은 피아니스트가 보여 주는 재능은 너무 특출해서 관객과 심사위원 모두를 사로잡는다.

• so+형용사/부사+that …: 매우 ~해서 …하다

• displayed by the young pianist는 앞의 명사 the talent를 수식하는 과거분사구이다.

5 정답 • is

Confusing to both beginners and experts (SC) is (V) / the rapidly changing field of artificial intelligence (S).

빠르게 변화하는 인공지능 분야는 초보자와 전문가 모두에게 혼란스러운 것이다.

→ 보어가 문장 맨 앞에 와서 주어와 동사가 도치되었고, 주어의 핵은 field이므로 단수 동사 is가 어법상 알맞다.

UNIT 23 생략

p.44

1 My sister (S_1) wanted (V_1) me (O_1) to ride the roller coaster with her (OC_1), // but I (S_2) didn't want (V_2) to (O_2) ✓.

언니는 내가 롤러코스터를 같이 타기를 원했지만, 나는 그렇게 하고 싶지 않았다.

• 두 개의 문장이 등위접속사 but에 의해 병렬로 연결된 구조이다.

• 앞에 나온 어구와 반복되는 ride the roller coaster with her가 문장 맨 뒤에서 생략되었다.

2 My family (S) shared (V_1) heartfelt stories (O_1) and laughed (V_2) / [while ✓ sitting around the campfire]. (부사절(시간))

우리 가족은 모닥불 주변에 둘러앉아 진심 어린 이야기를 나누고 웃었다.

• 동사 shared와 laughed가 등위접속사 and에 의해 병렬로 연결되어 있다.

• 접속사 while이 이끄는 부사절에서 we were가 생략된 상태이다.

3 People (S) [who exercise regularly] / often have (V) higher energy levels (O) / than (전) those (O′) [who do not ✓].

규칙적으로 운동을 하는 사람들은 그렇지 않은 사람들보다 보통 체력이 더 좋다.

• 첫 번째 [ ]는 선행사 People을, 두 번째 [ ]는 선행사 those를 수식하는 주격 관계대명사절이다.

• 앞에 나온 어구와 반복되는 exercise regularly가 문장 맨 뒤에서 생략되었다.

4 To some, / life (S) is (V) a thrilling adventure (SC), / [while to others, ✓ a peaceful journey]. (부사절(대조))

어떤 사람들에게는 인생이 짜릿한 모험인 반면, 다른 사람들에게는 평화로운 여행이다.

• 접속사 while이 이끄는 부사절에서 it is가 생략된 상태이다.

5 The issue (S_1) may seem (V_1) confusing (SC_1) [when ✓ examined in isolation] (부사절(시간)), // but it (S_2) becomes (V_2) clear (SC_2) [if ✓ seen from a broader perspective]. (부사절(조건))

그 문제는 따로 검토하면 혼란스러워 보일 수 있지만, 더 넓은 관점에서 보면 분명해진다.

• 두 개의 문장이 등위접속사 but에 의해 병렬로 연결된 구조이다.

• 접속사 when과 if가 각각 이끄는 부사절에서 it is가 생략된 상태이다.

6 The neighborhood has changed over the years, // and it is not as peaceful / as it used to be.
S1 V1 S2 V2 SC2

그 동네는 몇 년 동안 변했고, 예전만큼 평화롭지는 않다.

- 앞에 나온 어구와 반복되는 peaceful이 문장 맨 뒤에서 생략되었다.

UNIT 24 삽입

p.45

1 The potential within each of us, ((I believe)), is limitless and waiting to be unleashed.
S V SC

우리 각자 안에 있는 잠재력은, 내가 믿기에는, 무한하고 분출되기를 기다리고 있다.

- to be unleashed는 to부정사의 수동형으로, 잠재력은 '분출되는' 대상이므로 수동형으로 쓰였다.

2 Seldom, ((if ever)), does a single decision have / such a profound impact on one's life.
준부정사 조동사 S Ⓥ O

단 한 번의 결정이 한 사람의 삶에 그렇게 깊은 영향을 미치는 경우는, 설사 있다고 하더라도, 거의 없다.

- 부정을 뜻하는 표현(Seldom)이 문장 맨 앞으로 나와 주어와 동사가 도치되었다.

3 His claim, ((while not necessarily true)), is sparking an interesting debate among scholars.
S 부사절(양보) V O

그의 주장은, 반드시 사실은 아니지만, 학자들 사이에서 흥미로운 논쟁을 불러일으키고 있다.

- 접속사 while이 이끄는 부사절에서 it is가 생략된 상태이다.

4 The benefits of a healthy diet include – ((but are not solely limited to)) – weight management.
S V O

건강한 식단의 이점은 체중 관리를 포함하지만, 오로지 이에 국한되는 것은 아니다.

- 삽입어구의 생략된 부분을 보충하면 but (they) are not solely limited to (weight management)가 된다.

5 The product is guaranteed / against manufacturing defects, ((if any)), for one year from the date of purchase.
S V

제품은 제조 결함이 있는 경우에 구매일로부터 1년 동안 품질 보증됩니다.

6 She walked into the room, ((like a queen <entering her palace>)), with grace and confidence.
S V

그녀는 궁전으로 들어가는 여왕처럼 우아하고 자신감 있는 태도로 방에 걸어 들어갔다.

- entering her palace는 앞의 명사 a queen을 수식하는 현재분사구이다.

CHAPTER TEST

p.46

A

1 Louder grew the distant echoes / [as the hikers went deeper into the cave].
C V S 부사절(시간)

등산객들이 동굴 속으로 더 깊이 들어가자 먼 메아리가 더 커졌다.

- 주격보어가 문장 맨 앞으로 나와 주어와 동사가 도치되었다.

2 We find things [that reflect our personal experiences], / in general, / particularly funnier.
S V O M C

우리는 우리의 개인적인 경험을 반영하는 것들을 일반적으로 특히 더 재미있게 생각한다.

- [ ]는 선행사 things를 수식하는 주격 관계대명사절이다.
- 목적격보어가 수식어구보다 상대적으로 더 중요한 정보여서 수식어구 뒤로 이동한 문장이다.

3 Every challenge [you could imagine] she has faced / with resilience and determination.
O S V M

여러분이 상상할 수 있는 모든 도전에 그녀는 회복력과 결단력으로 맞서 왔다.

- [ ]는 선행사 Every challenge를 수식하는 관계대명사절로, 목적격 관계대명사 that이 생략되어 있다.
- 목적어가 강조되어 문장 맨 앞으로 이동한 문장이다.

4 Our day, ((while not exactly [what we planned originally])), was really quite perfect.
S 부사절(양보) V C

우리의 하루는, 정확히 원래 계획했던 것은 아니지만 정말 꽤 완벽했다.

- 삽입어구의 생략된 부분을 보충하면 while (it was) not exactly what we planned originally가 된다.

5 Her outstanding performance made her, to everyone's surprise, the first black woman (to win an Olympic gold medal).
S V O M C

놀랍게도, 그녀의 뛰어난 수행은 그녀를 올림픽 금메달을 딴 최초의 흑인 여성으로 만들었다.

- 목적격보어가 수식어구보다 상대적으로 더 중요한 정보여서 수식어구 뒤로 이동한 문장이다.
- to win 이하는 앞의 명사구 the first black woman을 수식하는 형용사적 용법의 to부정사구이다.

6 Rarely does one witness such a mysterious and awe-inspiring natural phenomenon (as the Northern Lights).

(Rarely: 준부정어 / does: 조동사 / one: S / witness: V / such ~ phenomenon: O)

북극광처럼 신비하고 장엄한 자연 현상을 목격하는 경우는 거의 없다.

- 부정을 뜻하는 표현(Rarely)이 문장 맨 앞으로 나와 주어와 동사가 도치되었다.
- such A as B: B와 같은 A

B

1 정답 • Weaker

Weaker became the scent of flowers / [as we strolled away from the garden].

(Weaker: SC / became: V / the scent of flowers: S / [as ~]: 부사절(시간))

우리가 산책하며 정원으로부터 멀어지자 꽃향기가 더 희미해졌다.

→ 주격보어가 문장 맨 앞으로 나와 주어와 동사가 도치된 문장이므로, 보어 역할을 할 수 있는 형용사 Weaker가 어법상 알맞다.

2 정답 • thoughtfully

[When faced with uncertainty], / do not make decisions impulsively, / but rather thoughtfully.

([When ~]: 부사절(시간) / do not make: V / decisions: O / impulsively: M_1 / thoughtfully: M_2)

불확실성에 직면했을 때 충동적으로 결정을 내리지 말고 신중하게 결정을 내려라.

→ but rather 뒤에는 make decisions가 생략되었으므로, 동사구를 수식할 수 있는 부사 thoughtfully가 어법상 알맞다.

- 접속사 When이 이끄는 부사절에서 you are가 생략된 상태이다.

3 정답 • had

Such a great opportunity we had / (to showcase our talents) at the event.

(Such a great opportunity: O / we: S / had: V)

우리는 행사에서 우리의 재능을 보여 줄 아주 좋은 기회를 가졌다.

→ 목적어가 강조되어 문장 맨 앞에 위치해 있어서 별도의 목적어가 필요하지 않으므로, had가 어법상 알맞다.

- to 이하는 목적어 Such a great opportunity를 수식하는 형용사적 용법의 to부정사구이다.

4 정답 • Only after

Only after the rain had stopped / did we realize how refreshing the air felt.

(Only after ~ stopped: 준부정어 포함 어구 / did: 조동사 / we: S / realize: Ⓥ / how ~ felt: O)

비가 그친 후에야 우리는 공기가 얼마나 상쾌하게 느껴지는지 깨달았다.

→ 주어와 동사가 도치된 것으로 보아 문장 맨 앞에 부정을 뜻하는 표현이 쓰여야 하므로 Only after가 어법상 알맞다.

5 정답 • are

Important in maintaining a successful business partnership / are clear communication and shared goals.

(Important ~ partnership: SC / are: V / clear ~ goals: S)

성공적인 업무상 제휴 관계를 유지하는 데 있어 중요한 것은 명확한 의사소통과 공유된 목표이다.

→ 보어가 문장 맨 앞에 와서 주어와 동사가 도치된 문장으로, 주어가 복수이므로 복수 동사 are가 어법상 알맞다.

- 전치사 in의 목적어로 동명사구(maintaining ~ partnership)가 쓰였다.

6 정답 • is

Literature, ((at least to writers and literary enthusiasts)), is not merely a set of stories but a gateway to diverse perspectives.

(Literature: S / is: V / a set of ~ perspectives: SC)

최소한 작가와 문학 애호가에게 있어 문학은 일련의 이야기일 뿐만 아니라 다양한 관점에 이르는 수단이다.

→ 문장의 주어는 Literature이므로 단수 동사 is가 어법상 알맞다. 주어와 동사 사이에 삽입어구가 있는데, is 앞의 enthusiasts를 주어로 착각하지 않도록 주의한다.

- not merely[only] A but (also) B: A뿐만 아니라 B도

1 Our planet is dynamic, // and so are the arrangements [by which its inhabitants live together].

(Our planet: S_1 / is: V_1 / dynamic: SC_1 / are: V_2 / the arrangements: S_2)

지구는 역동적이고, 이곳의 서식자들이 함께 사는 방식도 그러하다.

- so 뒤에서 주어와 동사가 도치되어 '~도 (역시) 그러하다'라는 의미를 나타낸다.
- [ ]는 선행사 the arrangements를 수식하는 목적격 관계대명사절이다.

2 The charming cottage would cost thousands, ((**if not millions of dollars**)), to build.

(The charming cottage: S / would cost: V / thousands: O)

그 매력적인 별장은 짓는 데 수백만 달러는 아니더라도 수천 달러가 들 것이다.

- 삽입어구의 생략된 부분을 보충하면 if (it would) not (cost) millions of dollars가 된다.

3 In the small village lived / a gardener [who had a magical ability (to make flowers bloom out of season)].

(In the small village: 장소의 부사구 / lived: V / a gardener: S)

그 작은 마을에는 계절에 맞지 않더라도 꽃을 피울 수 있는 마법 같은 능력을 가진 정원사가 살고 있었다.

- 장소의 부사구가 문장 맨 앞에 오고 주어와 동사가 도치되었다.

◐ [ ]는 선행사 a gardener를 수식하는 주격 관계대명사절이다.

◐ to 이하는 앞의 명사구 a magical ability를 수식하는 형용사적 용법의 to부정사구이며, 해당 구에서 사역동사 make의 목적격보어로 원형부정사(bloom)가 쓰였다.

4 Someone [who skillfully creates beauty from raw materials] / we call an artist.
(O: Someone / S: we / V: call / OC: an artist)

가공되지 않은 물질로부터 능숙하게 아름다움을 창조하는 사람을 우리는 예술가라고 부른다.

◐ 목적어가 강조되어 문장 맨 앞으로 이동한 문장이다.

◐ [ ]는 선행사 Someone을 수식하는 주격 관계대명사절이다.

5 Food will nourish our hungry body; // reading our curious minds.
(S: Food / V: will nourish / O: our hungry body / S: reading / O: our curious minds)

음식은 우리의 배고픈 몸에 영양분을 공급하고, 읽기는 우리의 호기심 많은 마음에 영양분을 공급할 것이다.

◐ reading과 our curious minds 사이에 will nourish가 생략되었다.

6 The desert conditions are not extreme for a cactus; // nor are the icy lands of Antarctica an extreme environment for penguins.
(S: The desert conditions / V: are / SC: extreme / 부정어: nor / V: are / S: the icy lands of Antarctica / SC: an extreme environment)

사막의 조건이 선인장에게는 극심하지 않고, 남극의 얼음 땅도 펭귄에게는 극심한 환경이 아니다.

◐ 부정어 nor 뒤에 주어와 동사가 도치되어 '(주어)도 ~가 아니다'라는 의미를 나타낸다.

7 The system of standardized parts made possible / the replacement of broken parts instead of replacing the whole product.
(S: The system of standardized parts / V: made / OC: possible / O: the replacement of broken parts instead of replacing the whole product)

표준화된 부품 시스템은 제품 전체를 교체하는 대신 고장 난 부품의 교체를 가능하게 했다.

◐ 목적어가 목적격보어에 비해 상대적으로 더 길어서 목적격보어 뒤에 위치한 문장이다.

D

[1-2]

❶ Jake's own flying dream began / at a village festival.
(S: Jake's own flying dream / V: began)

❷ He was four years old.

❸ His uncle tied a red party balloon / to the top button of Jake's shirt.

❹ It was filled with helium, / a gas (four times lighter than air).
(helium = a gas)

◐ 콤마(,) 이하는 helium에 관한 구체적인 설명으로서 helium과 동격을 이룬다.

⊕ 배수 표현+비교급+than … : …보다 –배 더 ~한/하게

❺ "Maybe you will fly," Jake's uncle remarked.

❻ He led his nephew up a grassy bank / [so they could look over the whole festival].
(S: He / V: led / O: his nephew / 부사절(목적): [so they could look over the whole festival])

⊕ so (that): ~하도록, ~하기 위해서

❼ Below Jake stretched the little tents and the stalls.
(방향의 부사구: Below Jake / V: stretched / S: the little tents and the stalls)

❽ The balloon kept pulling him towards the sky, // and he began to feel unsteady on his feet.
(S_1: The balloon / V_1: kept / O_1: pulling him towards the sky / S_2: he / V_2: began / O_2: to feel unsteady on his feet)

◐ 동사 keep은 동명사(pulling)를 목적어로 취하며, 동사 begin은 to부정사와 동명사를 둘 다 목적어로 취할 수 있다.

❾ Then his uncle let go of his hand, // and Jake's dream began.
(S_1: his uncle / V_1: let go of / O_1: his hand / S_2: Jake's dream / V_2: began)

❶ Jake 자신의 비행하는 꿈은 어떤 마을 축제에서 시작됐다.
❷ 그는 4살이었다.
❸ 그의 삼촌은 빨간 파티 풍선을 Jake의 셔츠 맨 위 단추에 묶었다.
❹ 그것은 공기보다 네 배 더 가벼운 기체인 헬륨으로 채워져 있었다.
❺ "아마 너는 날게 될 거야." Jake의 삼촌이 말했다.
❻ 그는 그들이 축제 전체를 살펴볼 수 있도록 자신의 조카를 풀이 무성한 강둑으로 데리고 갔다.
❼ Jake의 아래에 작은 텐트들과 가판대들이 펼쳐져 있었다.
❽ 풍선은 계속 하늘 쪽으로 그를 잡아당겼고, 그는 자신의 발이 불안정하다고 느끼기 시작했다.
❾ 그때 그의 삼촌은 그의 손을 놓았고, Jake의 꿈이 시작되었다.

정답 풀이 •

1 정답 S: the little tents and the stalls / V: stretched

→ 방향의 부사구가 문장 맨 앞에 와서 주어와 동사가 도치된 문장이다.

2 정답 ③

→ 글의 마지막 부분에서 삼촌이 Jake의 손을 놓았다고 했으므로, Jake의 삼촌에 관한 내용과 일치하지 않는 것은 ③이다.

[3-4]

❶ [When we enter a familiar setting, like the streets (부사절(시간)) around our house], / habitual behavior(S) takes over(V).

❷ Efficient(SC) it(S) is(V) / [as it frees us from having to (부사절(이유)) gather all sorts of new information].

⊕ free+O+from v-ing: O를 ~하는 것으로부터 해방시키다

❸ Yet, [because we are using less energy on (부사절(이유)) analyzing {what is around us}], / we(S) may be(V) letting our mental guard(O) down.

▶ what is around us는 analyzing의 목적어 역할을 하는 명사절이다.

❹ [If in three years / there has never been a car (부사절(조건)) (coming out of the Joseph's driveway in the morning)], / what(S) happens(V) on the first day of the fourth year, / [when suddenly there is]? (부사절(시간))

▶ ( )는 앞의 명사 a car를 수식하는 현재분사구이다.

▶ 문장 맨 끝에는 a car coming out of the Joseph's driveway in the morning이 생략되어 있다.

❺ Will we see it in time?

❻ Will we see it at all?

❼ Our feeling of safety and control(S) is(V) also a weakness(SC).

❶ 우리가 집 주변의 거리와 같은 친숙한 환경에 들어가면 습관적인 행동이 자리를 잡는다.
❷ 그것은 우리를 모든 종류의 새로운 정보를 수집할 필요로부터 해방시켜 주기 때문에 효율적이다.
❸ 그러나, 우리는 우리 주위에 있는 것을 분석하는 데 더 적은 에너지를 쓰기 때문에, 정신적인 경계를 늦추고 있는 것일 수도 있다.
❹ 만약 3년 동안 아침에 Joseph네의 진입로에서 차가 나온 적이 한 번도 없다면, 4년째의 첫날 갑자기 그런 차가 있을 때 무슨 일이 일어날까?
❺ 우리는 그것을 제때에 볼까?
❻ 우리에게 그것이 보이기나 할까?
❼ 우리의 안전과 통제에 대한 느낌 역시 약점이다.

3 정답 is it → it is

→ 보어가 문장 맨 앞에 오더라도 주어가 대명사일 경우 주어와 동사는 도치되지 않으므로 is it을 it is로 고쳐 써야 한다.

4 정답 familiarity

→ 우리는 친숙한 환경에 있을 때 주변에 주의를 덜 기울이고 습관적으로 행동하게 되는데, 이로 인해 위험에 처할 수 있다는 내용의 글이므로, 글의 주제는 '친숙함이라는 감각이 잠재적 위험에 대한 우리의 주의력에 미치는 영향'이다.

UNIT 25 단순 시제/진행형

p.50

1 DNA carries genetic information / [that determines an organism's traits and functions].

DNA는 유기체의 형질과 기능을 결정하는 유전 정보를 전달한다.

▶ that 이하는 선행사 genetic information을 수식하는 주격 관계대명사절이다.

2 Einstein was against science fiction / [because he (부사절(이유)) felt {it gave people a false illusion}].

아인슈타인은 공상 과학 소설이 사람들에게 잘못된 환상을 준다고 느껴서 그것에 반대했다.

▶ it 이하는 동사 felt의 목적어로 쓰인 명사절로 접속사 that이 생략되어 있다.

3 Today, we're going to talk / about cutting up a Thanksgiving holiday favorite — pumpkin pie.

오늘, 우리는 추수감사절에 가장 인기 있는 것인 호박 파이를 자르는 것에 대해 이야기할 것이다.

▶ 전치사 about의 목적어로 동명사구(cutting ~ pumpkin pie)가 쓰였다.

4 My palms are sweating, // [and] I have butterflies in my stomach.

내 손바닥에서 땀이 나고 있고, 나는 안절부절못한다.

▶ 두 개의 문장이 등위접속사 and에 의해 병렬로 연결된 구조이다.

5 [By the time you return from the walk], / I will be brewing coffee for us.
부사절(시간) S V

네가 산책에서 돌아올 무렵에 나는 우리가 마실 커피를 끓이고 있을 것이다.

- By the time이 이끄는 시간의 부사절에서 미래의 일이 현재시제(return)로 표현되었다.
- 다음의 경우에는 미래의 일을 현재시제로 나타낸다.
  - 시간·조건의 부사절에서 미래를 나타낼 때
  - 가까운 미래의 확실한 일을 나타낼 때(동사 go, come, leave, arrive, return, begin, start, finish, depart, take off 등이 주로 쓰임)

UNIT 26 현재완료/현재완료진행형

p.51

1 Coffee, ((with its rich aroma and bold flavor)), has been a popular drink for centuries.
S V

커피는 풍부한 향과 진한 풍미로 수 세기 동안 인기 있는 음료였다. 〈계속〉

- 주어 Coffee를 보충 설명하는 어구(with ~ bold flavor)가 콤마 사이에 삽입되었다.

2 I have just woken up from a beautiful dream, // and its vivid images still dance in my mind.
S1 V1 S2 V2

나는 방금 아름다운 꿈에서 깨어났는데, 그 생생한 이미지가 아직도 내 머릿속에서 춤을 춘다. 〈완료〉

- 두 개의 문장이 등위접속사 and에 의해 병렬로 연결된 구조이다.

3 The Bengal tiger has lost its habitat / and survives only in protected areas.
S V1 V2

Bengal 호랑이는 서식지를 잃었고 보호 지역에서만 생존하고 있다. 〈결과〉

- 두 개의 동사구가 등위접속사 and에 의해 병렬로 연결되어 있다.

4 정답 • dominating, have sold

K-pop artists have been dominating global music charts. // They have sold nearly 26 million albums / since the start of this year.

케이팝 아티스트들이 전 세계 음악 차트를 장악해 오고 있다. 그들은 올해 초부터 지금까지 약 2,600만 장의 앨범을 판매했다.

→ 첫 번째 문장은 과거의 한 시점부터 지금까지 장악해 오고 있다는 뜻이므로 현재완료진행형을 구성하는 현재분사 dominating이 어법상 알맞다. 두 번째 문장은 '올해 초'라는 과거의 한 시점부터 지금까지 계속된 일을 나타내므로 현재완료 have sold가 어법상 알맞다.

UNIT 27 과거완료/미래완료

p.52

1 The house had been vacant for several months / [when the new owner moved in].
부사절(시간)

그 집은 새 주인이 이사 왔을 때 몇 달 동안 비어 있었다.

- had been은 과거의 기준 시점(moved)까지 상태가 '진행'된 것을 나타내는 과거완료시제이다.

2 The opportunity had gone, // and she regretted not seizing it [when she had the chance].
S1 V1 S2 V2 O2
부사절(시간)

기회는 지나가 버렸고, 그녀는 기회가 있었을 때 그것을 잡지 못한 것을 후회했다.

- 두 개의 문장이 등위접속사 and에 의해 병렬로 연결된 구조이다.
- regret v-ing: (과거에) ~한 것을 후회하다
- 동명사의 부정형: not[never] v-ing

3 He had just left the office / [when he received an urgent call from his boss].
부사절(시간)

그는 이제 막 사무실을 나서던 참에 상사에게서 급한 용무의 전화를 받았다.

- 주절의 시제가 과거완료이고 when이 이끄는 부사절의 시제가 과거인 것으로 보아, 주절이 시간상 더 앞선 일임을 알 수 있으므로 이 문장에서는 주절을 먼저 해석하는 것이 자연스럽다.

4 Voltaire was imprisoned in the Bastille in Paris / [because he had insulted a powerful aristocrat].
부사절(원인)

Voltaire는 세력이 있는 귀족을 모욕했기 때문에 파리의 Bastille 감옥에 수감되었다.

- [ ]는 원인을 나타내는 부사절이다. 귀족을 모욕한 것은 수감된 것보다 더 먼저 일어난 일이므로 과거완료시제 had insulted를 썼다.

5 [If the team wins the championship], / they will have secured victory three times in a row.
부사절(조건) S V

그 팀이 우승을 차지하면 3회 연속 우승을 확보하는 것이 된다.

UNIT 28 4·5형식의 수동태

p.53

1 New tablets were bought for the students / thanks to a sponsorship from a technology company.
S V for+O

한 기술 회사의 후원 덕분에 새 태블릿이 학생들을 위해 구입되었다.

2 Important news and updates from the battlefield / were brought to the general immediately.
S V to+O

전장으로부터의 중요한 소식과 최신 정보는 그 장군에게 즉시 전달되었다.

3 The seafood products were kept fresh / on ice at the grocery store.

해산물 제품은 식료품점에서 얼음 위에 신선하게 보존되었다.

4 The magician was seen to vanish into a cloud of smoke / during his performance.

공연 중에 마술사가 연기 구름 속으로 사라지는 것이 목격되었다.

5 정답 • was offered, received

Sophia was offered a summer internship / [because she received a strong recommendation from a professor].
(because ~ : 부사절(이유))

Sophia는 교수의 강력한 추천을 받았기 때문에 여름 인턴 근무를 제안받았다.

→ 문맥상 Sophia는 근무를 '제안받은' 대상이므로 주절의 동사는 수동태 was offered가 되어야 어법상 알맞다. because가 이끄는 부사절의 주어 she는 추천을 '받은' 주체이므로 부사절의 동사는 능동태 received가 되어야 어법상 알맞다.

UNIT 29 시제·조동사와 결합된 수동태 p.54

1 The test was being delayed / due to a printing error [that required correction].

수정이 필요한 인쇄 오류로 인해 테스트가 지연되고 있었다.

- that 이하는 선행사 a printing error를 수식하는 주격 관계대명사절이다.

2 The novel had been written over the course of several years / [before it was finally published].
(before ~ : 부사절(시간))

그 소설은 마침내 출간되기 전까지 몇 년 동안 쓰였다.

- 소설이 쓰인 것은 출간된 것보다 더 먼저 일어난 일이므로 과거완료 시제 had been written을 썼다.

3 By the end of the month, / the renovations will have been completed on the house.

이달 말이면 집에 대한 보수가 완료될 것이다.

4 The fire extinguisher must not be used / [unless there is a real emergency].
(unless ~ : 부사절(조건))

소화기는 실제 비상사태가 발생하지 않는 한 사용되어서는 안 된다.

5 Robert was laughed at for his awkward dance moves, // but now he's gaining applause.

Robert는 어색한 춤 동작으로 인해 웃음거리가 되었지만, 지금은 박수를 받고 있다.

- 두 개의 문장이 등위접속사 but에 의해 병렬로 연결된 구조이다.
- 해당 문장을 능동태로 바꾸면 People laughed at Robert for his awkward dance moves, ~가 된다.

6 정답 • has not been mowed

The grass in the garden has not been mowed, // and it has grown quite long.

정원의 풀은 깎이지 않았고, 꽤 길게 자랐다.

→ 풀은 '깎이는' 대상이므로 수동태 has not been mowed가 어법상 알맞다.

- 두 개의 문장이 등위접속사 and에 의해 병렬로 연결된 구조이다.

UNIT 30 준동사의 시제와 태 p.55

1 We take pride / in having achieved our sales targets for the year.

우리는 올해의 판매 목표를 달성한 것에 대해 자부심을 느낀다.

- having 이하는 전치사 in의 목적어로 쓰인 동명사구로, 문장의 동사(take)보다 시간상 앞선 일을 나타내므로 완료형(having p.p.)으로 쓰였다.

2 She claimed to have been at the party, // but I don't remember seeing her there.

그녀는 파티에 왔었다고 주장했지만, 나는 그곳에서 그녀를 본 기억이 없다.

- 두 개의 문장이 등위접속사 but에 의해 병렬로 연결된 구조이다.
- to have been은 to부정사의 완료형으로, 동사 claimed보다 시간상 앞선 일을 나타낸다.

3 Nobody wants to be crossed off the list / before having the opportunity (to show their abilities).

누구도 자신의 능력을 보여 줄 기회를 갖기 전에 목록에서 지워지는 것을 원하지 않는다.

- to be crossed의 의미상 주어는 Nobody이다. 누구도 '지워지는' 것을 원하지 않는다는 수동의 의미를 나타내므로 수동형(to be p.p.)으로 쓰였다.
- ( )는 앞의 명사 the opportunity를 수식하는 형용사적 용법의 to부정사구이다.

4 He can't shake off the feeling / of having been betrayed by his closest friend.

그는 가장 친한 친구에게 배신당했다는 기분을 떨쳐버릴 수가 없다.

- of 뒤의 동명사구는 the feeling에 관한 구체적인 설명으로서 the feeling과 동격을 이룬다.
- 해당 동명사구는 문장의 동사(can't shake off)보다 시간상 앞선 일을 나타내며, 그가 '배신당했다'는 수동의 의미이므로 완료수동형(having been p.p.)으로 쓰였다.

5 정답 • being warned

The residents(S) remembered(V1) being warned about the storm / and gathered(V2) emergency supplies.

주민들은 폭풍에 대한 경고를 받은 것을 기억했고 비상용품을 모았다.

→ 맥락상 동명사구의 의미상 주어는 The residents이고 주민들이 '경고받았다'는 수동의 의미를 나타내야 하므로 동명사의 수동형인 being warned가 어법상 알맞다.

- 두 개의 동사구가 등위접속사 and에 의해 병렬로 연결되어 있다.

CHAPTER TEST p.56

A

1 The restaurant offers a special discount / on their signature dishes every Wednesday.

그 레스토랑에서는 매주 수요일마다 시그니처 메뉴에 대한 특별 할인을 제공한다.

2 [Since your products had never let me down](부사절(이유)), / I(S) bought(V) your brand-new laptop.

귀사의 제품이 저를 한 번도 실망시킨 적이 없었기 때문에, 저는 귀사의 새 노트북을 구입했습니다.

- Since가 이끄는 부사절은 과거의 기준 시점(bought)까지의 '경험'을 나타내는 과거완료시제(had ~ let)로 쓰였다.
- 「동사+부사」로 이루어진 구동사(let down)의 목적어가 대명사(me)인 경우, 목적어는 동사와 부사 사이에 쓴다.

3 [Because there is no given day for recycling](부사절(이유)), / residents(S) are putting(V) their recycling out at any time.

재활용을 위해 정해진 요일이 없기 때문에, 주민들은 아무 때나 자신들의 재활용품을 내놓고 있다.

4 The amount of food waste from households(S) / has been increasing(V) steadily.

가정에서 배출되는 음식물 쓰레기의 양이 꾸준히 늘고 있다.

5 [By the time the semester ends](부사절(시간)), / we(S) will have covered(V) all the required topics in the curriculum.

학기가 끝날 때까지 우리는 교육과정 내의 모든 필수 주제를 다루게 될 것이다.

- 시간의 부사절에서는 현재시제(ends)가 미래의 일을 나타낸다.

6 Local climate changes may be caused / [when air pollutants are emitted during land-clearing activities].

(부사절(시간))

지역의 기후 변화는 개간 활동 중에 대기 오염 물질이 배출될 때 야기될 수 있다.

B

1 정답 • discovered

In 1981, / a construction worker discovered a gigantic bar of gold / during the construction of a central bank in Mexico City.

1981년에, 한 건설 노동자가 멕시코시티에서 중앙은행을 건설하던 중에 거대한 금괴를 발견했다.

→ 과거의 특정 시점(In 1981)에 일어난 일이므로 과거시제인 discovered가 어법상 알맞다. 현재완료는 과거 시점을 나타내는 부사(구)와 함께 쓸 수 없음에 주의한다.

2 정답 • have changed

Since the industrial revolution, / technological advances(S) have changed(V) / the nature of skills(O) (needed in workplaces).

산업혁명 이후, 기술의 발전은 직장에서 요구되는 기술의 본질을 변화시켜 왔다.

→ 과거부터 현재까지 계속된 일을 나타내고 있으므로 현재완료시제인 have changed가 어법상 알맞다.

- needed 이하는 앞의 명사구 the nature of skills를 수식하는 과거분사구이다.

3 정답 • were heard

The crowd's cheers(S) were heard(V) to erupt in excitement(C) / [as the winning goal was scored](부사절(시간)).

결승골이 터지자 관중들의 환호성이 흥분해서 터져 나오는 소리가 들렸다.

→ 환호 소리는 '들리는' 대상이므로 수동태 were heard가 어법상 알맞다.

4 정답 • for the athletes

A nutritious and well-balanced meal(S) was cooked(V) for the athletes(for+O).

영양가 높고 균형 잡힌 식사가 운동선수들을 위해 준비되었다.

→ 4형식 동사 cook의 직접목적어를 주어로 하는 수동태 문장이므로 간접목적어 앞에 for가 오는 것이 어법상 알맞다.

5 정답 • to have dropped

She seems to have dropped her keys / somewhere on the path during the morning walk.

그녀는 아침 산책 중에 길 어딘가에 열쇠를 떨어뜨렸던 것 같다.

→ 열쇠를 떨어뜨린 것은 문장의 동사(seems)보다 시간상 앞선 일이므로 완료형 to have dropped가 어법상 알맞다.

6 정답 • made to

The customer at the airport check-in counter / was made to wait for hours / before receiving any assistance.

공항 체크인 카운터에 있던 그 고객은 도움을 받기까지 몇 시간 동안 기다려야 했다.

→ 「make(사역동사)+O+OC(원형부정사)」 형태의 능동태 문장을 수동태로 전환할 경우 원형부정사(wait)를 to부정사(to wait)로 바꿔 써야 하므로 made to가 어법상 알맞다.

C

1 The scientist **regretted** / **being involved in** the creation of the most horrific weapon in history.

그 과학자는 역사상 가장 끔찍한 무기를 만드는 데 관여한 것을 후회했다.

▶ 'A가 ~에 관여하다'라는 의미의 표현은 A be involved in이며, involve A in(A를 ~에 관여시키다)의 수동태 표현이다.

2 At the giveaway event, / we **are going to distribute** 500 backpacks / on a first-come, first-served basis.

경품 행사에서 우리는 가방 500개를 선착순으로 나눠 드릴 예정입니다.

3 Shakespeare's works **are considered** / some of the greatest achievements in English literature.

Shakespeare의 작품은 영문학에서 가장 위대한 성취 중 일부로 간주된다.

4 I returned the item a week ago, // [but] the refund **has not been processed** yet.

나는 일주일 전에 그 물품을 반품했지만, 환불은 아직 처리되지 않았다.

▶ 두 개의 문장이 등위접속사 but에 의해 병렬로 연결된 구조이다.

5 The maintenance work on the bridge / **was carried out by** a team of engineers.

교량의 보수 작업이 엔지니어 팀에 의해 수행되었다.

▶ 수동태 문장에서 구동사(carried out)는 한 단어처럼 취급하여 붙여 쓴다.

6 **New articles are being added** all the time, // [so] look out for the latest updates!

새로운 기사가 계속해서 추가되고 있으니, 최신 업데이트를 주목해 주세요!

▶ 두 개의 문장이 등위접속사 so에 의해 병렬로 연결된 구조이다.

7 **He is known to have won** three Grammy Awards during his career.

그는 활동 기간 동안 그래미상을 세 번 수상했던 것으로 알려져 있다.

▶ 「know+O+OC(to부정사)」 형태의 능동태 문장을 수동태로 전환한 문장이다. 상을 수상한 것은 그 사실이 알려진 것보다 더 먼저 일어난 일이므로 to부정사의 완료형 to have won을 썼다.

[1-2]

❶ Dear Mr. Spencer,

❷ I will have lived in this apartment for ten years / as of this coming April.

❸ I have enjoyed living here / [and] hope to continue doing so.

▶ 동사 enjoy는 동명사(living)를 목적어로 취하며, 동사 hope는 to부정사(to continue)를 목적어로 취한다.

❹ [When I first moved into the Greenfield Apartments], / I was told [that the apartment had been recently painted].

(부사절(시간))

▶ 아파트 도색 작업을 한 것은 그러한 사실을 들은 것보다 더 먼저 일어난 일이므로 과거완료시제 had been painted를 썼다.

❺ Since that time, / I have never touched the walls or the ceiling.

❻ Looking around over the past month / has made me realize [how old the paint has become].

(realize의 O)

▶ 동명사구(Looking ~ month)가 문장의 주어로 쓰이면 단수 취급하므로 뒤에 단수 동사 has made가 왔다.

▶ 「make(사역동사)+O+OC(원형부정사)」 형태의 5형식 문장이다.

❼ I would like to update the apartment / with a new coat of paint.

❽ I understand / [that I must get permission (to do so) / as per the lease agreement].

S: I / V: understand / O: [that ...]

▶ to do so는 앞의 명사 permission을 수식하는 형용사적 용법의 to부정사구이다.

❾ Please advise at your earliest convenience.

❿ Sincerely,

Howard James

❶ Spencer 씨께
❷ 오는 4월이면 제가 이 아파트에서 산 지 10년째가 됩니다.
❸ 저는 이곳에서 즐겁게 살아 왔으며 계속해서 살기를 희망합니다.
❹ 제가 처음 Greenfield 아파트에 이사 왔을 때, 최근에 아파트 도색 작업을 했다고 들었습니다.
❺ 그때 이후로 저는 단 한 번도 벽이나 천장에 손을 댄 적이 없습니다.
❻ 지난 한 달 동안 둘러보면서 저는 페인트가 얼마나 오래되었는지를 깨닫게 되었습니다.
❼ 저는 새 페인트칠로 아파트를 새롭게 하고 싶습니다.
❽ 저는 그렇게 하려면 임대차 계약에 따라 허락을 받아야만 한다는 것을 알고 있습니다.
❾ 형편이 닿는 대로 알려 주시기 바랍니다.
❿ Howard James 올림

정답 풀이 •

1 정답 오는 4월이면 제가 이 아파트에서 산 지 10년째가 됩니다.

2 정답 paint, apartment

→ 입주한 지 10년 가까이 된 아파트의 페인트를 새로 칠하고 싶다고 집주인에게 허가를 구하는 내용의 글이므로, 글의 목적은 '아파트를 다시 페인트칠하기 위한 허가를 요청하기 위해'이다.

[3-4]

❶ You may think / [Stone Age humans were primitive / compared to modern humans], // but they were far more sophisticated / than the grunting cavemen (often depicted on screen).

S_1: You / V_1: may think / O_1: [Stone Age humans ...] / S_2: they / V_2: were / SC_2: far more sophisticated

▶ 동사 may think의 목적어로 접속사 that이 이끄는 명사절이 쓰였고, that은 생략되어 있다.

▶ 부사 far는 비교급(more sophisticated) 앞에 쓰여 '훨씬'이라는 의미로 비교급을 강조한다.

▶ often 이하는 앞의 명사구 the grunting cavemen을 수식하는 과거분사구이다.

❷ For example, / as far back as 43,000 years ago, / [shortly after they settled in Europe], / early humans spent their time playing music on flutes.

[shortly after ...]: 부사절(시간) / S: early humans / V: spent / O: their time / M: playing music on flutes

▶ 43,000 years ago와 그 뒤의 부사절은 동격을 이룬다.

▶ spend+시간+v-ing: ~하는 데 시간을 보내다

❸ The flutes were made from bird bone and mammoth ivory.

❹ The instruments were found / in a cave in southern Germany in 2012, / and are believed to have been used / in religious rituals / or simply as a way to relax.

S: The instruments / V_1: were found / V_2: are believed / C_2: to have been used ...

▶ 등위접속사 or는 전치사구 in religious rituals와 simply as a way to relax를 병렬로 연결하고 있다.

❶ 여러분은 석기 시대 인류가 현대 인류에 비해 원시적이었다고 생각할 수 있지만, 그들은 스크린에서 종종 묘사되는 투덜거리는 원시인들보다 훨씬 더 세련되었다.
❷ 예를 들어, 그들이 유럽에 정착한 직후인 4만 3천 년 전으로 거슬러 올라가면, 초기 인류는 플루트로 음악을 연주하며 시간을 보냈다.
❸ 플루트는 새의 뼈와 매머드의 상아로 만들어졌다.
❹ 그 악기는 2012년 독일 남부의 한 동굴에서 발견되었으며, 종교적 의식이나 단순히 휴식을 취하기 위한 수단으로 사용되었을 것으로 추정된다.

정답 풀이 •

3 정답 to have been used

→ to부정사의 의미상 주어인 The instruments는 '사용되는' 대상이므로 수동형으로 나타내야 한다. 또한 악기가 특정한 용도로 사용되었던 것은 그것의 쓰임을 추정하는 것보다 더 먼저 일어난 일이므로 완료형으로도 나타내야 한다. 따라서 to use는 완료수동형 to have been used로 고쳐 써야 한다.

4 정답 ①

→ 석기 시대 인류가 원시적이었을 것이라는 통념과 달리, 그들은 사실 플루트로 음악을 연주할 만큼 현대인과 다르지 않게 세련되었다는 내용의 글이므로, 글의 제목으로 가장 적절한 것은 ① '플루트를 통해 드러난 석기 시대 인류의 세련됨'이다.

② 석기 시대가 현대 세계에 미친 영향

③ 플루트의 간략한 역사: 기원과 진화

CHAPTER 06 조동사

UNIT 31 능력/허가/요청

p.60

1 Take control of your mindset // [and] repeat to yourself / "I can [and] I will pass this exam."

(Take: V1, repeat to: V2, I: S1, can: 조동사1, I: S2, will pass: 조동사2+Ⓥ)

마음가짐을 다잡고 "나는 이 시험에 합격할 수 있고 합격할 거야."라고 자신에게 되풀이해 말하라.

- 두 개의 명령문이 등위접속사 and에 의해 병렬로 연결된 구조이다.
- 따옴표 속 문장의 원래 형태는 I can pass this exam and I will pass this exam.이었으나, 반복어구인 pass this exam을 첫 번째 절에서 생략하여 현재와 같은 형태가 되었다.

2 A computer cannot make independent decisions / without instructions by humans.

(A computer: S, cannot make: V)

컴퓨터는 사람의 지시 없이는 독립적인 결정을 내릴 수 없다.

3 May I use your laptop for a moment / (to send an urgent email)?

(I: S, May ~ use: V, to send ~: 부사적 용법(목적))

긴급한 이메일을 보내기 위해 제가 잠시 당신의 노트북을 사용해도 될까요?

4 Employees may not enter the restricted area / without their identification cards.

(Employees: S, may not enter: V)

직원들은 신분증이 없이는 제한 구역에 들어갈 수 없다.

5 Could you help me / with making a QR code for a YouTube video?

(you: S, Could ~ help: V)

제가 유튜브 영상의 QR 코드를 만드는 것을 도와주시겠어요?

- 전치사 with의 목적어로 동명사구(making ~ video)가 쓰였다.

UNIT 32 충고·의무

p.61

1 Parents must provide an explanation for student absences / to the school office.

(Parents: S, must provide: V)

학부모들은 학생의 결석에 대한 설명을 학교 사무실에 제공해야 합니다.

2 You have to see life as a series of adventures, // [and] each adventure broadens your horizons.

(You: S1, have to see: V1, each adventure: S2, broadens: V2)

당신은 삶을 일련의 모험으로 보아야 하고, 각각의 모험은 당신의 지평을 넓혀 준다.

- 두 개의 문장이 등위접속사 and에 의해 병렬로 연결된 구조이다.
- see A as B: A를 B로 보다
- 한정사 each는 단수 명사(adventure)를 수식한다.

3 You had better double-check your flight information / before heading to the airport.

(You: S, had better double-check: V)

당신은 공항으로 향하기 전에 항공편 정보를 다시 한 번 확인하는 것이 낫다.

4 We ought not to test the safety of new products or drugs on animals.

(We: S, ought not to test: V)

우리는 새로운 제품이나 약품의 안전성을 동물에게 실험해서는 안 된다.

5 정답 • must not

You must not park here / [because it's a fire lane for emergency vehicles].

([because ~]: 부사절(이유))

긴급 차량을 위한 소방도로이므로 당신은 이곳에 주차해서는 안 된다.

→ '소방도로에 주차해서는 안 된다'라는 금지의 내용이 되어야 자연스러우므로, '~해서는 안 된다'라는 의미의 must not이 어법상 알맞다.

UNIT 33 추측·가능

p.62

1 [If the traffic isn't too heavy], / we should be at home within an hour.

([If ~]: 부사절(조건), we: S, should be: V)

차가 많이 막히지 않으면 우리는 한 시간 안에 집에 도착할 것이다.

2 Your coach would be very proud of you / for not giving up [and] trying your best.

(Your coach: S, would be: V, for: 전, not giving up: O'1, trying your best: O'2)

포기하지 않고 최선을 다하는 모습에 당신의 코치가 당신을 매우 자랑스러워할 것이다.

- 전치사 for의 목적어인 동명사구 두 개가 등위접속사 and에 의해 병렬로 연결되어 있다.

3 The sudden announcement of a snowstorm in the middle of summer / cannot be true.

(The sudden ~ summer: S, cannot be: V)

한여름에 갑자기 눈보라가 온다는 소식은 사실일 리가 없다.

4 The constant delays in the project must imply [that there are underlying problems].

(The constant ~ project: S, must imply: V, [that ~]: O)

프로젝트가 계속 지연된다는 것은 근본적인 문제가 있음을 암시하는 것이 틀림없다.

5 A lone genius might create a classic work of art or literature, // but he could never create an entire industry.

S_1 V_1 S_2 V_2

혼자인 천재는 최고 수준의 예술 작품이나 문학 작품을 만들어 낼지는 모르지만, 절대 전체 산업을 창출해 낼 수는 없다.

- 두 개의 문장이 등위접속사 but에 의해 병렬로 연결된 구조이다.

UNIT 34 조동사+have p.p.

p.63

1 You must have seen a lot of brand-new electronic devices / at the Electronics Fair.

당신은 전자 제품 박람회에서 새로운 전자 기기를 많이 봤음이 틀림없다.

2 She could have joined the advanced class, // but she chose to stay in the intermediate level.

S_1 V_1 O_1 S_2 V_2 O_2

그녀는 상급반에 들어갈 수도 있었지만, 중급 수준에 머물기로 선택했다.

- 두 개의 문장이 등위접속사 but에 의해 병렬로 연결된 구조이다.
- 동사 choose는 to부정사(to stay)를 목적어로 취한다.

3 When first learning to read, / you may have studied specific facts about the sounds of letters.

S V

당신은 처음 읽기를 배웠을 때 철자의 소리에 관한 특정한 사실들을 배웠을지도 모른다.

- When first learning to read는 시간을 나타내는 분사구문으로, 의미를 명확하게 하기 위해 분사 앞의 접속사 When을 생략하지 않고 그대로 두었다.

4 You shouldn't have waited until now / (to book your tickets). // Now the prices are much higher.

↳ 부사적 용법(목적)

당신은 티켓을 예매하기 위해 지금까지 기다리지 말았어야 했다. 이제 가격이 훨씬 더 높다.

- 부사 much는 비교급(higher) 앞에 쓰여 '훨씬'이라는 의미로 비교급을 강조한다.

5 정답 • have followed

You cannot have followed the recipe precisely / [because the soup is too salty].

↳ 부사절(이유)

당신이 조리법을 정확히 따랐을 리가 없는데, 왜냐하면 수프가 너무 짜기 때문이다.

→ 수프가 너무 짜다는 내용이 뒤에 이어지는 것으로 보아 '조리법을 정확히 따랐을 리가 없다'는 의미가 되어야 자연스럽다. 따라서 추측의 조동사 cannot 뒤에는 과거의 일임을 나타내는 have followed가 오는 것이 어법상 알맞다.

UNIT 35 조동사 관용 표현

p.64

1 [When my parents were away], / I would stay up late / watching my favorite TV shows.

↳ 부사절(시간) S V

부모님이 안 계실 때면, 나는 가장 좋아하는 TV 프로그램을 보면서 밤을 새곤 했다.

- watching 이하는 동시동작을 나타내는 분사구문이다.

2 I would rather be a poor shoemaker / than be a wealthy person under a lot of stress.

A B

나는 스트레스를 많이 받는 부유한 사람이 되느니 차라리 가난한 구두장이가 되겠다.

- 「would rather A than B」 구문에서 A와 B에 해당하는 두 개의 동사구가 병렬 연결되어 있다.

3 [Since the movie starts in an hour], / we might as well grab dinner first.

↳ 부사절(이유) S V

영화가 한 시간 후에 시작하기 때문에, 우리는 우선 저녁을 잠깐 먹는 편이 낫다.

4 The event was rescheduled without notice, // so you may well ask about the reasons behind it.

S_1 V_1 S_2 V_2

행사가 예고도 없이 일정이 변경되었으니, 당신이 그 이유에 대해 묻는 것도 당연하다.

- 두 개의 문장이 등위접속사 so에 의해 병렬로 연결된 구조이다.

5 When meeting new people, / you cannot be too polite / (to make a good first impression).

S V ↳ 부사적 용법(목적)

당신이 새로운 사람들을 만날 때, 좋은 첫인상을 남기려면 아무리 예의 바르게 행동해도 지나치지 않다.

- When meeting new people은 시간을 나타내는 분사구문으로, 의미를 명확하게 하기 위해 분사 앞의 접속사 When을 생략하지 않고 그대로 두었다.

6 정답 • speaking

In the face of injustice, / he cannot help speaking up for [what is right].

전 ↳ O'

불의에 맞서서 그는 옳은 것에 대한 지지를 밝히지 않을 수 없다.

→ 「cannot help v-ing」 구문이므로 동명사 speaking이 어법상 알맞다.

UNIT 36 should의 생략 p.65

1 The king ordered / [that every person in the kingdom obey the rules / for a harmonious society].

그 왕은 왕국의 모든 사람이 조화로운 사회를 위해 규칙에 복종해야 한다고 명령했다.

2 It is essential / [that the nuclear plant undergo regular safety evaluations].

원자력 발전소는 정기적인 안전성 평가를 받는 것이 필수적이다.

3 It was the mayor's recommendation / [that the city promote cultural events for residents].

시에서 주민들을 위한 문화 행사를 장려해야 한다는 것은 시장의 권고였다.

4 The UN asks / [that all companies remove their satellites from orbit / within 25 years after the end of their mission].

국제연합은 모든 기업들이 인공위성의 임무 종료 후 25년 이내에 그것들을 궤도에서 제거해 줄 것을 요청하고 있다.

5 정답 • is

Data suggests / [that around twelve percent of the world's population is left-handed].

자료가 시사하는 바에 따르면 전 세계 인구의 약 12퍼센트가 왼손잡이이다.

→ 주절의 동사 suggests는 '제안하다'가 아니라 '시사하다'라는 뜻으로 쓰였고, that절은 당위성이 아니라 단순 사실을 나타내고 있으므로 that절의 동사는 주어의 인칭과 수에 따라 is가 되어야 어법상 알맞다.

CHAPTER TEST p.66

1 The street **should be** less crowded today / [because it's a public holiday].

오늘은 공휴일이기 때문에 그 거리는 덜 혼잡할 것이다.

2 **Can** I **take** a photograph of your handmade crafts / (to post on my social media pages)?

제 소셜 미디어 페이지에 게시하기 위해 귀하의 수공예품 사진을 찍어도 될까요?

3 Before getting a taxi driver's license in London, / a person **must pass** an incredibly difficult test.

런던에서는 택시 운전면허를 따기 전에 매우 어려운 시험을 통과해야 한다.

4 You **need not bring** anything to the party / [as everything **will be provided**].

모든 것이 제공될 것이기 때문에 당신은 파티에 아무것도 가져올 필요가 없다.

5 Considering his gentle and caring nature, / he **cannot have** intentionally **harmed** anyone.

그의 온화하고 자상한 성품을 고려하면, 그는 누구에게도 고의로 해를 끼쳤을 리가 없다.

6 The artist's unique style and talent / **may well make** her a prominent figure / in the art world.

그 예술가의 독특한 스타일과 재능이 그녀를 예술계에서 유명한 인물로 만든 것도 당연하다.

1 정답 • used to

[When I was young], / I used to live in a small town in the coastal region.

나는 어렸을 때 해안 지역의 작은 마을에서 살았다.

→ 동사 live가 뒤에 이어지는 것으로 보아 과거의 상태를 나타내는 문장이므로 조동사 used to가 어법상 알맞다. 과거의 상태를 나타낼 때 조동사 would는 쓸 수 없음에 주의한다.

2 정답 • had better not

Students had better not make any hasty decisions / in selecting their majors.

학생들은 전공을 선택할 때 성급한 결정을 내리지 않는 것이 낫다.

→ 「had better+동사원형」은 '~하는 것이 낫다'라는 의미인데, 부정형을 만들 때는 not을 동사원형 앞에 붙이므로 had better not이 어법상 알맞다.

3 정답 • await

The drama series has captivated me completely, // and I cannot but await the next episode.

그 연속극은 나를 완전히 사로잡았고, 나는 다음 회를 기다리지 않을 수 없다.

→ 「cannot (help) but+동사원형」 구문이므로 동사원형 await가 어법상 알맞다.

◐ 두 개의 문장이 등위접속사 and에 의해 병렬로 연결된 구조이다.

4 정답 • land

The experienced pilot could land the aircraft safely, // and everyone on board felt relieved.

숙련된 조종사는 항공기를 안전하게 착륙시킬 수 있었고, 탑승한 모든 사람들은 안도감을 느꼈다.

→ 접속사 and 뒤에 사람들이 안도했다는 내용이 나온 것으로 보아, 항공기가 안전하게 착륙한 일은 실제 일어난 과거의 일이므로 동사원형 land가 어법상 알맞다. could have p.p.는 과거에 발생 가능성이 있었으나 실제로는 일어나지 않은 일을 표현할 때 쓴다.

◐ 두 개의 문장이 등위접속사 and에 의해 병렬로 연결된 구조이다.

5 정답 • evolved

Based on their research, / scientists argue [that the feather evolved in dinosaurs / before the appearance of birds].

연구를 바탕으로 과학자들은 새가 나타나기 전에 깃털이 공룡에게서 진화했다고 주장한다.

→ 주절의 동사가 주장을 의미하는 argue이지만, that절은 당위성이 아니라 단순 사실을 나타내고 있으므로 that절의 동사는 과거시제를 나타내는 evolved가 되어야 어법상 알맞다.

6 정답 • have missed

We thought as hard as possible / (to find the hidden meaning), / but came up with nothing / — we must have missed it.

↳ 부사적 용법(목적)

우리는 그 숨겨진 의미를 발견하기 위해 가능한 한 열심히 생각했지만, 아무것도 생각해 내지 못했다. 우리는 그것을 놓쳤음에 틀림없다.

→ 숨겨진 의미를 놓쳤던 것은 과거의 일이므로, 과거의 일에 대한 추측을 나타내는 must have p.p.로 써야 한다. 따라서 have missed가 어법상 알맞다.

◐ 두 개의 동사구가 등위접속사 but에 의해 병렬로 연결되어 있다.

C

1 Shall we order some pizza / and watch the soccer match at home tonight?

우리 오늘 밤에 집에서 피자를 주문하고 축구 경기를 볼까요?

◐ 두 개의 동사구가 등위접속사 and에 의해 병렬로 연결되어 있다.

2 We **ought not to ignore** / the impact of climate change on future generations.

우리는 기후 변화가 미래 세대에 미치는 영향을 무시하지 말아야 한다.

3 You **do not have to compare** your life to others' / [because your life is uniquely yours].

↳ 부사절(이유)

여러분의 삶은 특별히 여러분의 것이므로, 여러분의 삶을 다른 사람들의 것과 비교할 필요가 없다.

◐ compare A to B: A를 B와 비교하다

4 The peasant's ancient ancestor **may have eaten** / berries and mushrooms for breakfast.

농부의 고대 조상은 아침 식사로 산딸기와 버섯을 먹었을지도 모른다.

5 For the accurate evaluation of language skills, / online translators **may not be used** by the test-takers.

언어 능력의 정확한 평가를 위해, 온라인 번역기는 시험 응시자에 의해 사용될 수 없다.

6 I **would rather** adopt a pet from a shelter / **than** buy one from a pet store.

나는 반려동물 가게에서 동물을 사느니 차라리 보호소에서 동물을 입양하겠다.

◐ 「would rather A than B」 구문에서 A와 B에 해당하는 두 개의 동사구가 병렬 연결되어 있다.

7 [When it comes to protecting our accounts], / we **cannot emphasize** the need for strong passwords **too much**.

↳ 부사절(경우)

계정을 보호하는 것에 관해서라면, 강력한 비밀번호의 필요성은 아무리 많이 강조해도 지나치지 않다.

◐ when it comes to+(동)명사: ~에 관해서라면

[1-2]

❶ All of you must have had moments of confusion / [when you needed to spell tricky words / such as dessert and desert].

↳ 부사절(시간)

❷ "Dessert" is a tasty treat; // a "desert" is a dry, sandy stretch of land.

❸ Their meanings are very different, // but they're only one letter apart.

❹ Here's a great way / (to know without a doubt <which one belongs in your sentence>): // Remember [that the kind of dessert {you can eat} has two Ss, / just like a tasty "strawberry shortcake."]

(to know: V′, without a doubt: M′, which one ~ sentence: O′(의문사절), Remember: V, that ~: O, the kind of dessert: S′, has: V′, two Ss: O′)

▶ to know ~ in your sentence는 앞의 명사 way를 수식하는 형용사적 용법의 to부정사구이다.

▶ you can eat는 선행사 dessert를 수식하는 목적격 관계대명사절이며, 관계대명사 which[that]는 생략되어 있다.

❶ 여러분 모두는 dessert(디저트)와 desert(사막)와 같은 까다로운 단어의 철자를 써야 할 때 혼란스러운 순간이 있었을 것이다.
❷ 'Dessert'는 맛있는 간식이고, 'desert'는 건조하고 모래로 된 뻗어 있는 땅이다.
❸ 그것들의 의미는 아주 다르지만, 단 한 글자 차이밖에 나지 않는다.
❹ 어느 쪽이 당신의 문장에 속하는지를 확실히 알 수 있는 매우 좋은 방법이 있다. 맛있는 '딸기 쇼트케이크'처럼, 여러분이 먹을 수 있는 디저트의 종류에는 두 개의 S가 있다는 것을 기억하라.

정답 풀이 •

1 정답 여러분 모두는 혼란스러운 순간이 있었을 것이다

2 정답 difference, spellings

→ 이 글은 dessert와 desert의 철자 차이를 기억하는 데 도움이 되는 요령을 알려 주는 것에 초점이 맞춰져 있으므로, 두 빈칸에 각각 들어갈 말로 적절한 것은 difference(차이)와 spellings(철자)이다.

[3-4]

❶ The world can be a better place / [if, {while you are here}, you give of yourself].

(if ~: 부사절(조건), while you are here: 부사절(시간))

❷ A priest was sharing a story about newborn twins, // and one of them was ill.

❸ The twins were in separate incubators, / as per hospital rules.

❹ A nurse on the floor repeatedly suggested / [that the twins be kept together in one incubator].

(A nurse on the floor: S, suggested: V, that ~: O, the twins: S′, be kept: V′)

❺ The doctors finally agreed to try this.

▶ 동사 agree는 to부정사(to try)를 목적어로 취한다.

❻ [When the twins were brought into contact with each other], / the healthy twin immediately put his arms around his sick brother.

(When ~: 부사절(시간), the healthy twin: S, put: V, his arms: O)

❼ This instinctive exchange gradually helped / the sick twin to regain his health.

(This instinctive exchange: S, helped: V, the sick twin: O, to regain his health: OC)

▶ 동사 help는 목적격보어로 to부정사(to regain)와 원형부정사(regain)를 모두 취할 수 있다.

❽ The babies' family and the doctors witnessed / the intangible force of love and the incredible power of giving.

(The babies' family and the doctors: S, witnessed: V, the intangible ~ giving: O)

❶ 만약 당신이 이 세상을 살아가는 동안 자신을 헌신한다면 세상은 더 나은 장소가 될 수 있다.
❷ 한 목사가 갓 태어난 쌍둥이에 관한 이야기를 들려주었는데, 그들 중 한 명은 아픈 상황이었다.
❸ 그 쌍둥이는 병원 규칙대로 분리된 인큐베이터에 있었다.
❹ 그 층의 간호사는 그 쌍둥이들이 한 인큐베이터에 함께 놓여야 한다고 반복적으로 제안했다.
❺ 의사들은 마침내 이것을 시도하는 것에 동의했다.
❻ 쌍둥이들이 서로 접촉하게 되었을 때, 건강한 쌍둥이가 아픈 남동생을 즉시 자신의 팔로 감쌌다.
❼ 이러한 본능적인 교감은 아픈 쌍둥이가 점차적으로 건강을 회복하도록 도와주었다.
❽ 그 아기들의 가족과 의사들은 만질 수 없는 사랑의 힘과 믿을 수 없는 나눔의 힘을 목격하였다.

정답 풀이 •

3 정답 are → (should) be

→ 간호사가 쌍둥이를 한 인큐베이터에 함께 놓아야 한다고 제안했다는 내용이다. 제안을 의미하는 동사 suggested 뒤의 that절이 당위성을 나타내고 있으므로, that절의 동사 are를 (should) be로 고쳐 써야 한다.

4 정답 ③

→ 쌍둥이를 한 인큐베이터에 놓았을 때 건강한 쌍둥이가 아픈 남동생을 팔로 감쌌고 그러한 교감이 아픈 남동생의 건강 회복을 도왔다는 내용의 글이므로, 글의 주제로 가장 적절한 것은 ③ '사랑과 나눔의 행위가 발휘하는 치유의 힘'이다.

① 신생아를 위한 인큐베이터 사용의 이점
② 병원에 기부하는 것의 커지는 중요성

CHAPTER 07 가정법

UNIT 37 가정법 과거

p.70

1 [If you were a robot], / you would be stuck here all day / analyzing data.
(were: V′, would be stuck: V)

만약 당신이 로봇이라면, 당신은 데이터를 분석하면서 하루 종일 여기에 매여 있을 것이다.

- analyzing data는 주절과 동시에 일어나는 일을 나타내는 분사구문이다.

2 [If she had another chance (to start a business)], / she might enter the e-commerce market.
(had: V′, another chance: O′, might enter: V)

만약 그녀에게 사업을 시작할 수 있는 또 다른 기회가 있다면, 그녀는 전자 상거래 시장에 진출할 수도 있다.

- to start a business는 앞의 명사구 another chance를 수식하는 형용사적 용법의 to부정사구이다.

3 [If the sun were to suddenly vanish], / life on Earth would not be able to exist.
(were to ... vanish: V′, would not be: V)

만약 태양이 갑자기 사라진다면, 지구상의 생명체는 존재할 수 없을 것이다.

4 [If bees should continue to decline in population], / many crops could face challenges in reproduction.
(should continue: V′, could face: V)

만약 벌의 개체 수가 계속 감소한다면, 많은 작물들이 생식에 어려움을 겪을 수 있다.

5 정답 • tasted

Children would love eating vegetables / [if they tasted like cotton candy].
(would love: V, tasted: V′)

만약 채소가 솜사탕 같은 맛이 난다면, 아이들은 채소를 먹고 싶어 할 텐데.

→ 채소가 솜사탕 같은 맛이 난다는 것은 현재 사실과는 반대되는 일이므로 가정법 과거 문장이 되어야 한다. 따라서 if절의 동사로 과거시제 tasted가 어법상 알맞다.

UNIT 38 가정법 과거완료 / 혼합가정법

p.71

1 [If they had called ahead], / the restaurant would have reserved a table for them.
(had called: V′, would have reserved: V)

만약 그들이 미리 전화했다면, 그 레스토랑은 그들이 앉을 테이블을 예약해 두었을 텐데.

2 [If the weather had been nicer during our vacation], / we could have enjoyed some outdoor activities.
(had been: V′, could have enjoyed: V)

만약 우리의 휴가 기간 동안 날씨가 더 좋았더라면, 우리는 야외 활동을 즐길 수 있었을 텐데.

3 She would be earning a higher salary now / [if she had taken the job offer].
(would be earning: V, had taken: V′)

만약 그녀가 그 일자리 제의를 수락했다면, 그녀는 지금 더 많은 급여를 받고 있을 텐데.

4 [If Columbus had landed in Asia], / we might see a stronger Asian influence on Western culture.
(had landed: V′, might see: V)

만약 콜럼버스가 아시아에 도착했다면, 우리는 서양 문화에서 더 강한 아시아의 영향력을 볼 수 있을지도 모른다.

5 정답 • have avoided

[If Japan had not colonized Korea], / the Korean people could have avoided hardships during that period.
(had not colonized: V′, could have avoided: V)

만약 일본이 한국을 식민지로 만들지 않았더라면, 한국인은 그 기간 동안 고난을 피할 수 있었을 것이다.

→ 과거 사실을 반대로 가정했을 때 과거에 어떤 일이 일어났을지를 가정하는 맥락이므로 가정법 과거완료 문장이 되어야 한다. 따라서 주절의 조동사 뒤에 have p.p. 형태인 have avoided가 오는 것이 어법상 알맞다.

UNIT 39 if가 생략된 가정법

p.72

1 [Had Beethoven been able to hear his own compositions], / he could have refined his masterpieces even further.
(Had: 조동사, Beethoven: S′, been: p.p., could have refined: V)

베토벤이 자신의 곡을 들을 수 있었더라면, 그는 자신의 걸작들을 훨씬 더 많이 다듬을 수 있었을 것이다.

- If Beethoven had been able to hear his own compositions, ~.에서 If가 생략되고 도치가 일어난 구조이다.
- 부사 even은 비교급(further) 앞에 쓰여 '훨씬'이라는 의미로 비교급을 강조한다.

2 [Were the picture genuine], / collectors would pay millions of dollars for it.

그 그림이 진품이라면, 수집가들은 그것을 사기 위해 수백만 달러를 지불할 것이다.

▶ If the picture were genuine, ~.에서 If가 생략되고 도치가 일어난 구조이다.

3 So many people would lose their lives / [should a devastating tsunami hit the area again].

엄청난 쓰나미가 그 지역을 다시 강타한다면, 매우 많은 사람들이 목숨을 잃을 것이다.

▶ ~ if a devastating tsunami should hit the area again.에서 if가 생략되고 도치가 일어난 구조이다.

4 [Should you need more information], / please do not hesitate to contact us.

더 많은 정보가 필요하시면, 언제든지 저희에게 연락해 주세요.

▶ If you should need more information, ~.에서 If가 생략되고 도치가 일어난 구조이다.

5 정답 • Had Gary

[Had Gary read the instructions carefully], / he would have known how to operate the machine.

Gary가 사용 설명서를 주의 깊게 읽었다면, 그는 기계를 조작하는 법을 알았을 것이다.

→ 두 개의 절이 접속사 없이 이어져 있고, 콤마 뒤의 절에서 동사가 would have p.p. 형태인 것으로 보아 If가 생략된 가정법 문장임을 알 수 있다. 이는 콤마 앞의 절에 If를 넣어 가정의 의미로 해석했을 때 자연스럽다는 사실로도 확인할 수 있다. 따라서 If가 생략되어 도치된 어순인 Had Gary가 어법상 알맞다.

UNIT 40 S + wish + 가정법

p.73

1 I wish [I were perfect], // but I will settle for being me / [because that's pretty nice].

└ 부사절(이유)

나는 내가 완벽하면 좋겠지만, 지금 이대로의 나로 만족할 것인데, 왜냐하면 그렇게 하는 것은 꽤 멋지기 때문이다.

2 He wishes [he had more money / and didn't have to worry about monthly bills].

그는 자신이 돈이 더 많고 매달 청구서에 대해 걱정할 필요가 없다면 좋겠다고 생각한다.

▶ 종속절 [ ]의 주어 he 뒤에는 두 개의 동사구가 등위접속사 and에 의해 병렬로 연결되어 있다.

3 Martin Luther King wished [everyone would not be judged by the color of their skin].

Martin Luther King은 모든 사람이 피부색으로 판단받지 않으면 좋겠다고 생각했다.

4 I wish [I had spent less time working / and more time hanging out with my children].

내가 일하는 데 시간을 덜 쓰고 아이들과 더 많은 시간을 보냈다면 좋을 텐데.

▶ 종속절 [ ]의 원래 형태는 I had spent less time working and I had spent more time hanging out with my children이었는데, 반복되는 어구인 I had spent를 두 번째 절에서 생략하여 현재처럼 간략한 형태가 되었다.

5 정답 • had taken

Upon the failure of the project, / Jane wished [she had taken the colleague's advice sooner], // but it was too late.

프로젝트가 실패하자 Jane은 동료의 조언을 더 일찍 받아들였더라면 좋았을 것이라고 생각했지만, 너무 늦은 일이었다.

→ 주절의 시점(wished)보다 더 먼저 일어난 일에 대한 유감이나 아쉬움을 나타내는 내용이므로 had p.p. 형태인 had taken이 어법상 알맞다.

UNIT 41 as if[though] + 가정법

p.74

1 He is wearing two jackets and fur boots / [as if it were midwinter].

그는 마치 한겨울인 것처럼 두 벌의 재킷과 털 부츠를 착용하고 있다.

2 The historian talks about the event / [as if he had witnessed it firsthand].

그 역사가는 자신이 직접 목격한 것처럼 그 사건에 대해 이야기한다.

3 She handled the vase carefully / [as if it had once belonged to an ancient royal dynasty].

그녀는 마치 그 꽃병이 한때 고대 왕조의 것이었던 것처럼 그것을 조심스럽게 다루었다.

4 They dragged their feet / [as if they were 50 years older / than they actually were].

그들은 마치 자신들이 실제 나이보다 50살은 더 먹은 것처럼 발을 질질 끌었다.

5 She seemed at ease on stage / [as if she had rehearsed the speech a hundred times before].

그녀는 마치 전에 연설을 백 번이나 리허설한 것처럼 무대 위에서 편안해 보였다.

UNIT 42 if절을 대신하는 표현 p.75

1 Without air, / no gentle breeze would touch our faces / on a warm spring day.

공기가 없다면, 따스한 봄날에도 부드러운 산들바람이 우리의 얼굴에 닿지 않을 것이다.

= If it were not for air, ~. / Were it not for air, ~.

2 Fortunately, I can speak Chinese; // otherwise, working in China would be quite challenging.

다행히도 나는 중국어를 할 수 있다. 그렇지 않으면 중국에서 일하는 것이 상당히 힘들 것이다.

otherwise = if I couldn't speak Chinese

3 She couldn't pass the test. // Consistent studying might have helped her get better grades.

그녀는 시험을 통과하지 못했다. 꾸준히 공부했더라면 그녀가 더 좋은 성적을 받는 데 도움이 되었을지도 모른다.

= She couldn't pass the test. If she had studied consistently, it might have helped her get better grades.

4 Voltaire left his name off the title page; // otherwise he would have got into trouble again.

Voltaire는 속표지에서 자신의 이름을 뺐다. 그렇지 않았다면 그는 다시 곤경에 처했을 것이다.

otherwise = if he had not left his name off the title page

5 정답 • had not been for

[If it had not been for his mother then], / Ben Carson, a renowned doctor, / might not have achieved such remarkable success.

그때 그의 어머니가 안 계셨다면, 유명한 의사인 Ben Carson은 그렇게 놀라운 성공을 거두지 못했을지도 모른다.

→ 주절의 동사가 might have p.p. 형태인 것으로 보아 가정법 과거완료 문장이므로 had not been for가 어법상 알맞다.

= Without his mother then, ~.

CHAPTER TEST p.76

1 [If I were a superhero], / I would use my powers (to bring justice to the world).
└→ 부사적 용법(목적)

만약 내가 슈퍼히어로라면, 세상에 정의를 가져오기 위해 내 힘을 사용할 텐데.

2 [If you had saved enough money], / you might be able to afford your dream house.

만약 당신이 돈을 충분히 모았다면, 꿈에 그리던 집을 살 수 있을 텐데.

3 [Were it Christmas every day], / the holiday's excitement would diminish over time.

매일이 크리스마스라면, 휴일의 흥은 시간이 지날수록 줄어들 것이다.

If it were Christmas every day에서 If가 생략되고 도치가 일어난 구조이다.

4 [If Mars were to have an Earth-like atmosphere], / the climate would be more moderate and less extreme.

만약 화성에 지구와 같은 대기가 생긴다면, 기후는 더 온화하고 덜 극심할 것이다.

5 A wise man would never underestimate / the impact of small actions on long-term success.

현명한 사람이라면 작은 행동이 장기적인 성공에 미치는 영향을 결코 과소평가하지 않을 것이다.

if절 대신에 명사구 A wise man이 가정을 나타내는 문장이다.

= If you were a wise man, you would never underestimate ~.

6 Comparing ourselves to others / can lead to the feeling of envy / ("I wish [I could be as successful as her]").

우리 자신을 타인과 비교하는 것은 ('내가 그녀만큼 성공할 수 있으면 좋겠다는') 질투의 감정으로 이어질 수 있다.

A+as+원급+as+B: A는 B만큼 ~하다

1 정답 • struggle

Without their expertise, / our team might struggle to complete the task now.

그들의 전문 지식이 없다면, 우리 팀은 지금 작업을 완료하느라 애를 쓸 것이다.

→ 주절의 부사 now로 보아 현재 사실을 반대로 가정하는 가정법 과거 문장이 되어야 하므로 might 뒤에는 동사원형 struggle이 오는 것이 어법상 알맞다. Without이 이끄는 전치사구는 If절 대신에 가정의 의미를 나타낸다.

◐ = If it were not for their expertise, ~. / Were it not for their expertise, ~.

2 정답 • had been

The accident could have been avoided / [if the driver had been driving at a slower speed].

만약 운전자가 더 느린 속도로 운전하고 있었다면 그 사고를 피할 수 있었을 텐데.

→ 주절의 동사가 could have p.p. 형태이고 그 뒤에 if가 있는 것으로 보아 과거 사실을 반대로 가정하는 가정법 과거완료 문장이다. 따라서 if절의 동사로 had been이 어법상 알맞다.

3 정답 • be

I should have accepted his proposal of marriage ten years ago. // [If I had], / we might be married now.

나는 10년 전에 그의 청혼을 받아들였어야 했다. 만약 그랬다면 우리는 지금 결혼한 상태일지도 모른다.

→ 두 번째 문장에서 If절의 조동사 had와 주절의 부사 now로 보아, 과거의 사실을 반대로 가정했을 때 현재에 어떤 일이 일어날지를 가정하는 혼합가정법 문장이 되어야 한다. 따라서 might 뒤에는 동사원형 be가 오는 것이 어법상 알맞다.

◐ If I had의 원래 형태는 If I had accepted his proposal of marriage ten years ago였는데, 반복되는 어구인 accepted his proposal of marriage ten years ago를 생략하여 현재처럼 간략한 형태가 되었다.

4 정답 • had spent

During her graduation ceremony, / she wished [she had spent more time / making unforgettable memories with her classmates].

졸업식 때, 그녀는 반 친구들과 잊을 수 없는 추억을 만드는 데 더 많은 시간을 보냈으면 좋았을 것이라고 생각했다.

→ 주절의 시점(wished)보다 더 먼저 일어난 일에 대한 유감이나 아쉬움을 나타내는 내용이므로 had p.p. 형태인 had spent가 어법상 알맞다.

5 정답 • were

You should regulate the use of media devices with a set schedule / [as if you were on a strict diet].

여러분은 마치 엄격한 다이어트를 하는 것처럼, 일정을 정해 놓고 미디어 기기의 사용을 규제해야 한다.

→ as if 이하는 주절과 같은 시점의 일을 반대로 가정하는 내용이므로, as if절의 동사로 과거시제 were가 오는 것이 어법상 알맞다.

6 정답 • be

[Had Native Americans been able to protect their lands], / their cultural heritage would be better preserved today.

아메리카 원주민들이 그들의 땅을 보호할 수 있었다면, 그들의 문화유산은 오늘날 더 잘 보존되어 있을 것이다.

→ If가 생략된 절의 동사가 had p.p. 형태이고 주절에 부사 today가 쓰인 것으로 보아 혼합가정법 문장이므로, would 뒤에는 동사원형 be가 오는 것이 어법상 알맞다.

C

1 I wish [I had repaired the leaky roof / {before the rainy season started}].

장마철이 시작되기 전에 내가 물이 새는 지붕을 고쳤다면 좋을 텐데.

2 [Should you experience any delays in delivery], / please contact us via our email.

당신이 배송 지연을 겪으신다면, 저희에게 이메일로 연락 주십시오.

◐ If절에서 If가 생략되면서 주어와 동사가 도치된 가정법 문장이다.

3 [If she had told me the truth / {when I was upset}], / I would not have felt hurt.

만약 내가 화가 났을 때 그녀가 진실을 말해 주었다면, 나는 마음이 상하지 않았을 텐데.

4 Ted just sat there, frozen. // He felt / [as if he had been hit by a truck].

Ted는 얼어붙은 채 그저 그곳에 앉아 있었다. 그는 마치 자신이 트럭에 치였던 것 같은 기분이었다.

◐ frozen은 주절과 동시에 일어난 일을 나타내는 분사구문으로, 바로 앞에 현재분사 being이 생략되어 있다.

5 [If our eyes saw souls instead of bodies], / our perception of beauty would change.

만약 우리의 눈이 육체 대신 영혼을 본다면, 아름다움에 대한 우리의 인식은 바뀔 것이다.

6 The firefighters responded swiftly (to put out the fire); // otherwise, the damage could have been extensive.

소방관들이 신속하게 대응해 불을 껐다. 그렇지 않았다면 피해가 클 수도 있었다.

◐ otherwise = if they had not responded swiftly to put out the fire

7 [If it had not been for the discovery of penicillin], /
V′
more people might have died from bacterial diseases.
V

만약 페니실린의 발견이 없었다면, 더 많은 사람들이 세균성 질병으로 사망했을지도 모른다.

▶ = Without the discovery of penicillin, ~.

[1-2]

❶ [If you're in the path of a hurricane], / what's the one thing [you should always do]?
↳ 부사절(조건)

▶ 두 번째 [ ]절은 선행사 the one thing을 수식하는 관계대명사절로, 목적격 관계대명사 which[that]가 생략되었다.

❷ No one told Katie Mehnert of Houston, Texas, to evacuate — // but she wishes [she had evacuated], / and plans to do so / [the next time a hurricane threatens].
S: No one, V: told, O: Katie Mehnert of Houston, Texas, OC: to evacuate, S: she, V1: wishes, O1: [she had evacuated], V2: plans, O2(= to evacuate): to do so, ↳ 부사절(시간)

▶ 두 개의 동사구가 등위접속사 and에 의해 병렬로 연결되어 있다.

▶ 「(the) next time+S′+V′」는 '다음번에 S′가 V′할 때'라는 뜻의 부사절이며, 이와 같은 시간의 부사절에서는 현재시제(threatens)가 미래의 일을 나타낸다.

❸ She lost her home and car / to Hurricane Harvey.

❹ "I didn't live in a flood zone, // and I thought [that I was well prepared]," / says Mehnert.
S: I, V: thought, ↳ O

❺ But the nearby dam during the hurricane / proved to be the problem:
S: the nearby dam during the hurricane, V: proved, SC: to be the problem

❻ "We were flooded in the middle of the night. // The water was rising fast // so we had to go," / she says.

❶ 만일 여러분이 허리케인이 지나가는 길목에 있다면, 항상 해야 할 한 가지 일은 무엇일까?

❷ 아무도 Texas의 Houston에 사는 Katie Mehnert에게 대피하라고 말하지 않았지만, 그녀는 자신이 대피했다면 좋았을 것이라고 생각하며, 다음번에 허리케인이 다가오면 그렇게 할 계획이다.

❸ 그녀는 허리케인 Harvey로 인해 집과 차를 잃었다.

❹ Mehnert는 "저는 홍수 지역에 살지 않아서, 제가 대비가 잘 되어 있다고 생각했습니다."라고 말한다.

❺ 하지만 허리케인 당시 근처에 있던 댐이 문제인 것으로 밝혀졌다.

❻ "우리는 한밤중에 침수되었어요. 물이 빠르게 차오르고 있어서 우리는 떠나야만 했습니다."라고 그녀는 말한다.

정답 풀이 •

1 정답 그녀는 자신이 대피했다면 좋았을 것이라고 생각한다

2 정답 ②

→ 허리케인으로 인해 손실을 입은 여성의 이야기를 통해 대피의 중요성을 역설하는 글이므로, 글의 제목으로 가장 적절한 것은 ② '손실로부터의 배움: 허리케인 발생 시 대피의 중요성'이다.

① 자연재해 발생 시 안전하게 대피하는 방법

③ 대형 댐의 딜레마: 대형 댐의 환경적·경제적 영향

[3-4]

❶ Confident leaders are not afraid to ask the basic questions.

❷ [When you don't know something], / admit it as quickly as possible // and immediately take action — / ask a question.
↳ 부사절(시간), V1: admit, V2: take

▶ 두 개의 명령문이 등위접속사 and에 의해 병렬로 연결된 구조이다.

▶ 대시(—) 이하는 바로 앞의 동사구 take action의 의미를 보충해 준다.

❸ [If you have forgotten {who the governor is}], / quietly ask a friend but one way or the other, // quit hiding, // and take action.
S′: you, V′: have forgotten, ↳ O′(의문사절), V1: ask, V2: quit, V3: take

▶ 세 개의 명령문이 등위접속사 and에 의해 병렬로 연결된 구조이다.

❹ Paradoxically, / [when you ask basic questions], / you will (more than likely) be perceived by others to be smarter.
↳ 부사절(시간), S: you, V: will ... be perceived, C: to be smarter

▶ 「will perceive+O+to-v」 형태의 능동태 문장을 수동태로 전환한 문장이다.

❺ And more importantly, / you'll end up knowing far more / over your lifetime.

▶ 부사 far는 비교급(more) 앞에 쓰여 '훨씬'이라는 의미로 비교급을 강조한다.

❻ This approach will cause you to be more successful / [than you would have been / {had you pretended to know more <than you did>}].
S: This approach, V: will cause, O: you, OC: to be more successful, 조동사: had, S′: you, p.p.: pretended

- of 이하는 the common practice에 관한 구체적인 설명으로서 the common practice와 동격을 이룬다.

❶ 자신감 있는 리더들은 기본적인 질문을 하는 것을 두려워하지 않는다.
❷ 당신이 무엇인가를 모를 때, 그것을 가능한 한 빨리 인정하고 즉시 행동을 취하라. 즉, 질문을 하라.
❸ 만약 당신이 주지사가 누구인지를 잊어버렸다면, 조용히 친구에게 어떤 식으로든 물어보고, 숨기기를 그만두고, 행동을 취하라.
❹ 역설적이게도, 당신이 기본적인 질문을 할 때, 당신은 다른 사람들에 의해 더 똑똑하다고 인식될 가능성이 높다.
❺ 그리고 더 중요하게는, 당신은 결국 인생을 살아가면서 훨씬 더 많은 것을 알게 될 것이다.
❻ 이러한 접근법은 만약 당신이 알고 있는 것보다 더 많은 것을 아는 척했다면 당신이 이룰 수 있었을 정도보다, 당신을 좀 더 성공적으로 만들 것이다.

정답 풀이 •

3 정답 ③

→ 주절은 This approach ~ more successful이고, 접속사 than이 이끄는 종속절이 이어지는 구조이다. 맥락상 빈칸 이하는 가정의 뜻으로 해석해야 자연스럽고, 바로 앞 절의 동사가 would have p.p. 형태인 것으로 보아 가정법 과거완료 문장임을 알 수 있다. 따라서 빈칸에 들어갈 말로 알맞은 것은 if you had pretended 혹은 (if가 생략된 경우) had you pretended이다.

4 정답 admit, basic

→ 자신이 모르는 것을 인정하고 기본적인 질문을 하기를 주저하지 말라는 것이 이 글의 요지이다.

CHAPTER 08 형용사적·부사적 수식어구

UNIT 43 to부정사의 형용사적 수식 p.80

1 The first person (**to make a mobile phone call**) / was the American engineer Martin Cooper.

S: The first person, V: was

최초로 휴대 전화 통화를 한 사람은 미국의 엔지니어 Martin Cooper였다.

2 A problem is a challenge (**to be overcome**) / and a lesson (**to be learned**).

S: A problem, V: is, SC1: a challenge, SC2: a lesson

문제란 극복되어야 할 도전이자 배워져야 할 교훈이다.

- 두 개의 주격보어가 등위접속사 and에 의해 병렬로 연결된 구조이다.
- a challenge, a lesson과 이를 각각 수식하는 to부정사구는 수동 관계이므로, to부정사의 수동형(to be p.p.)이 쓰였다.

3 Do you have / any specific types of music (**to listen to** <**while you're studying**>)?

→ 부사절(시간)

당신은 공부할 때 듣는 특정한 종류의 음악이 있나요?

- 수식을 받는 명사구 any specific types of music은 to부정사구에 쓰인 전치사 to의 목적어이다. (← listen to any specific types of music)

4 The couple was excited / about building their dream house (**to live in for many years**).

그 부부는 수년 동안 살 꿈의 집을 짓는다는 생각에 들떠 있었다.

- 전치사 about의 목적어로 동명사구(building ~ for many years)가 쓰였다.
- 수식을 받는 명사구 their dream house는 to부정사구에 쓰인 전치사 in의 목적어이다. (← live in their dream house)

5 정답 • is

One way (to reduce carbon emissions) / is by increasing the use of renewable energy sources.

S: One way, V: is

탄소 배출을 줄이는 한 가지 방법은 재생 가능한 에너지원의 사용을 늘리는 것이다.

→ 문장의 주어 One way를 to reduce carbon emissions가 뒤에서 수식하고 있다. 따라서 주어 One way에 수를 일치시킨 단수 동사 is가 오는 것이 어법상 알맞다. 이때 동사 바로 앞의 명사구 carbon emissions를 주어로 착각하지 않도록 주의한다.

- by v-ing: ~함으로써

UNIT 44 분사의 형용사적 수식 p.81

1 Scholars often have (**conflicting**) views / on the interpretation of historical events.

학자들은 역사상의 사건의 해석에 관해 종종 상반된 견해를 가지고 있다.

2 She installed a (**hidden**) device / to record the sounds of wildlife in the forest.

그녀는 숲속 야생 동물의 소리를 녹음하기 위해 숨겨진 장치를 설치했다.

- to record 이하는 목적을 나타내는 부사적 용법의 to부정사구이다.

3 In Berlin, / Henrietta came across a little girl (**leading a blind woman**).

베를린에서 Henrietta는 눈먼 여성을 데리고 가는 어린 여자아이와 우연히 마주쳤다.

4 According to Einstein, / only a life (lived for others) is a life worthwhile.

S V SC

아인슈타인에 따르면, 남을 위해 사는 삶만이 가치 있는 삶이다.

◐ 수식을 받는 명사 a life와의 관계가 수동이므로 과거분사 lived가 쓰였다. (← live a life)

5 The investigation revealed / connections among the people (involved in the scandal).

조사를 통해 스캔들에 연루된 사람들 사이의 유대 관계가 밝혀졌다.

UNIT 45 감정을 나타내는 분사

p.82

1 The soft melody of the piano created a (pleasing) atmosphere / during the dinner party.

저녁 파티를 하는 동안 피아노의 부드러운 선율이 즐거운 분위기를 만들어 냈다.

2 The (exhausted) traveler collapsed onto the hotel bed / after a long and (tiring) journey.

지친 여행자는 길고 피곤한 여행 끝에 호텔 침대 위에 드러누웠다.

◐ 형용사 long과 현재분사 tiring이 등위접속사 and로 병렬 연결되어 뒤에 있는 명사 journey를 수식한다.

3 The (most satisfying) moments often come / from the simple pleasures in our busy lives.

가장 만족스러운 순간은 바쁜 일상 속의 소박한 즐거움에서 자주 온다.

◐ 현재분사 satisfying 앞에 부사 most가 와서 최상급의 의미를 나타낸다.

4 For companies (interested in delighting customers), / exceptional service is part of the overall company culture.

S V

고객들을 기쁘게 하는 데 관심이 있는 기업들에게 있어, 뛰어난 서비스는 전반적인 기업 문화의 일부이다.

◐ 전치사 in의 목적어로 동명사구(delighting customers)가 쓰였다.

5 정답 • embarrassing

Tripping over my own shoelaces in the mall / was an embarrassing incident.

S V SC

쇼핑몰에서 나 자신의 신발 끈에 걸려 넘어진 것은 당황스러운 사건이었다.

→ 수식을 받는 명사 incident는 당황한 감정을 일으키는 원인이므로 현재분사 embarrassing이 어법상 알맞다.

UNIT 46 to부정사의 부사적 수식 I

p.83

1 (To be a great champion), / you must believe [you are the best]. // If you're not, / pretend [you are].

〈목적〉 S V O V O

훌륭한 챔피언이 되기 위해 당신은 자신이 최고라고 믿어야 한다. 당신이 최고가 아니라면, 최고인 척하라.

◐ 첫 번째 문장의 동사 believe와 두 번째 문장의 동사 pretend의 목적어로 각각 접속사 that이 이끄는 명사절이 쓰였고, that은 생략되어 있다.

◐ 두 번째 문장은 원래 "If you're not the best, pretend you are the best." 형태였으나, 앞 문장에 나온 the best가 뒤 문장에서도 반복하여 쓰였으므로 해당 어구는 뒤 문장에서 생략되었다.

2 He turned his phone on silent mode / (not to disturb others during the meeting).

〈목적〉

그는 회의 중에 다른 사람들을 방해하지 않기 위해 휴대 전화를 무음 모드로 바꿨다.

◐ to부정사의 부정형: not[never] to-v

3 The ship sailed into the sea, / (never to return to the same harbor).

〈결과〉

그 배는 바다로 출항했고, 같은 항구로 결코 돌아오지 못했다.

4 The campers woke up / (to find their tents surrounded by a thick layer of fog).

V′ O′ OC′ 〈결과〉

야영객들은 잠에서 깨어나, 자신들의 텐트가 짙은 안개로 둘러싸였음을 알아차렸다.

◐ 텐트가 안개로 '둘러싸인' 것이므로 O′와 OC′는 수동 관계이다. 따라서 OC′ 자리에 과거분사 surrounded가 쓰였다.

5 Food appeared / [when the rat pressed the bar]. // Then the rat began to press it purposefully / (to be fed).

부사절(시간) S V O 〈목적〉

쥐가 막대를 누르자 먹이가 나타났다. 그러자 쥐는 먹이를 받아먹기 위해 그것을 의도적으로 누르기 시작했다.

◐ 두 번째 문장에서 to press it purposefully는 동사 began의 목적어 역할을 하는 명사적 용법의 to부정사구, to be fed는 목적을 나타내는 부사적 용법의 to부정사구이다.

UNIT 47 to부정사의 부사적 수식 II

p.84

1 After a long day at work, / she was pleased (to see her dog waiting at the door).

S V SC V′ 〈감정의 원인〉 O′ OC′

회사에서 긴 하루를 보낸 후, 그녀는 자신의 강아지가 문 앞에서 기다리고 있는 것을 보아서 기뻤다.

▶ 지각동사 see의 목적격보어로 현재분사 waiting이 쓰였다.

2 The teacher must be very upset / (to speak to me in such a sharp tone).
〈판단의 근거〉

선생님이 나에게 그렇게 날카로운 어조로 말씀하시는 것을 보니 매우 화가 나신 게 틀림없다.

3 (To see other people work out), / you will be motivated to make exercise a daily habit.
V′ O′ OC′ 〈조건〉 S V

다른 사람들이 운동하는 모습을 본다면, 여러분은 운동을 일상적인 습관으로 만들려는 동기가 생길 것이다.

▶ 지각동사 see의 목적격보어로 원형부정사 work out이 쓰였다.

4 Chemicals can be dangerous (to handle) / without the proper protective gear and knowledge.
〈형용사 수식〉

적절한 보호 장비와 지식이 없으면 화학 물질은 취급하기에 위험할 수 있다.

5 정답 • to use

The smartphone app is convenient (to use) / for managing your personal finances.
〈형용사 수식〉

그 스마트폰 앱은 당신의 개인 재정을 관리할 목적으로 사용하기에 편리하다.

→ to use는 형용사 convenient를 뒤에서 수식하고 있다. 이때 to use의 의미상 목적어는 it(the smartphone app)으로, 문장의 주어와 일치하므로 따로 표시하지 않는다.

UNIT 48 to부정사가 만드는 주요 구문 p.85

1 The backpack was too small / for me to pack everything for the trip.
to부정사의 의미상 주어

배낭이 너무 작아서 나는 여행에 필요한 모든 것을 챙길 수는 없었다.

2 He speaks Japanese fluently enough / to communicate effectively in business meetings.

그는 업무 회의에서 효과적으로 의사소통할 수 있을 정도로 충분히 유창하게 일본어를 구사한다.

3 We had no choice but to sell our car / (to pay off our debts).
↳ 부사적 용법(목적)

우리는 빚을 다 갚기 위해 차를 팔 수밖에 없었다.

4 You have to be willing to alter your ideas / and let others influence your perspective.
S 조동사 V1 V2 O2 OC2

여러분은 기꺼이 자신의 아이디어를 바꾸고, 다른 사람들이 여러분의 관점에 영향을 미치도록 해야 한다.

▶ 두 개의 동사구가 등위접속사 and에 의해 병렬로 연결된 구조이다.

▶ 사역동사 let의 목적격보어로 원형부정사 influence가 쓰였다.

5 [When Amy was about to leave work], / she was given some tasks / [that must be done immediately].
↳ 부사절(시간) S V O

Amy가 막 퇴근하려고 할 때, 그녀는 즉시 해야 할 몇 가지 일들을 받았다.

▶ that 이하는 선행사 some tasks를 수식하는 주격 관계대명사절이다.

CHAPTER TEST p.86

A

1 She took a day off / (to enjoy the beach), / (only to be met with rain).
↳ 부사적 용법(목적) ↳ 부사적 용법(결과)

그녀는 해변을 즐기기 위해 하루 휴가를 냈는데, 결국 비를 만나고 말았다.

2 Going along with the group / usually feels like the natural thing (to do).
S V

집단을 따르는 것은 보통 하기에 자연스러운 일처럼 느껴진다.

▶ 동명사구(Going along with the group)가 문장의 주어로 쓰이면 단수 취급하므로 뒤에 단수 동사 feels가 왔다.

3 The brain has the capacity (to change) in response to injury / (in order to compensate for the damage).
↳ 부사적 용법(목적)

뇌는 손상을 보상하기 위해 부상에 대응하여 변화할 수 있는 능력을 가지고 있다.

▶ to change는 명사 the capacity를 뒤에서 수식하는 형용사적 용법의 to부정사, in order to 이하는 목적을 나타내는 부사적 용법의 to부정사구이다.

4 He was disappointed / (to find out <that his favorite band had canceled their upcoming concert>).
V′ O′ ↳ 부사적 용법(감정의 원인)

그는 자신이 가장 좋아하는 밴드가 곧 있을 콘서트를 취소했다는 것을 알고 실망했다.

▶ that 이하는 동사 find out의 목적어로 쓰인 명사절이다.

▶ had canceled는 find out보다 더 이전의 일을 나타내는 과거완료 시제이다.

5 The road construction is due to continue / until the end of the year.

도로 공사는 연말까지 계속될 예정이다.

6 There is a term in painting (called "working with a limited palette;") / choosing to use only a few colors on purpose.

'제한된 팔레트로 작업하기'라고 불리는 회화 용어가 있는데, 이는 의도적으로 몇 가지 색만 사용하기를 택하는 것을 말한다.

- 이 문장에서 세미콜론(;)은 뒤에 부연 설명을 제시하기 위해 쓰였다.
- to use 이하는 동사 choose의 목적어 역할을 하는 명사적 용법의 to부정사구이다.

1 정답 • was

The only player (to save the team from a series of defeats) / was the star striker.

연이은 패배에서 팀을 구할 유일한 선수는 그 스타 스트라이커였다.

→ 문장의 주어 The only player를 to save ~ defeats가 뒤에서 수식하고 있다. 따라서 주어 The only player에 수를 일치시킨 단수동사 was가 오는 것이 어법상 알맞다. 이때 동사 바로 앞의 명사 defeats를 주어로 착각하지 않도록 주의한다.

2 정답 • frozen

The grocery store offers / a wide range of frozen foods / such as pizzas, ice cream, and more.

그 식료품점에서는 피자, 아이스크림 등과 같이 아주 다양한 냉동식품을 판매한다.

→ 음식(foods)은 얼게 하는 행위(freeze)의 대상이므로 수동을 의미하는 과거분사 frozen이 어법상 알맞다.

3 정답 • to write with

Students often carry / a backpack with various school supplies, / including pens (to write with).

학생들은 흔히 가지고 쓸 펜을 포함하여 다양한 학용품이 들어 있는 배낭을 들고 다닌다.

→ 수식을 받는 명사 pens는 to부정사구에 쓰인 전치사 with의 목적어이므로 to write with가 어법상 알맞다. (← write with pens (O) / write pens (X))

4 정답 • interesting

Through my work as a journalist, / I've had chances (to interact with many interesting people).

기자로서의 일을 통해, 나는 많은 흥미로운 사람들과 교류할 수 있는 기회를 가졌다.

→ 사람들(people)은 흥미로운 감정을 일으키는 주체이므로 능동을 의미하는 현재분사 interesting이 어법상 알맞다.

5 정답 • to

The interview questions were not easy (to respond to) / [because they required broad knowledge]. (부사절(이유))

그 면접 질문은 폭넓은 지식을 요구했기 때문에 답변하기가 쉽지 않았다.

→ to respond to는 형용사 easy를 뒤에서 수식하고 있다. 이때 to respond to의 의미상 목적어는 them(the interview questions)으로, 문장의 주어와 일치하므로 따로 표시하지 않는다.

6 정답 • to be

Patricia is eager to be the best mom [she can be], // but she finds parenting a hard task.

Patricia는 될 수 있는 한 최고의 엄마가 되고 싶어 하지만, 그녀는 육아가 어려운 일이라고 생각한다.

→ be eager to-v: ~하고 싶어 하다

- 두 개의 문장이 등위접속사 but에 의해 병렬로 연결된 구조이다.
- she can be는 선행사 the best mom을 수식하는 관계대명사절로, 보격 관계대명사 that이 생략되어 있다.

C

1 [As she stepped forward], / she said to herself, "There is nothing (to be afraid of). (부사절(시간))

그녀는 앞으로 나서며 "두려워할 게 아무것도 없어."라고 혼잣말을 했다.

2 Some excited spectators shouted / [as the fireworks lit up the night sky]. (부사절(시간))

불꽃놀이가 밤하늘을 밝히자, 몇몇 흥분한 관중들이 함성을 질렀다.

3 The team **was fortunate** / (to win a last-minute victory in the championship game). (부사적 용법(판단의 근거))

챔피언 결정전에서 막판 승리를 거두다니 그 팀은 운이 좋았다.

4 In the back of my mother's drawer, / I found **a piece of paper** (**folded several times**).

나는 어머니의 서랍 뒤쪽에서 여러 번 접힌 종이 한 장을 발견했다.

5 The pool party was **lively enough** / **for everyone to enjoy** with laughter. (for everyone: 의미상 주어)

그 수영장 파티는 모두가 웃으며 즐길 수 있을 만큼 충분히 활기찼다.

6 Students (actively participating in discussions) / are likely to comprehend the topic better.

S / V

토론에 적극적으로 참여하는 학생들은 주제를 더 잘 이해할 것 같다.

- 문장의 주어 Students를 현재분사구(actively participating in discussions)가 뒤에서 수식하고 있다. 따라서 주어 Students에 수를 일치시킨 복수 동사 are가 왔음에 유의한다.
- be likely to-v: ~할 것 같다, ~하기 쉽다

7 Odor molecules are too small / for our eyes to see / but can be detected by our nose.

S / V1 / V2

냄새 분자는 너무 작아서 눈으로는 볼 수 없지만 코로는 감지할 수 있다.

- 두 개의 동사구가 등위접속사 but에 의해 병렬로 연결된 구조이다.
- 냄새 분자가 '감지되는' 것이므로 조동사 can 뒤에 수동태(be p.p.)가 쓰였다.

D

[1-2]

❶ In the small town of Dighton, / Marcy lived in a two-story house.

❷ One day, / she came home / (to find a fire in the laundry room).
(부사적 용법(결과))

❸ The flames had started in the living room / and were spreading fast.

S / V1 / V2

- 과거에 일어난 일들이 접속사 and에 의해 순차적으로 연결된 구조로, and 앞의 절이 시간상 더 앞서 있으므로 과거완료시제 had started로 쓰였다.

❹ Screaming, / Marcy grabbed her phone / and called 911.

S / V1 / V2

- Screaming은 주절의 주어인 Marcy를 의미상 주어로 하는 분사구문으로서 동시동작을 나타낸다.

❺ Shortly after, / a group of firefighters arrived / and quickly brought the fire under control.

S / V1 / V2

❻ "It's an old house, // and the fire could have been much worse," / said one of the firefighters.

could have p.p.: ~할 수도 있었다 〈과거의 일에 대한 추측·가능성〉

V / S

- 부사 much는 비교급(worse) 앞에 쓰여 '훨씬'이라는 의미로 비교급을 강조한다.

❼ Marcy sank to the floor.

❽ It was finally all over.

❾ The house was a bit damaged // but no one was injured.

❿ She could feel the tension drop away.

S / V(지각동사) / O / OC(원형부정사)

❶ Dighton이라는 작은 마을에서 Marcy는 2층짜리 집에 살았다.
❷ 어느 날, 그녀는 집에 와서 세탁실에 불이 난 것을 발견했다.
❸ 불길은 거실에서 시작되어 빠르게 번지고 있었다.
❹ 비명을 지르며 Marcy는 휴대 전화를 재빨리 들고 911에 전화를 걸었다.
❺ 곧 소방대원 한 무리가 도착하여 신속하게 화재를 진압했다.
❻ 소방대원 중 한 명은 "오래된 집이라서 화재가 훨씬 더 심각할 수도 있었어요."라고 말했다.
❼ Marcy는 바닥에 주저앉았다.
❽ 마침내 모든 것이 끝났다.
❾ 집은 약간 손상되었지만 아무도 다치지 않았다.
❿ 그녀는 긴장이 풀리는 것을 느낄 수 있었다.

정답 풀이 •

1 정답 그녀는 집에 와서 세탁실에 불이 난 것을 발견했다

2 정답 ①

→ Marcy는 집에 불이 난 것을 발견하고 비명을 지르며 911에 전화했고, 화재 진압 후에는 긴장이 풀리는 것을 느꼈다고 했으므로, Marcy의 심경 변화로 가장 적절한 것은 ① '공포에 질린 → 안도한'이다.

② 화가 난 → 감사한　③ 걱정하는 → 희망에 찬

[3-4]

❶ For many years, / the companies (producing Holland's world-renowned tulips) / were contaminating the country's water and soil / with pesticides.

S / V

- 문장의 주어 the companies를 현재분사구(producing Holland's world-renowned tulips)가 뒤에서 수식하고 있다. 따라서 주어 the companies에 수를 일치시킨 복수 동사 were가 왔음에 유의한다.

❷ In 1991, / the Dutch government adopted / a policy (designed <to cut pesticide use in half by 2000>).

S / V / O

(부사적 용법(목적))

❸ Greenhouse growers realized / [they had to develop new methods / {if they were going to maintain product quality with fewer pesticides}].

S V O 부사절(조건)

▶ 동사 realized의 목적어로 접속사 that이 이끄는 명사절이 쓰였고, that은 생략되어 있다.

❹ In response, / they created a new system (using water circulation).

❺ The new system not only reduced the pollution (released into the environment); // it also increased profits / by giving companies greater control over growing conditions.

V' IO' DO'

▶ 상관접속사 「not only A but also B」가 쓰여 'A뿐만 아니라 B도'라는 의미를 나타내는 문장이다. 이 문장에서는 세미콜론(;)이 접속사 but 대신 쓰인 것으로 볼 수 있다.

❶ 수년 동안, 네덜란드의 세계적으로 유명한 튤립을 생산하는 회사들은 농약으로 그 나라의 물과 토양을 오염시키고 있었다.

❷ 1991년에 네덜란드 정부는 2000년까지 농약 사용을 절반으로 줄이도록 고안된 정책을 채택했다.

❸ 온실 재배자들은 더 적은 농약으로 상품의 품질을 유지하려면 새로운 방법을 개발해야만 한다는 것을 깨달았다.

❹ 이에 따라, 그들은 물 순환을 이용하는 새로운 시스템을 만들어 냈다.

❺ 그 새로운 시스템은 환경에 배출되는 오염을 감소시켰을 뿐만 아니라, 회사들이 재배 조건을 더 잘 통제할 수 있게 함으로써 이익을 증가시켰다.

정답 풀이 •

3 정답 ⓒ, released

→ 오염(the pollution)은 배출하는 행위(release)의 대상이므로, releasing을 수동을 의미하는 과거분사 released로 고쳐 써야 한다.

4 정답 environmentally, profits

→ 정부 규제로 인해 네덜란드 튤립 산업은 환경 친화적인 방식으로 전환했고, 이는 더 큰 수익으로 이어졌다는 내용의 글이므로, 요약문에 들어갈 말로 적절한 것은 environmentally(환경적으로)와 profits(수익)이다.

UNIT 49 주격·소유격 관계대명사

p.90

1 Can you recommend a movie [which is perfect for a relaxing weekend afternoon]?

편안한 주말 오후에 안성맞춤인 영화를 추천해 주시겠어요?

▶ 선행사가 3인칭 단수(a movie)이므로 주격 관계대명사 뒤에 단수 동사 is가 쓰였다.

2 It is an old country house [whose kitchen is decorated with floral patterns].

그곳은 부엌이 꽃무늬로 장식된 오래된 시골집이다.

3 Leaders give their employees the resources [that enable them to perform their job well].

V' O' OC'

리더들은 직원들이 자신의 직무를 잘 수행할 수 있게 하는 자원을 그들에게 준다.

▶ 선행사가 3인칭 복수(the resources)이므로 주격 관계대명사 뒤에 복수 동사 enable이 쓰였다.

4 Marketing plays an important role / for businessmen [who are striving for economic success / in competitive markets].

마케팅은 경쟁 시장에서 경제적 성공을 얻으려고 애쓰고 있는 사업자들에게 있어 중요한 역할을 한다.

▶ 선행사가 3인칭 복수(businessmen)이므로 주격 관계대명사 뒤에 복수 동사 are가 쓰였다.

5 정답 • reflect

The paintings [which hang in their living room] / reflect their love for fine art.

S V

거실에 걸려 있는 그림들은 미술에 대한 그들의 사랑을 반영한다.

→ 주어 The paintings는 주격 관계대명사 which가 이끄는 절의 수식을 받고 있다. 주어가 3인칭 복수이므로 복수 동사 reflect가 어법상 알맞다.

UNIT 50 목적격 관계대명사 p.91

1 The lawyer [who we consulted] / provided some advice on legal matters.

S V

우리가 상담한 변호사는 법률상의 문제에 대해 몇 가지 조언을 제공했다.

2 The house [that they recently moved into] / has a spacious backyard.

S V

그들이 최근에 이사한 집에는 널찍한 뒷마당이 있다.

◘ 주어 The house는 목적격 관계대명사 that이 이끄는 절의 수식을 받고 있다. 주어가 3인칭 단수이므로 단수 동사 has가 쓰였다.

3 I have a neighbor [whom I would like to invite over for dinner].

내게는 저녁 식사에 초대하고 싶은 이웃이 있다.

4 Identity thieves can buy goods and services [which you will never see / but will pay for].

S' V'1 V'2 전'

신원 도용자들은 여러분이 결코 보지 못하겠지만 비용을 지불하게 될 재화와 용역을 구입할 수 있다.

◘ 관계대명사절 내에서 두 개의 동사구가 등위접속사 but에 의해 병렬로 연결된 구조이다.

◘ 이 문장에서 목적격 관계대명사 which는 동사 see의 목적어 역할, 전치사 for의 목적어 역할을 하고 있다.

5 정답 • in which

Two researchers did a study [in which they asked people / {how much they would pay for data recovery}].

S' V' IO' DO'(의문사절)

두 명의 연구원들이 사람들에게 데이터 복구에 얼마를 지불하겠는지를 묻는 연구를 했다.

→ 선행사가 a study이고 이를 뒤에서 수식하는 관계대명사절은 문장 성분을 모두 갖춘 완전한 절이다. 따라서 선행사가 관계대명사절에서 전치사의 목적어로 쓰인 것으로 볼 수 있으므로 in which가 어법상 알맞다.

UNIT 51 명사절을 이끄는 관계대명사 what p.92

1 [What is common among successful individuals] / is their willingness to take risks.

S V SC

성공한 사람들 사이에 공통적인 것은 위험을 기꺼이 감수하는 마음이다.

◘ 관계대명사 What이 이끄는 명사절이 문장의 주어로 쓰였다. 명사절 주어는 항상 단수 취급하므로, 뒤에 단수 동사 is가 왔다.

2 She finally became / [what she had always wanted to be—a passionate architect].

S V SC

그녀는 마침내 자신이 항상 되고 싶었던 것, 바로 열정적인 건축가가 되었다.

3 The students started a lively discussion / about [what the professor emphasized during the lecture].

전 O'

학생들은 교수가 강의 중에 강조한 것에 대한 활발한 토론을 시작했다.

4 People are puzzled / when [what they see or hear] doesn't match [what they were expecting].

S' V' O'

사람들은 자신이 보거나 듣는 것이 예상하고 있던 것과 일치하지 않을 때 당황한다.

◘ when 이하는 시간을 나타내는 부사절로, what이 이끄는 관계대명사절 두 개가 각각 해당 절의 주어와 목적어 역할을 하고 있다. 명사절 주어는 항상 단수 취급하므로, 뒤에 단수 동사 doesn't match가 왔다.

5 정답 • what

Greek artists did not blindly imitate / [what they saw in reality]; // instead they tried to represent true forms.

S V O

그리스의 예술가들은 현실에서 본 것을 맹목적으로 모방하지 않았고, 그 대신 그들은 진정한 형태를 표현하려고 노력했다.

→ 동사 imitate의 목적어 역할을 할 명사절이 필요한데, 앞에 선행사가 따로 없고 뒤에 동사 saw의 목적어가 없는 불완전한 절이 이어지므로 관계대명사 what이 어법상 알맞다.

UNIT 52 명사절을 이끄는 복합관계대명사 p.93

1 Feel free to select [whichever you want] from the menu.

V' O'

메뉴에서 당신이 원하는 것은 어느 것이든지 자유롭게 선택하세요.

2 [Whoever applies for the job] / must have relevant experience and skills.

S V

그 일에 지원하는 사람은 누구든지 관련 경험과 기술을 가지고 있어야 한다.

3 Remember this, // and you will be successful in [whatever you do]: // Stay positive.

V1 O1 S2 V2 SC2 전 O'

이 점을 기억하시면 여러분은 하시는 무슨 일에서든 성공할 것입니다. 긍정적인 태도를 유지하세요.

◘ 두 개의 문장이 등위접속사 and에 의해 병렬로 연결된 구조이다.

4 Could I speak to [whoever is in charge of Customer Service], please?

고객 서비스를 담당하는 분이 누구든 제가 그분과 통화할 수 있을까요?

5 [Whatever bias people may have as individuals] / gets multiplied / [when they discuss things as a group].

사람들이 개인으로서 가질 수 있는 어떤 편견이든지 간에, 그들이 집단으로 어떤 일들을 논의할 때, 그 편견은 배가된다.

- 복합관계형용사 Whatever가 이끄는 명사절이 문장의 주어로 쓰였다. 명사절 주어는 항상 단수 취급하므로, 뒤에 단수 동사 gets가 왔다.

UNIT 53 관계부사

p.94

1 Maria Sutton was a social worker / in a place [where the average income was very low].

Maria Sutton은 평균 소득이 매우 낮은 곳의 사회복지사였다.

2 2020 was the year [when the global pandemic spread / rapidly across borders].

2020년은 세계적인 전염병이 국경을 넘어 빠르게 확산된 해였다.

3 Adolescents differ from adults / in the way [they behave, solve problems, and make decisions].

청소년들은 행동하고, 문제를 해결하고, 결정을 내리는 방식에 있어 성인들과 다르다.

- 선행사 the way 뒤에 이어지는 관계부사절에서 세 개의 동사구가 등위접속사 and에 의해 병렬로 연결되어 있다.

4 The reason [why you should visit California] / is its attractive landmarks / such as Disneyland Park.

여러분이 캘리포니아를 방문해야 하는 이유는 디즈니랜드 파크 같은 매력적인 랜드마크 때문이다.

- 주어 The reason은 관계부사 why가 이끄는 절의 수식을 받고 있다. 주어가 3인칭 단수이므로 단수 동사 is가 쓰였다.

5 정답 • where

In situations [where conflicts arise], / effective communication can help solve the problem.

갈등이 발생하는 상황에서, 효과적인 의사소통은 문제 해결에 도움이 될 수 있다.

→ 관계사 뒤에 이어지는 절이 주어(conflicts)와 완전자동사(arise)로 이루어진 완전한 절이므로 관계부사 where가 어법상 알맞다.

- help (to) Ⓥ: ~하는 것을 돕다

UNIT 54 관계사와 선행사의 생략

p.95

1 She introduced me / to a friend [she had known since childhood].

그녀는 어린 시절부터 알고 지낸 친구를 내게 소개해 주었다.

- 목적격 관계대명사 who(m)[that]가 생략되어 있다.
- had known은 과거의 기준 시점(introduced)까지 상태가 '진행'된 것을 나타내는 과거완료시제이다.

2 There is a registration desk [participants can check in and receive their badges at].

참가자들이 참가 수속을 밟고 배지를 받을 수 있는 등록 데스크가 있다.

- 목적격 관계대명사 which[that]가 생략되어 있다.
- 관계대명사절에서 두 개의 동사구가 등위접속사 and에 의해 병렬로 연결되어 둘 다 조동사 can에 걸린다.

3 Make sure to explain the reason [you arrived late for the meeting].

당신이 회의에 늦게 도착한 이유를 반드시 설명해 주시기 바랍니다.

- 관계부사 why[that]가 생략되어 있다.

4 Emma and Liam adopted a dog [abandoned on the streets] / and named him Max.

Emma와 Liam은 거리에 버려진 개를 입양했고 그 개의 이름을 Max라고 지었다.

- 「주격 관계대명사+be동사」인 which[that] was가 생략되어 있다.
- 두 개의 동사구가 등위접속사 and에 의해 병렬로 연결된 구조이다.

5 From the time [I first learned to read], / books have played an essential role / in [how I experience the world].

내가 처음 읽기를 배웠을 때부터, 책은 내가 세상을 경험하는 방식에 있어 필수적인 역할을 해 왔다.

- 관계부사 when[that]이 생략되어 있다.
- 전치사 in의 목적어로 의문사절(how ~ the world)이 쓰였다.

6 Musicians [skilled in multiple instruments] / often find more opportunities / in the music industry.

다양한 악기에 숙련된 음악가들은 종종 음악 산업에서 더 많은 기회를 발견한다.

◐ 「주격 관계대명사+be동사」인 who[that] are가 생략되어 있다.

◐ 주어 Musicians는 관계대명사절의 수식을 받고 있다. 주어가 3인칭 복수이므로 복수 동사 find가 쓰였다.

UNIT 55 보충 설명하는 관계절 I

p.96

1 I greatly admire **Robert D. Parker's paintings**, / [which emphasize the beauty of nature].

나는 Robert D. Parker의 그림을 대단히 좋아하는데, 그의 그림은 자연의 아름다움을 강조한다.

2 This year's lucky family was a young mother (named Karen) and **her 3-year-old son**, / [who she was raising by herself].

올해 행운의 가족은 Karen이라는 이름의 젊은 엄마와 그녀의 3살 된 아들이었고, 그를 그녀는 혼자서 키우고 있었다.

◐ named Karen은 앞의 명사구 a young mother를 수식하는 과거분사구이다.

3 **The psychologist** [I like most] is **John Bowlby**, / [whose work focused on children's development].

내가 가장 좋아하는 심리학자는 John Bowlby인데, 그의 연구는 아동의 발달에 중점을 두었다.

◐ I like most는 선행사 The psychologist를 수식하는 관계대명사절로, 목적격 관계대명사 who(m)[that]가 생략되어 있다.

4 **The scholarship covers tuition and book expenses**, / [which means no financial burden for students].

장학금은 등록금과 교재비를 포함하는데, 이는 학생들의 경제적 부담이 없음을 의미한다.

5 She invited **ten friends** to the party, / [most of whom were colleagues from her workplace].

그녀는 파티에 열 명의 친구를 초대했는데, 그들 중 대부분은 직장 동료들이었다.

UNIT 56 보충 설명하는 관계절 II

p.97

1 Last night, we tried **a new restaurant**, / [where the prices were reasonable].

어젯밤에 우리는 새로운 레스토랑에 가 보았는데, 그곳에서는 가격이 합리적이었다.

2 The best season (to watch the Northern Lights) starts in **August**, / [when the nights get darker].

북극광을 보기에 가장 좋은 계절은 8월에 시작되는데, 그때는 밤이 더 어두워진다.

◐ to watch the Northern Lights는 앞의 명사구 The best season을 수식하는 형용사적 용법의 to부정사구이다.

3 In **London**, [where many famous singers have recorded albums], / visitors can tour legendary recording studios.

런던에서는 많은 유명 가수들이 앨범을 녹음했는데, 방문객들은 전설적인 녹음 스튜디오를 둘러볼 수 있다.

4 I went skiing in Europe in **the early winter of 2023**, / [when snow levels were at a record low].

나는 2023년 초겨울에 유럽으로 스키를 타러 갔는데, 그때 눈 높이가 사상 최저였다.

5 She got a discount on her stay / thanks to **her friend** [who worked at the hotel].

그녀는 호텔에서 일하는 친구 덕분에 숙박비를 할인받았다.

◐ who 이하는 선행사 her friend를 수식하는 주격 관계대명사절이다.

6 He admitted to leaving his post (to visit **his girlfriend**), / [who also worked at the hotel].

그는 자신의 여자친구를 만나기 위해 자리를 떠났음을 인정했는데, 그녀 역시 그 호텔에서 일했다.

◐ who 이하는 선행사 his girlfriend를 보충 설명하는 주격 관계대명사절이다.

CHAPTER TEST

p.98

A

1 I'm especially interested / in purchasing the painting [that depicts the horizon], / [titled *Sunrise*].

나는 'Sunrise'라는 제목이 붙은, 지평선을 묘사한 그림을 구매하는 것에 특히 관심이 있다.

◐ that depicts the horizon은 선행사 the painting을 수식하는 주격 관계대명사절이다.

◐ titled *Sunrise*는 선행사 the painting that depicts the horizon을 보충 설명하는 관계대명사절로서, 「주격 관계대명사+be동사」인 which is가 생략되어 있다.

2 Home is [where you leave everything {precious to you}]. // You never question / [that it will be there {when you return}].

S V SC / S V O / 부사절(시간)

집은 여러분에게 있어 소중한 모든 것을 두고 떠나는 곳이다. 여러분은 돌아왔을 때에도 그것이 거기에 있을지 결코 의심하지 않는다.

- 관계부사 where 앞에는 선행사 the place가 생략되어 있다.
- precious to you는 앞의 명사 everything을 수식하는 형용사구이다.
- 두 번째 문장에서 동사 question의 목적어로 접속사 that이 이끄는 명사절이 쓰였다.

3 Grant Wood grew up on a farm / and drew with [whatever materials were available].

S V1 V2 전 O'

Grant Wood는 농장에서 자랐고 구할 수 있는 어떤 재료로든 그림을 그렸다.

- 두 개의 동사구가 등위접속사 and에 의해 병렬로 연결된 구조이다.
- 복합관계형용사 whatever가 이끄는 명사절이 전치사 with의 목적어로 쓰였다.

4 Italy scored the winning goal in the 93rd minute, / [when the game was almost over].

선행사

이탈리아는 93분에 결승골을 넣었는데, 그때는 경기가 거의 끝나갈 무렵이었다.

- when 이하는 선행사 the 93rd minute를 보충 설명하는 관계부사절이다.

5 You can't control [what happens to you], // but you can control [how you react to it].

S1 V1 O1 S2 V2 O2

여러분은 자신에게 일어나는 일을 통제할 수는 없지만, 그것에 반응하는 방식은 통제할 수 있다.

- 등위접속사 but에 의해 병렬로 연결된 두 문장의 목적어 자리에 각각 관계대명사 what이 이끄는 명사절과 관계부사 how가 이끄는 명사절이 쓰였다.

6 Van Gogh created a unique painting style, / [which places him among the world's best artists].

선행사

반 고흐는 독특한 화풍을 만들었고, 이것이 그를 세계 최고의 예술가 중 한 명으로 자리하게 한다.

- 선행사가 3인칭 단수 명사(a unique painting style)이므로, 주격 관계대명사 which 뒤에 단수 동사 places가 쓰였다.

B

1 정답 • whose

Tea is a source of vitamins for the nomadic tribes, / [whose diet lacks vegetables].

선행사

차는 유목민에게 있어 비타민 공급원인데, 그들의 식단에는 채소가 부족하다.

→ 선행사는 the nomadic tribes이고 '그들의 식단'이라는 의미이므로 소유격 관계대명사 whose가 어법상 알맞다.

2 정답 • makes

[When you face challenges], / the support [you receive from others] / makes all the difference.

부사절(시간) S V

여러분이 난관에 직면했을 때, 다른 사람들에게서 받는 지원이 중요한 영향을 미친다.

→ 목적격 관계대명사절의 수식을 받는 선행사 the support가 문장의 주어이므로 단수 동사 makes가 어법상 알맞다.

- you receive from others 앞에 목적격 관계대명사 which[that]가 생략되어 있다.

3 정답 • with which

Supermarkets give you loyalty cards [with which they track your purchasing behaviors precisely].

S V IO DO

슈퍼마켓은 여러분의 구매 행동을 정확히 추적하게 해 주는 고객 카드를 여러분에게 준다.

→ 선행사가 loyalty cards이고 이를 뒤에서 수식하는 관계대명사절은 문장 성분을 모두 갖춘 완전한 절이다. 따라서 선행사가 관계대명사절에서 전치사의 목적어로 쓰인 것으로 볼 수 있으므로 with which가 어법상 알맞다.

4 정답 • Whoever

[Whoever completes the training program successfully] / will get the certificate.

S V

교육 프로그램을 성공적으로 이수하는 사람은 누구든지 수료증을 받을 것이다.

→ 문장의 주어 역할을 할 명사절이 필요한데 앞에 선행사가 따로 없으므로, 선행사를 포함하는 복합관계대명사 Whoever가 어법상 알맞다.

5 정답 • that

Creativity leads / some individuals to recognize problems [that others do not see].

S V O OC

창의성은 어떤 사람들로 하여금 다른 사람들은 보지 못하는 문제들을 인식하게 한다.

→ 앞에 선행사(problems)가 있으므로 이를 수식하는 절을 이끄는 목적격 관계대명사 that이 어법상 알맞다.

6 정답 • when

Parents feel delighted / at the moment [when their baby takes his first steps].

아기가 첫 걸음마를 떼는 순간 부모는 기쁨을 느낀다.

→ 관계사 뒤에 이어지는 절이 문장 성분을 모두 갖춘 완전한 절이므로 관계부사 when이 어법상 알맞다.

C

1 Scientists have colleagues [who are doing similar work / and thinking similar thoughts].

과학자들에게는 유사한 연구를 하고 유사한 생각을 하는 동료들이 있다.

- 관계대명사절 내에서 동사의 현재진행형을 이루는 현재분사 doing과 thinking이 등위접속사 and에 의해 병렬로 연결되어 있다.

2 The tablet has become a portable device [everyone uses for various tasks].

태블릿은 다양한 업무를 하기 위해 모두가 사용하는 휴대용 기기가 되었다.

- 선행사 a portable device 뒤에 목적격 관계대명사 which[that]가 생략되어 있다.

3 He photographed all the models(선행사), / [some of whom already had experience in advertising].

그는 모든 모델의 사진을 찍었고, 그들 중 일부는 이미 광고 경험이 있었다.

- some of whom 이하는 선행사 all the models를 보충 설명하는 관계대명사절이다.

4 We(S) shouldn't assume(V) [that all other organisms sense the environment / in the way {that we do}](O).

우리는 다른 모든 유기체가 우리가 하는 방식으로 환경을 감지한다고 추정해서는 안 된다.

- 동사 assume의 목적어로 접속사 that이 이끄는 명사절이 쓰였다.
- that we do는 선행사 the way를 수식하는 관계부사절이다.

5 The doctor(S) told(V) the patient(IO) / [that(DO) they(S') would do(V') {whatever was possible}(O') for a speedy recovery].

그 의사는 환자에게 빠른 회복을 위해 가능한 것은 무엇이든 하겠다고 말했다.

- 동사 told의 직접목적어로 접속사 that이 이끄는 명사절이 쓰였다.
- that절 내에서 동사 do의 목적어로 복합관계대명사 whatever가 이끄는 명사절이 쓰였다.

6 Most publishers(S) will not want(V) to waste time(O) / with writers [whose material contains too many mistakes].

대부분의 출판사는 자료에 너무 많은 오류를 포함하고 있는 집필자들과 시간을 낭비하고 싶지 않을 것이다.

- 동사 want는 to부정사(to waste)를 목적어로 취한다.
- whose 이하는 선행사 writers를 수식하는 소유격 관계대명사절이다.

7 I can't find the reason [the computer stopped working] / despite checking every component.

모든 구성 요소를 확인했음에도 불구하고, 나는 컴퓨터가 작동을 멈춘 이유를 찾을 수가 없다.

- 선행사 the reason 뒤에는 관계부사 why[that]가 생략되어 있다.
- 동사 stop은 동명사(working)를 목적어로 취한다.
- despite는 전치사이므로 뒤에 목적어 역할을 하는 동명사구(checking every component)가 왔다.

[1-2]

❶ (Born in 1904), / Theodore Seuss Geisel(S) was(V) an American author, cartoonist, and illustrator(SC).

- Born in 1904, = Theodore Seuss Geisel was born in 1904 and

❷ At first, / he(S) found(V) success(O) in advertising, / providing illustrations for many ads.

- providing 이하는 주절의 주어인 he를 의미상 주어로 하는 분사구문이다.

❸ He(S) began(V) using the pen name "Dr. Seuss"(O) / back in 1927 / with a cartoon [published in *The Saturday Evening Post*].

- published 이하는 앞의 명사 a cartoon을 수식하는 과거분사구이다. 해당 부분은 which[that] was가 생략된 관계대명사절로도 볼 수 있다.

❹ But Dr. Seuss is most famous for his children's books(선행사), / [the first of which was published in 1937].

- the first of which 이하는 선행사 his children's books를 보충 설명하는 관계대명사절이다.

❺ He is best known for his imaginative books [that often feature playful rhymes and characters].

- that 이하는 선행사 his imaginative books를 수식하는 주격 관계대명사절이다.

❻ His books have sold / over 650 million copies worldwide, / translated into numerous languages.

▶ translated 이하는 주절의 주어인 His books를 의미상 주어로 하는 분사구문이다.

❶ 1904년에 태어난 Theodore Seuss Geisel은 미국의 작가이자 만화가, 삽화가였다.
❷ 처음에 그는 많은 광고에 삽화를 제공하면서 광고 분야에서 성공을 거두었다.
❸ 그는 1927년에 'The Saturday Evening Post'에 실린 만화에서 'Dr. Seuss'라는 필명을 사용하기 시작했다.
❹ 하지만 Dr. Seuss는 그의 아동 도서로 가장 유명한데, 그중 첫 번째 책은 1937년에 출판되었다.
❺ 그는 재미있는 운율과 등장인물을 자주 특징으로 삼는 상상력이 풍부한 책으로 가장 잘 알려져 있다.
❻ 그의 책은 전 세계적으로 6억 5천만 부 넘게 판매되었으며, 수많은 언어로 번역되었다.

정답 풀이 •

1 정답 Dr. Seuss는 그의 아동 도서로 가장 유명한데, 그중 첫 번째 책은 1937년에 출판되었다

2 정답 Advertising, Children's Books

→ Theodore Seuss Geisel이 처음에는 광고 분야에서 성공을 거두었으나, 이후에는 상상력이 풍부한 아동 도서로 잘 알려지게 되었다는 내용의 글이므로, 글의 제목은 '광고에서 아동 도서로: Dr. Seuss의 진화'이다.

[3-4]

❶ Don't let the perfect become the enemy of the good.
(Don't let: V / the perfect: O / become the enemy of the good: OC)

▶ 사역동사 let의 목적격보어로 원형부정사(become)가 쓰였다.

❷ [If you want your idea to become the policy {of which you've long dreamed}], / you have to be okay / with the outcome being a little different than you wanted.
(부사절(조건) / you: S / have to be: V / with: 전 / the outcome: 의미상 주어 / being a little different than you wanted: O')

▶ of which you've long dreamed는 선행사 the policy를 수식하는 목적격 관계대명사절이다.
▶ 전치사 with의 목적어로 동명사구(being ~ than you wanted)가 쓰였으며, 해당 동명사구 앞에는 의미상 주어(the outcome)를 밝혀 주었다.

❸ Say / [you're pushing for a clean water act].

▶ say (that) S'+V': ~라고 가정하다

❹ [Even if what emerges doesn't match {how you originally conceived the bill}], / you'll have still succeeded / in ensuring [that kids in troubled areas have access to clean water].
(부사절(양보) / what emerges: S' / doesn't match: V' / how ~ the bill: O' / you: S / 'll have ~ succeeded: V / that ~: ensuring의 O / kids in troubled areas: S' / have: V')

▶ 접속사 Even if가 이끄는 부사절에서 동사 doesn't match의 목적어로 관계부사 how가 이끄는 명사절이 쓰였다.
▶ 동명사 ensuring의 목적어 자리에 접속사 that이 이끄는 명사절이 쓰였다.

❺ What counts is / [that they will be safer / because of your idea and your effort].
(What counts: S / is: V / that ~: SC)

▶ 동사 is의 주격보어 자리에 접속사 that이 이끄는 명사절이 쓰였다.

❶ 완벽함이 좋음의 적이 되게 두지 말라.
❷ 여러분이 자신의 아이디어가 오랫동안 꿈꿔 왔던 정책이 되도록 하고 싶다면, 결과가 자신이 원했던 것과 조금 다르더라도 괜찮아야 한다.
❸ 여러분이 깨끗한 물 법안을 추진하고 있다고 가정해 보자.
❹ 비록 드러나는 것이 처음에 그 법안을 구상했던 방식과 일치하지 않더라도, 여러분은 문제가 있는 지역의 아이들이 깨끗한 물에 접근할 수 있도록 확실히 하는 데는 여전히 성공하는 것이다.
❺ 중요한 것은 여러분의 아이디어와 노력으로 인해 그들이 더 안전하리라는 것이다.

정답 풀이 •

3 정답 ⓑ, what

→ 접속사 Even if가 이끄는 부사절에서 동사 doesn't match의 주어 역할을 할 명사절이 필요하다. 그런데 앞에 선행사가 없고 뒤에는 주어가 없는 불완전한 절이 이어지므로, that을 선행사를 포함한 관계대명사 what으로 고쳐 써야 한다.

4 정답 ②

→ 자신이 원했고 계획했던 것과는 조금 다르거나 그것에 못 미치는 결과를 얻었다 할지라도 여전히 좋을 수 있으니 그러한 결과를 받아들일 줄 알아야 한다는 내용의 글이므로, 필자가 주장하는 바로 가장 적절한 것은 ②이다.

CHAPTER 10 부사절 / 분사구문

UNIT 57 시간·조건의 부사절 p.102

1 Baby Alice's vocabulary has expanded rapidly / [since she began talking].
(S: Baby Alice's vocabulary, V: has expanded, 부사절(시간))

아기 Alice의 어휘력은 그 아이가 말하기를 시작한 이후로 급속도로 확장했다.

- has expanded는 '계속'을 나타내는 현재완료시제이다.

2 He played computer games enthusiastically / [until he achieved the highest level in the game].
(S: He, V: played, 부사절(시간))

그는 게임에서 최고 레벨을 달성할 때까지 열정적으로 컴퓨터 게임을 했다.

3 [As soon as the children saw the clown], / their faces changed and lit up with a smile.
(부사절(시간), S: their faces, V1: changed, V2: lit up)

그 아이들은 광대를 보자마자 얼굴 표정이 바뀌어 미소로 밝아졌다.

- 동사 changed와 lit up이 등위접속사 and에 의해 병렬로 연결되어 있다.

4 [In case you can't come to the interview], / please inform us in advance.
(부사절(조건), V: inform)

당신이 면접에 못 오실 경우, 사전에 저희에게 알려 주시기 바랍니다.

5 We do not provide refunds / [unless class is canceled due to low registration].
(S: We, V: do not provide, 부사절(조건))

등록 인원이 적은 것 때문에 수업이 취소되지 않는 한 저희는 환불을 해 드리지 않습니다.

UNIT 58 이유·목적·결과의 부사절 p.103

1 [As he is new to school], / he hasn't made many friends yet.
(부사절(이유), S: he, V: hasn't made)

그는 학교에 새로 왔기 때문에, 아직 친구를 많이 사귀지는 못했다.

- hasn't made는 '완료'를 나타내는 현재완료시제이다.

2 [Since the budget is limited], / we need to find alternatives [that are much cheaper].
(부사절(이유), S: we, V: need, O: to find)

예산이 한정되어 있으므로, 우리는 훨씬 더 저렴한 대안을 찾아야 한다.

- 동사 need는 to부정사(to find)를 목적어로 취한다.
- that 이하는 선행사 alternatives를 수식하는 주격 관계대명사절이다.

3 The spectators are starting to leave the stadium / [now that the game is over].
(S: The spectators, V: are starting, 부사절(이유))

지금 경기가 끝나서 관중들이 경기장을 떠나기 시작하고 있다.

4 It was such a long and difficult exam / [that many students could not complete it in time].
(S: It, V: was, 부사절(결과))

그것은 매우 길고 어려운 시험이어서 많은 학생들이 시간 맞춰 끝낼 수 없었다.

5 Companies are adopting smart tools / [in order that employees can work at enhanced levels].
(S: Companies, V: are adopting, 부사절(목적))

직원들이 향상된 수준에서 일할 수 있도록 회사들은 스마트 기기를 택하고 있다.

- = ~ smart tools so (that) employees can work at enhanced levels.

UNIT 59 양보·대조의 부사절 p.104

1 [Even though I may no longer be a member], / I still hope for the success of this organization.
(부사절(양보), S: I, V: hope)

비록 나는 더 이상 멤버가 아니지만, 여전히 이 조직의 성공을 기원한다.

2 [Young as he is], / he has already gained widespread recognition as a musician.
(부사절(양보), S: he, V: has already gained)

비록 그는 어리지만, 이미 음악가로서 널리 인정을 얻었다.

- 부사절의 as는 양보의 접속사로 쓰였고, 주절의 as는 자격(~로서)을 나타내는 전치사로 쓰였다.
- has gained는 '완료'를 나타내는 현재완료시제이다.

3 [Whoever you may be], / you deserve love and respect from others.
(부사절(양보), S: you, V: deserve)

당신이 누구라 하더라도, 다른 사람들에게서 사랑과 존경을 받을 자격이 있다.

4 In 2005, / the average class size in Brazil / was larger than that in the UK, / [whereas the reverse was true in 2017].
(S: the average class size in Brazil, V: was, 부사절(대조))

2005년에 브라질의 평균 학급 크기는 영국의 그것보다 더 컸지만, 2017년에는 그 반대가 참이었다.

- 주절에는 비교급(larger)을 사용한 비교 구문이 쓰였고, that은 the average class size를 가리키는 대명사이다. 두 비교 대상(the average class size in Brazil과 that in the UK)이 문법적으로 대등한 것에 유의한다. (those in the UK (X))

5 정답 • Although

[Although many scientists expect / climate change to result in more rainfall], / some areas could experience droughts.
↳ 부사절(양보) S′ V′ O′ OC′ S V O

많은 과학자들은 기후 변화가 더 많은 강수량을 초래할 것으로 예상하지만, 일부 지역은 가뭄을 경험할 수도 있다.

→ 주어(many scientists)와 동사(expect)가 있는 절을 이끌어야 하므로 접속사 Although가 어법상 알맞다. Despite도 양보를 나타내지만, 전치사이므로 뒤에 목적어 역할을 하는 명사(구)가 와야 함에 유의한다.

◘ 동사 expect의 목적격보어로 to부정사(to result)가 쓰였다.

UNIT 60 분사구문의 의미

p.105

1 Joni turned pale, / (staring at the river water <swirling violently around her legs>).
S V ↳ 분사구문(동시동작)

Joni는 자신의 다리 주변으로 격렬하게 소용돌이치는 강물을 바라보면서 창백해졌다.

◘ swirling 이하는 앞의 명사구 the river water를 수식하는 현재분사구이다.

2 (Graduating from college), / he applied for internships / (to gain practical experience).
↳ 분사구문(시간) S V ↳ 부사적 용법(목적)

대학을 졸업한 후, 그는 실제적인 경험을 얻기 위해 인턴직에 지원했다.

3 (Searching diligently for the missing person), / the police couldn't find any clues.
↳ 분사구문(양보) S V

실종자를 찾으려 열심히 수색했지만, 경찰은 어떤 단서도 찾을 수 없었다.

4 (Being sick), / she decided to take a day off from work / (to rest at home).
↳ 분사구문(이유) S V O ↳ 부사적 용법(목적)

몸이 아파서, 그녀는 집에서 쉬기 위해 직장에서 하루 휴가를 내기로 결정했다.

◘ 동사 decide는 to부정사(to take)를 목적어로 취한다.

5 (Listening carefully), / you can understand the key points (being emphasized in the lecture).
↳ 분사구문(조건) S V O

주의 깊게 듣는다면, 여러분은 강의에서 강조되고 있는 핵심 사항들을 이해할 수 있다.

◘ being 이하는 which[that] are being emphasized in the lecture에서 「주격 관계대명사+be동사」인 which[that] are가 생략된 형태이다. are being emphasized는 진행형 수동태로 '강조되고 있다'라는 의미이다.

6 Ray toured Britain and Europe in the 1660s, / (studying and collecting plants and animals).
S V 분사구문(보충 설명)

Ray는 1660년대에 영국과 유럽을 여행했고, 식물과 동물을 연구하고 수집했다.

UNIT 61 분사구문의 시제/태

p.106

1 (Compared with the old washers), / modern washers are indeed technologically advanced.
↳ 분사구문(때, 경우) S V

구식 세탁기와 비교하면, 현대식 세탁기는 정말로 기술적으로 진보했다.

◘ = When they are compared with the old washers, ~.

◘ 과거분사 Compared 앞에 Being이 생략된 분사구문이다.

2 (Having lost his way), / the traveler asked for directions / at the nearest gas station.
↳ 분사구문(이유) S V

그 여행자는 길을 잃어서 가장 가까운 주유소에서 길을 물었다.

◘ = Because[As/Since] he had lost his way, ~.

3 (Nervous), / she tapped her fingers against her thigh / before her big speech.
↳ 분사구문(이유) S V

그녀는 중요한 연설을 앞두고 긴장하여 허벅지에 손가락을 두드렸다.

◘ = Because[As/Since] she was nervous, ~.

◘ 맨 앞에 Being이 생략되어 형용사 Nervous로 시작하는 분사구문이다.

4 The report, / (having been written by Erica), / was submitted to her supervisor for review.
S ↳ 분사구문(시간) V

그 보고서는 Erica에 의해 작성된 후, 검토를 위해 그녀의 상사에게 제출되었다.

◘ = The report was submitted to her supervisor for review after it had been written by Erica.

◘ 주어 뒤의 분사구문에서 having been은 생략할 수 있다.

5 정답 • Used

(Used properly and wisely), / a smartphone can be a powerful tool for productivity.
↳ 분사구문(조건) S V

적절하고 현명하게 사용된다면, 스마트폰은 생산성을 위한 강력한 도구가 될 수 있다.

→ ( )는 주절의 주어인 a smartphone을 의미상 주어로 하는 분사구문이고, 스마트폰은 '사용되는' 대상이므로 수동의 의미를 지닌 과거분사 Used가 어법상 알맞다. 과거분사 Used 앞에 Being은 생략되어 있다.

◘ = If it is used properly and wisely, ~.

UNIT 62 분사구문의 부정/접속사+분사구문 p.107

1 (Not having brought my umbrella), / I had to borrow one / [when it started to rain].
↳ 분사구문(이유) / S V / ↳ 부사절(시간)

나는 우산을 가져오지 않아서, 비가 오기 시작했을 때 우산 하나를 빌려야 했다.

- = Because[As/Since] I had not brought my umbrella, ~.

2 (Since coming back from Mexico), / she has been staying in touch with the local tour guide.
↳ 분사구문(시간) / S V

멕시코에서 돌아온 이후, 그녀는 현지 여행 가이드와 계속 연락하고 지내 왔다.

- = Since she came back from Mexico, ~.

3 The basketball player took a fifteen-foot shot // and the ball went through the net, / (never touching the rim).
S1 V1 / S2 V2 / ↳ 분사구문(동시동작)

그 농구 선수는 15피트 슛을 했는데, 공은 골대 가장자리를 전혀 건드리지 않으면서 골망을 통과했다.

- 두 개의 문장이 등위접속사 and에 의해 병렬로 연결된 구조이다.
- never touching the rim = as[while] it never touched the rim

4 Tom apologized / (after having annoyed his roommate / with loud music late at night).
S V / ↳ 분사구문(시간)

Tom은 늦은 밤 시끄러운 음악으로 룸메이트를 짜증나게 한 후 사과했다.

- = ~ after he had annoyed his roommate with loud music late at night.

5 Police officers need to show their identification / (if asked to do so on official duty).
S V O / ↳ 분사구문(조건)

경찰관은 공무 중에 신분증을 제시해 달라는 요청을 받으면 그렇게 해야 한다.

- = ~ if they are asked to do so on official duty.

6 (Never having been studied before), / the rare species remains a mystery.
↳ 분사구문(이유) / S V

이전에 연구된 적이 한 번도 없었던 터라, 그 희귀종은 여전히 미스터리로 남아 있다.

- = Because[As/Since] it has never been studied before, ~.

UNIT 63 분사구문의 의미상 주어 p.108

1 (The sun setting), / we gathered around the campfire / and shared stories with one another.
↳ 분사구문(시간) / S V1 / V2

해가 지고 나서, 우리는 모닥불 주위에 모여 서로 이야기를 나누었다.

- 두 개의 동사구가 등위접속사 and에 의해 병렬로 연결된 구조이다.
- = After the sun set, ~.

2 (There being no available parking spaces), / we had to park far away.
↳ 분사구문(이유) / S V

주차할 수 있는 공간이 없어서, 우리는 먼 곳에다가 주차해야 했다.

- = Because[As/Since] there was no available parking spaces, ~.
- 「접속사+there+be동사」 형태의 부사절을 분사구문으로 바꿀 때, there를 문법상 주어로 보고 생략하지 않는다.

3 (No one having proposed any topics in advance), / the meeting lacked direction.
↳ 분사구문(이유) / S V

아무도 사전에 주제를 제안하지 않았기 때문에, 회의는 방향성이 부족했다.

- = Because[As/Since] no one had proposed any topics in advance, ~.

4 (Judging from the dark clouds on the horizon), / it looks [like a storm is approaching].
↳ 분사구문(조건) / S V

수평선의 먹구름으로 판단하건대, 폭풍우가 다가오고 있는 것 같다.

- = If we judge from the dark clouds on the horizon, ~.
- 이 문장에서 like는 '~처럼'이라는 뜻의 접속사로 쓰여 절을 이끈다.

5 (Granting <that you're under a lot of stress>), / your behavior is still unacceptable.
↳ 분사구문(양보) / S V

네가 스트레스를 많이 받고 있음을 인정하더라도, 너의 행동은 여전히 용납할 수 없다.

- = (Even) If we grant that you're under a lot of stress, ~.

6 [When regions can no longer produce food], / people will be forced to move to other areas, / (making them "climate refugees.")
↳ 부사절(시간) / S V / ↳ 분사구문(결과)

지역들이 더 이상 식량을 생산해 낼 수 없을 때, 사람들은 다른 지역으로 이주할 수밖에 없을 것인데, 이는 그들을 '기후 난민'으로 만든다.

- making them "climate refugees." = and it makes them "climate refugees."
- making으로 시작하는 분사구문의 의미상 주어는 앞에 나온 절 전체이다.
- be forced to-v: ~할 수밖에 없다, 어쩔 수 없이 ~하다

UNIT 64 with + O′ + 분사 p.109

1 The old man sat by the fireplace, / (with his dog sleeping at his feet).
(능동 관계)

그 노인은 개가 자신의 발치에서 자고 있는 가운데 벽난로 옆에 앉아 있었다.

2 (With more and more people owning pets), / the pet care industry is thriving.
(능동 관계)

점점 더 많은 사람들이 반려동물을 소유하면서, 반려동물 관리 산업이 번창하고 있다.

3 The stage director watched / the actors rehearse at the studio / (with her arms folded).
(수동 관계)

무대 감독은 팔짱을 낀 채 스튜디오에서 배우들이 리허설하는 것을 지켜봤다.

- 지각동사 watched의 목적격보어로 원형부정사 rehearse가 쓰였다.

4 (With the puzzle pieces scattered on the table), / they began to put them together.
(수동 관계)

그들은 퍼즐 조각이 테이블 위에 흩어져 있는 상태에서 그것들을 조립하기 시작했다.

- 구동사 put together의 목적어가 대명사(them)이므로, 대명사 목적어가 동사와 부사 사이에 왔다.

5 (With the earphones off), / she could hear the sounds of nature around her.

이어폰을 끈 채로, 그녀는 주변에서 들려오는 자연의 소리를 들을 수 있었다.

6 정답 • wounded

(With no one severely wounded), / the firefighter took a moment to catch his breath.
(수동 관계)

아무도 심하게 다치지 않은 가운데, 그 소방관은 잠시 숨을 돌렸다.

→ 동사 wound는 '다치게 하다, 상처를 입히다'라는 뜻이고, no one과 wound는 수동 관계이므로 과거분사 wounded가 어법상 알맞다.

CHAPTER TEST p.110

A

1 (To stop the spread of fake news), / read stories / [before you share them].
(부사적 용법(목적)) (부사절(시간))

가짜 뉴스의 확산을 막기 위해, 기사를 공유하기 전에 그것을 읽어보아라.

2 [In case you didn't see it], / I'm enclosing a copy of our travel itinerary.
(부사절(조건))

당신이 보지 못하셨을 경우를 대비하여 저는 우리의 여행 일정 사본을 동봉합니다.

3 The results fell short of expectations / [even though I worked diligently].
(부사절(양보))

비록 나는 열심히 노력했으나 결과는 기대에 미치지 못했다.

4 He double-checked his calculations / [so that there wouldn't be any mistakes in the report].
(부사절(목적))

그는 보고서에 어떤 실수도 없도록 계산을 다시 한 번 확인했다.

5 (Opening the gift box), / she discovered a pair of sunglasses (perfect for the upcoming summer).
(분사구문(시간))

선물 상자를 열자 그녀는 다가오는 여름에 딱 맞는 선글라스를 발견했다.

- perfect 이하는 앞의 명사구 a pair of sunglasses를 수식하는 형용사구이다.

6 The storm knocked down a telephone pole, / (causing a power outage in the neighborhood).
(분사구문(결과))

폭풍으로 전봇대가 쓰러졌고, 이는 인근 지역에 정전을 야기했다.

- causing으로 시작하는 분사구문의 의미상 주어는 앞에 나온 절 전체이다.

B

1 정답 • while

[When turbulence hit the plane], / the little boy remained very calm / [while the adults were afraid].
(부사절(시간)) (부사절(대조))

난기류가 비행기를 강타했을 때, 어른들은 두려워하는 반면에 그 어린 소년은 매우 침착했다.

→ 주어(the adults)와 동사(were)가 있는 절을 이끌어야 하므로 접속사 while이 어법상 알맞다. during은 전치사이므로 뒤에 목적어 역할을 하는 명사(구)가 와야 함에 유의한다.

2 정답 • such

The painting was such a masterpiece / [that it inspired generations of artists].
(부사절(결과))

그 그림은 매우 걸작이어서 수 세대의 예술가들에게 영감을 주었다.

→ 뒤에 「부정관사+명사」가 왔으므로 such가 어법상 알맞다.

3 정답 • crying

One day, Kathy got off her bus / and stood in front of the school / (while crying).
S V1 V2 ↳ 분사구문(동시동작)

어느 날, Kathy는 버스에서 내려서 학교 앞에서 울며 서 있었다.

→ 「접속사 while+분사」 형태인 것으로 보아 동시동작을 나타내는 분사구문이며, 분사구문의 의미상 주어인 Kathy가 '우는' 행위의 주체이므로 능동의 의미를 나타내는 현재분사 crying이 어법상 알맞다.

◉ 두 개의 동사구가 등위접속사 and에 의해 병렬로 연결된 구조이다.

4 정답 • Having been

(Having been to the U.S. before), / he knew the importance of tipping in restaurants.
↳ 분사구문(이유) S V

그는 전에 미국에 가 본 적이 있어서, 식당에서 팁을 주는 것의 중요성을 알고 있었다.

→ 주절 앞의 분사구문은 맥락상 Because[As/Since] he had been to the U.S. before의 의미로서, 주절보다 시간상 앞선 경험을 나타내고 있으므로 Having been으로 시작해야 어법상 알맞다.

5 정답 • translated

This novel, / (translated with great care), / kept the author's unique style.
S ↳ 분사구문(이유) V

이 소설은 심혈을 기울여 번역되어서, 작가 특유의 문체를 살렸다.

→ 주절의 주어인 This novel을 의미상 주어로 하는 분사구문으로, because[as/since] it was translated with great care의 의미를 나타내야 하므로, 수동의 의미를 나타내는 과거분사 translated가 와야 어법상 알맞다.

6 정답 • beating

(With his heart beating fast), / he approached the stage (to deliver his speech).
능동 관계 S V ↳ 부사적 용법(목적)

심장이 빠르게 뛰는 채로, 그는 연설을 하기 위해 무대로 다가갔다.

→ 전치사 With의 목적어 his heart는 '뛰는' 행위의 주체이므로 능동의 의미를 나타내는 현재분사 beating이 어법상 알맞다.

C

1 (The society being unfair), / trust among its members weakens.
↳ 분사구문(조건) S V

사회가 불공정하면 구성원 간의 신뢰가 약화된다.

◉ = If the society is unfair, ~.

◉ 주절의 주어(trust among its members)와 분사구문의 의미상 주어(The society)가 달라 분사구문의 의미상 주어를 밝혀 주었다.

2 (Having had a long day at work), / she had a cup of herbal tea.
↳ 분사구문(시간) S V

직장에서 긴 하루를 보내고 나서, 그녀는 허브차를 한 잔 마셨다.

◉ = After she had had a long day at work, ~.

3 (With the curtains drawn back), / a gentle breeze flowed through the open window.
수동 관계 S V

커튼을 걷어 젖힌 상태에서, 열린 창문으로 부드러운 산들바람이 흘러 들어왔다.

4 [Now that the exams are over], / we can finally relax / and enjoy our summer break.
↳ 부사절(이유) S 조동사 Ⓥ1 Ⓥ2

이제 시험이 끝났으니, 우리는 드디어 긴장을 풀고 여름 방학을 즐길 수 있다.

◉ relax와 enjoy가 등위접속사 and로 병렬 연결되어 둘 다 조동사 can에 걸린다.

5 (Not knowing what to do), / he ended up making a hasty decision.
↳ 분사구문(이유) S V

어떻게 해야 할지 몰라서, 그는 결국 성급한 결정을 내렸다.

◉ = Because[As/Since] he did not know what to do, ~.

6 (Supposing that the repairman arrives soon), / we will have the TV fixed / [before our guests arrive].
↳ 분사구문(조건) S V O OC ↳ 부사절(시간)

수리 기사가 곧 도착한다고 가정하면, 손님들이 도착하기 전에는 TV가 수리될 것이다.

◉ = If we suppose that the repairman arrives soon, ~.

◉ 사역동사 have의 목적어인 the TV가 '수리되는' 것이므로, 목적격 보어 자리에는 수동의 의미를 나타내는 과거분사 fixed가 쓰였다.

◉ before 이하는 시간의 부사절이며 현재시제(arrive)가 미래를 나타내고 있다.

7 The manufacturer cut costs so deeply / [that the product's quality suffered].
S V ↳ 부사절(결과)

그 제조사가 비용을 너무 많이 절감해서 제품의 품질이 더 나빠졌다.

D

[1-2]

❶ Life offers endless chances (to doubt yourself).
S V O

◉ to 이하는 앞의 명사구 endless chances를 수식하는 형용사적 용법의 to부정사구이다.

❷ It's easy / to crumble [when people stomp on you].
S(가주어) S'(진주어) ↳ 부사절(시간)

❸ It takes courage / to get up, straighten yourself, and say: // "I'm still a $100 bill. // My worth is still the same."

S(가주어) S'(진주어)

❹ Some people will try to criticize you, // and sometimes, life will nearly tear you apart.

S1 V1 S2 V2

- 두 개의 문장이 등위접속사 and에 의해 병렬로 연결된 구조이다.
- 구동사 tear apart의 목적어가 대명사(you)이므로, 대명사 목적어가 동사와 부사 사이에 왔다.

❺ But [as long as you get up again], / you'll always be fine // — and there's no wrinkle [a little ironing can't fix].

부사절(조건) S V V S S

- a little 이하는 선행사 wrinkle을 수식하는 목적격 관계대명사절이며, 관계대명사 which[that]는 생략되어 있다.

❻ You know your worth.

❼ That's all [that matters].

- that matters는 선행사 all을 수식하는 주격 관계대명사절이다.

❶ 인생은 여러분 자신을 의심하게 만드는 끝없는 기회를 제공한다.
❷ 사람들이 여러분을 짓밟으면 허물어지기 쉽다.
❸ 일어나서 자신을 바로 세우고 이렇게 말하려면 용기가 필요하다. "나는 여전히 100달러짜리 지폐야. 내 가치는 여전히 변함없어."
❹ 어떤 사람들은 여러분을 비판하려고 할 것이고, 때로는 삶이 당신을 거의 찢어 놓을 것이다.
❺ 하지만 여러분이 다시 일어나는 한 여러분은 언제나 괜찮을 것이며, 약간의 다림질로 매만질 수 없는 주름은 없다.
❻ 여러분은 자신의 가치를 알고 있다.
❼ 그것이 중요한 전부이다.

정답 풀이 •

1 **정답** 여러분이 다시 일어나는 한 여러분은 언제나 괜찮을 것이다

2 **정답** worth

→ 도전과 비판에도 불구하고 자신의 가치를 믿으라는 내용의 글이므로, 빈칸에 들어갈 말로 적절한 것은 worth(가치)이다.

[3-4]

❶ One day, / Jane was walking home, / (with her head down), / (fighting tears of total despair), / [when a woman came down the sidewalk toward her].

S V 부사절(시간)

- with her head down과 fighting tears of total despair는 둘 다 주절과 동시에 일어난 일을 나타내는 분사구문이다.

❷ (Embarrassed at being seen in such an emotional mess), / she turned her head away.

분사구문(이유) S V

- = Because[As/Since] she was embarrassed at being seen ~.

❸ But the woman moved directly in front of Jane, / waited [until she looked up], / and then smiled.

S V1 V2 부사절(시간) V3

- 세 개의 동사구가 등위접속사 and에 의해 병렬로 연결된 구조이다.

❹ (Looking into her eyes), / the woman spoke in a quiet voice, // "[Whatever is wrong] will pass. // You're going to be OK."

분사구문(동시동작) S V S V

- = As she looked into her eyes, ~.
- 복합관계대명사 Whatever가 이끄는 명사절이 주어로 쓰였다.

❺ She then smiled again / and walked away.

S V1 V2

❻ Jane was deeply moved / by the woman's unexpected kindness and unconditional caring!

❶ 어느 날, Jane이 고개를 숙인 채로, 완전한 절망의 눈물을 참으려 애쓰며 집으로 걸어가고 있을 때, 한 여자가 인도를 따라 그녀를 향해 다가왔다.
❷ 그렇게 감정적으로 엉망인 모습을 보인 것에 당황하여, 그녀는 고개를 돌렸다.
❸ 그러나 그 여자는 Jane의 바로 앞까지 다가왔고, Jane이 올려다볼 때까지 기다리고는 미소 지었다.
❹ Jane의 눈을 들여다보며 그 여자는 조용한 목소리로 말했다. "무엇이 잘못되었든 지나갈 거예요. 당신은 괜찮아질 거예요."
❺ 그러고 나서 그녀는 다시 미소 지었고 떠나버렸다.
❻ Jane은 그 여자의 예상치 못한 친절함과 무조건적인 관심에 깊이 감동받았다!

정답 풀이 •

3 **정답** ⓑ, Embarrassed

→ 주절의 주어인 she를 의미상 주어로 하는 분사구문으로, 맥락상 그녀가 당황스러움을 느꼈다는 의미이다. 분사구문의 의미상 주어인 she가 당황한 감정을 느낀 대상이므로, 현재분사 Embarrassing은 수동을 나타내는 과거분사 Embarrassed로 고쳐 써야 한다.

4 **정답** ③

→ Jane이 그 여자의 예상치 못한 친절함과 무조건적인 관심에 깊이 감동받았다고 했으므로, Jane이 마지막에 느꼈을 심경으로 가장 적절한 것은 ③ '감동한'이다.

① 무관심한 ② 우울한

CHAPTER 11 비교구문

UNIT 65 원급·비교급 비교 p.114

1 The old house does not retain heat / as efficiently as modern buildings.

오래된 집은 현대 건물만큼 열을 효율적으로 유지하지 못한다.

2 The new smartphone has a larger display and more advanced features / than hers.

새로운 스마트폰은 그녀의 것보다 더 큰 디스플레이와 더 발전된 기능을 가지고 있다.

3 The economy class seats are less comfortable / than the first-class seats.

이코노미석은 일등석보다 덜 편안하다.

4 정답 • that → those

The symptoms of the flu (S) are (V) typically more severe (SC) / than those of a common cold.

독감의 증상은 보통 일반적인 감기의 증상보다 더 심하다.

→ The symptoms of the flu와 the symptoms of a common cold를 비교하는 문장이므로, 복수 명사 the symptoms를 대신할 수 있는 대명사가 와야 한다. 따라서 단수 대명사 that을 복수 대명사 those로 고쳐 써야 한다.

UNIT 66 최상급 비교 p.115

1 This diamond necklace is the most luxurious item / of her personal belongings.

이 다이아몬드 목걸이는 그녀의 개인 소지품 중 가장 사치스러운 물품이다.

2 The pop singer has more followers on social media / than any other celebrity.

그 팝 가수는 소셜 미디어에서 다른 어떤 유명인보다도 더 많은 팔로워를 가지고 있다.

3 No other planet in the solar system (S) / is (V) as close to the Sun / as Mercury.

태양계의 다른 어떤 행성도 수성만큼 태양에 가깝지는 않다.

4 According to the author H. Jackson Brown, / nothing (S) is (V) more expensive than a missed opportunity.

작가 H. Jackson Brown에 따르면, 놓친 기회보다 더 비싼 것은 없다.

5 정답 • proudest

Completing the marathon (S) was (V) / the proudest achievement (SC) [that I have ever experienced].

마라톤을 완주한 것은 내가 지금까지 경험한 것 중에 가장 자랑스러운 성과였다.

→ 내가 지금까지 경험한 것 중에 '가장 자랑스러운' 성과라는 의미가 되어야 자연스러우므로, 형용사 proud를 최상급인 proudest로 바꿔 써야 한다.

UNIT 67 주요 비교 표현 I p.116

1 Companies (S) strive (V) / (to collect as much data as they can / from consumers). (→ 부사적 용법(목적))

기업은 소비자로부터 가능한 한 많은 데이터를 수집하려고 노력한다.

2 The stadium (S) can accommodate (V) / as many as 50,000 spectators for games (O).

그 경기장은 무려 5만 명의 경기 관중을 수용할 수 있다.

3 The encouraging words (from his coach) (S) / made (V) him (O) feel more and more confident (OC).

코치의 힘을 북돋워 주는 말은 그로 하여금 점점 더 자신감을 느끼게 했다.

▶ 사역동사 made의 목적격보어로 원형부정사(feel)가 쓰였다.

4 The older (SC_1) we (S_1) are (V_1), / the longer (M_2) it (S_2) takes (V_2) our brain and body to remove caffeine.

나이가 들면 들수록, 우리의 뇌와 신체가 카페인을 제거하는 데 시간이 더 오래 걸린다.

5 정답 • much

When feeling down, / saying "I am really sad" (S) is (V) much more helpful (SC) / than declaring "I am happy."

기분이 우울할 때는 "나는 정말로 슬퍼"라고 말하는 것이 "나는 행복해"라고 선언하는 것보다 훨씬 더 도움이 된다.

→ 비교급 more helpful 앞에 쓰여 '훨씬'이라는 의미로 비교급을 강조하는 부사 much가 어법상 알맞다.

- When feeling down은 시간을 나타내는 분사구문으로, 분사구문의 의미상 주어(you)가 막연한 일반인이므로 비록 주절의 주어와 다를지라도 생략되었다.
- saying "I am really sad"와 declaring "I am happy"를 비교하는 문장으로, 동명사구인 두 비교 대상은 문법적으로 대등하다.

UNIT 68 주요 비교 표현 II p.117

1 The professional athlete can jump twice as high / as an average person.

그 프로 운동선수는 보통 사람보다 두 배 높이 뛸 수 있다.

2 LED light bulbs can last more than 25 times longer / than traditional light bulbs.

LED 전구는 기존 전구보다 25배 이상 더 오래 지속될 수 있다.

3 Our company is the third largest provider of Internet services / in the region.

당사는 지역에서 세 번째로 가장 큰 인터넷 서비스 제공 업체이다.

4 Among all the presentations, / Sarah's(S) was(V) by far(M) the most informative and organized(SC).

모든 발표 중에서도 Sarah의 발표가 단연코 가장 유익하고 체계적이었다.

5 정답 • is

One of the most popular restaurants among locals(S) / is closing down(V) next month.

현지인들 사이에서 가장 인기 있는 식당 중 한 곳이 다음 달에 문을 닫을 것이다.

→ 「One of the+최상급+복수 명사」가 주어 자리에 오면 One을 주어의 핵으로 보고 단수 취급하므로, 단수 동사 is가 오는 것이 어법상 알맞다.

CHAPTER TEST p.118

A

1 정답 • as

The artist's second album did not sell / as well as his debut album.

그 아티스트의 두 번째 앨범은 그의 데뷔 앨범만큼 잘 팔리지는 않았다.

→ '…만큼 잘'이라는 의미의 원급 비교 구문이므로 빈칸에 들어갈 말로 접속사 as가 적절하다.

2 정답 • than

Nobody in my neighborhood is more generous than Angela / at helping those in need.

우리 동네의 그 누구도 어려운 사람들을 돕는 데 있어 Angela보다 더 관대하지는 않다.

→ '…보다 더 관대한'이라는 의미의 비교급 비교 구문이므로 빈칸에 들어갈 말로 접속사 than이 적절하다.

3 정답 • in

He is the most influential politician in the country, / with a significant number of supporters.

그는 국내에서 가장 영향력 있는 정치인으로, 상당히 많은 지지자를 보유하고 있다.

→ 최상급 비교 구문에서 비교의 범위를 나타낼 때, 장소를 나타내는 단수 명사 앞에는 전치사 in이 온다.

4 정답 • and

[As the race progressed](부사절(시간)), / the distance between the runners(S) grew(V) shorter and shorter(SC).

경주가 진행되면서 주자들 사이의 거리는 점점 더 짧아졌다.

→ '점점 더 ~한'이라는 의미는 「비교급+and+비교급」의 형태로 나타낸다.

5 정답 • times

In some cases, / animals in zoos(S) can live(V) up to three times longer / than those in the wild.

어떤 경우에는, 동물원의 동물들이 야생의 동물들보다 3배까지 더 오래 살 수 있다.

→ '…보다 3배 더 오래'라는 의미의 문장으로, '3배'는 three times로 나타낸다.

B

1 정답 • as memorable

The movie was not as memorable as the book / despite its impressive special effects.

그 영화는 인상적인 특수 효과에도 불구하고 책만큼 기억에 남지는 않았다.

→ 비교 대상인 the book 앞에 접속사 as가 나온 것으로 보아 원급 비교 구문임을 알 수 있다. 'A는 B만큼 ~하지는 않다'라는 의미는 「A+not as+원급+as+B」의 형태로 나타내므로, as memorable이 어법상 알맞다.

2 정답 • participant

Amy's vocal range was wider / than any other participant in the audition.

Amy의 음역대는 오디션의 다른 어떤 참가자보다도 더 넓었다.

→ '다른 어떤 …보다도 더 ~한'이라는 최상급의 의미를 나타내는 문장에서 any other 뒤에는 단수 명사가 와야 하므로 participant가 어법상 알맞다.

3 정답 • much

Solids (S), (like wood for example), / transfer (V) the sound waves (O) much better / than air typically does.

예를 들어 나무와 같은 고체는 일반적으로 공기가 전달하는 것보다 음파를 훨씬 더 잘 전달한다.

→ 비교급 better 앞에서 '훨씬'이라는 의미로 비교급을 강조하는 부사로 much가 어법상 알맞다. 부사 very는 비교급을 수식할 수 없음에 유의한다.

• does는 transfers를 대신하여 쓰인 대동사로서, 앞에 이미 나온 동사 transfer의 반복 사용을 피하기 위해 쓰였다.

4 정답 • that

Despite its innovative design, / the product's performance (S) was (V) not as effective / as that of its competitor.

혁신적인 디자인에도 불구하고, 그 제품의 성능은 경쟁 제품의 성능만큼 효과적이지는 않았다.

→ the product's performance와 the performance of its competitor를 비교하는 문장이므로, 단수 명사 the performance를 대신할 수 있는 대명사가 와야 한다. 따라서 단수 대명사 that이 어법상 알맞다.

5 정답 • worst

In the center of the very worst hurricane, / there's (V) a calm spot (S) — the eye of the storm.

단연코 최악의 허리케인 중심부에는 고요한 곳이 있는데, 바로 폭풍의 눈이다.

→ the very는 최상급과 함께 쓰여 '단연코 가장 ~한'이라는 의미를 나타내므로 최상급 worst가 어법상 알맞다.

6 정답 • examples

The washing machine (S) is (V) / one of the most technologically advanced examples of a large household appliance (SC).

세탁기는 대형 가전제품 중 기술적으로 가장 발전한 예시 중 하나이다.

→ '가장 ~한 … 중 하나'라는 의미의 표현은 「one of the+최상급+복수 명사」이므로, 복수 명사 examples가 어법상 알맞다.

C

1 The giraffe's neck is about **eighteen times as long** / **as** a human's.

기린의 목은 사람의 목보다 약 18배 길다.

2 Koalas (S_1) have (V_1) almost no energy (O_1), // so they (S_2) tend (V_2) to move (O_2) **as little as possible**.

코알라는 에너지가 거의 없어서, 가능한 한 적게 움직이는 경향이 있다.

• 두 개의 문장이 등위접속사 so에 의해 병렬로 연결된 구조이다.

• 동사 tend는 to부정사(to move)를 목적어로 취한다.

3 This puzzle ranks as **the second hardest challenge** [I've ever attempted in my life].

이 퍼즐은 내가 살면서 지금까지 시도한 것 중에 두 번째로 가장 어려운 도전으로 꼽힌다.

• I've 이하는 선행사 the second hardest challenge를 수식하는 관계대명사절로, 목적격 관계대명사 that이 생략되어 있다.

4 It is **the largest job fair** [**that** the city has ever hosted], / attracting over 80 employers.

그것은 그 도시가 지금까지 주최한 것 중에 가장 큰 취업 박람회로, 80명이 넘는 고용주가 참가한다.

• attracting 이하는 주절의 주어인 It을 의미상 주어로 하는 분사구문이다.

5 Distant objects are **less visible than nearby ones** / often due to smaller size and reduced light.

멀리 있는 물체는 보통 크기가 더 작고 빛이 줄어들기 때문에 근처의 물체보다는 눈에 덜 띈다.

• ones는 앞에 나온 명사 objects를 대신해서 쓰인 대명사이다.

• 동사 reduce는 '줄이다'라는 뜻인데, 이 문장에서는 '줄어든' 빛이라는 수동의 의미를 나타내야 하므로 과거분사 reduced로 쓰였다.

6 Salespeople should keep in mind / [that the more limited something is, / the more desirable it becomes].

S V M O SC'1 S'1 V'1 SC'2 S'2 V'2

판매원들은 무언가가 더 한정적일수록 그것이 더 가치 있게 된다는 것을 명심해야 한다.

◐ 동사 keep의 목적어로 접속사 that이 이끄는 명사절이 쓰였다.

7 She was not so much angry / as disappointed by her son's behavior.

그녀는 아들의 행동에 화가 났다기보다는 실망했다.

◐ 주어 She는 '실망'이라는 감정을 느낀 대상이므로 과거분사 disappointed가 쓰였다.

D

[1-2]

❶ [When you enter a store], / you will see many options and choices.

부사절(시간) S V

❷ It doesn't matter / [whether you want to buy coffee, jeans, or a phone].

S(가주어) S'(진주어)

◐ 가주어-진주어 구문이 쓰인 문장으로, 접속사 whether가 이끄는 명사절이 문장의 진주어이다.

❸ In all these situations, / we are basically flooded with options [from which we can choose].

S V

◐ from which 이하는 선행사 options를 수식하는 목적격 관계대명사절이다.

❹ The majority of people will tell us / [that they prefer having more alternatives].

S V IO DO S' V' O'

◐ 동사 will tell의 직접목적어로 접속사 that이 이끄는 명사절이 쓰였다.

❺ This is interesting / [because, ((as science suggests)), / the more options we have, / the harder our decision making process will be].

S V SC 부사절(이유) O'1 S'1 V'1 SC'2 S'2 V'2

❻ The thing is / [that {when the amount of options exceeds a certain level}, our decision making will start to suffer].

S V SC 부사절(시간) S' V' O'

◐ 동사 is의 주격보어로 접속사 that이 이끄는 명사절이 쓰였다.

❶ 당신이 상점에 들어가면 많은 선택 사항들과 선택지를 보게 될 것이다.

❷ 당신이 커피, 청바지, 혹은 전화기를 사고 싶어 하는가의 여부는 중요하지 않다.

❸ 이러한 모든 상황에서, 우리에게는 기본적으로 우리가 고를 수 있는 선택 사항들이 넘쳐난다.

❹ 대다수의 사람들은 자신들이 더 많은 선택 사항을 갖는 것을 선호한다고 우리에게 말할 것이다.

❺ 이것은 흥미로운데, 왜냐하면 과학이 보여주듯이, 우리가 더 많은 선택 사항을 가질수록 우리의 의사 결정 과정은 더 어려워질 것이기 때문이다.

❻ 중요한 점은 선택 사항의 양이 일정 수준을 넘어서면, 우리의 의사 결정이 고통스러워지기 시작할 것이라는 점이다.

정답 풀이 •

1 정답 우리가 더 많은 선택 사항을 가질수록 우리의 의사 결정 과정은 더 어려워질 것이다

2 정답 choices, harder

➡ 지나치게 많은 선택지는 의사 결정을 더 어렵게 만든다는 내용의 글이므로, 글의 주제는 '우리가 너무 많은 선택지를 가지면, 우리의 의사 결정은 더 어려워진다.'이다.

[3-4]

❶ No other flower is as popular as red roses for Valentine's Day, // so it should come as no surprise / [that this rose color symbolizes love and admiration].

S1 V1 SC1 S2(가주어) V2 S'2(진주어)

◐ 두 개의 문장이 등위접속사 so에 의해 병렬로 연결된 구조이다.

◐ so 뒤의 문장에는 가주어-진주어 구문이 쓰였으며, 접속사 that이 이끄는 명사절이 문장의 진주어이다.

❷ "Red roses are the most popular and typical Valentine's Day gift," / says Alfred Palomares, / vice president of merchandising at an online flower delivery service.

V S =

◐ vice president 이하는 Alfred Palomares에 관한 구체적인 설명으로서 Alfred Palomares와 동격을 이룬다.

❸ However, / [if you are in a new relationship], / you might want to stay away from this distinctive color.

부사절(조건) S V O

❹ "[Because they convey a message of deep romantic feelings], / they are the perfect gift / for your wife or long-term partner."

부사절(이유) S V

❶ 밸런타인데이에 다른 어떤 꽃도 빨간 장미만큼 인기 있지 않으므로, 이 장미색이 사랑과 존경을 상징한다는 것은 놀랄 일이 아닐 것이다.

❷ "빨간 장미는 가장 인기 있고 전형적인 밸런타인데이 선물입니다."라고 한 온라인 꽃 배달 서비스의 판촉 담당 부사장인 Alfred Palomares는 말한다.

❸ 하지만 당신이 새로운 관계에 있다면 이 독특한 색상을 피하고 싶을 수도 있다.

❹ "그것[빨간 장미]은 깊은 낭만적 감정의 메시지를 전달하기 때문에, 아내나 오랜 연인에게 주기에 완벽한 선물입니다."

정답 풀이 •

3 정답 the most popular

→ 「No+명사+as+원급+as …」는 최상급을 의미하는 표현이므로, 밑줄 친 부분은 빨간 장미가 가장 인기 있는 꽃이라는 의미이다. 따라서 빈칸에 알맞은 말은 최상급 the most popular이다.

4 정답 ①

→ 빨간 장미색은 사랑과 존경을 의미하며, 깊은 낭만적 감정의 메시지를 전달한다는 내용의 글이므로, 글의 제목으로 가장 적절한 것은 ① '꽃 너머: 빨간 장미에 숨겨진 의미'이다.

② 장미는 잊어버려라: 밸런타인을 위한 색다른 선물

③ 장미의 다양한 색에 숨겨진 의미 이해하기

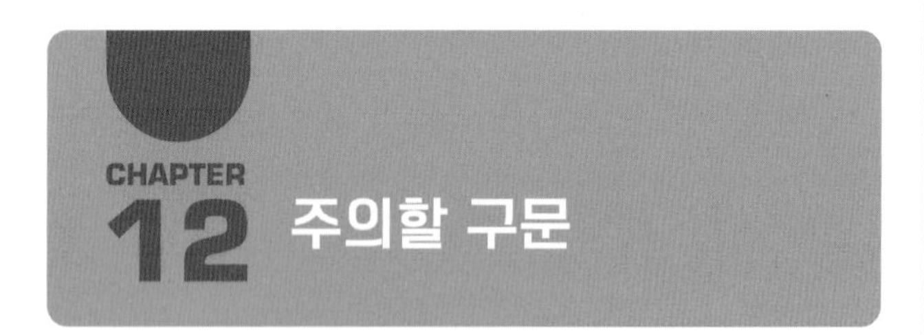

CHAPTER 12 주의할 구문

UNIT 69 부정구문 p.122

1 Neither of them were wrong; // they just had different preferences.

그들 중 어느 쪽도 틀린 것은 아니었고, 그들은 그저 선호가 달랐을 뿐이었다.

2 It is not necessary / to have both of the ingredients / for the recipe.

(It: S(가주어), to have both of the ingredients: S′(진주어))

조리법에 그 두 가지 재료가 모두 있어야 하는 것은 아니다.

3 The line (drawn between examples of sports, leisure, and play) / is not always clear.

(The line: S, is: V)

스포츠, 여가 활동, 놀이의 사례들 사이에 그어지는 선이 항상 분명한 것은 아니다.

▶ 과거분사구 drawn ~ and play의 수식을 받는 명사 The line이 문장의 주어이므로 단수 동사 is가 쓰였다.

4 I won't join the basketball game / [unless my knee injury heals completely].

(└→ 부사절(조건))

내가 농구 경기에 참여하려면 반드시 무릎 부상이 완전히 나아야 한다.

5 He never fails to make me laugh with his funny jokes.

(He: S, fails: V, to make me laugh: O; make: V′, me: O′, laugh: OC′)

그는 재미있는 농담으로 반드시 나를 웃게 한다.

▶ to부정사구에서 사역동사 make의 목적격보어로 원형부정사(laugh)가 쓰였다.

6 In the desert, / there were hardly any signs of life, / except for a few cactuses.

사막에는 선인장 몇 개를 제외하고는 생명의 흔적이 거의 없었다.

UNIT 70 동격구문 p.123

1 She married Raymond Woodard Brink, a young mathematics professor [she had met in Moscow].

(Raymond Woodard Brink = a young mathematics professor)

그녀는 모스크바에서 만났던 젊은 수학 교수인 Raymond Woodard Brink와 결혼했다.

▶ she had 이하는 선행사 a young mathematics professor를 수식하는 관계대명사절로, 목적격 관계대명사 who(m)[that]가 생략되어 있다.

2 He liked the company, // and he liked the idea of owning its stock.

(He: S_1, liked: V_1, the company: O_1; he: S_2, liked: V_2, the idea: O_2; the idea = owning its stock)

그는 그 회사를 좋아했으며, 그곳의 주식을 소유한다는 생각도 좋았다.

▶ 두 개의 문장이 등위접속사 and에 의해 병렬로 연결된 구조이다.

3 It may take you around two months / to get accustomed to the habit of waking up early.

(It: S, may take: V, you: IO, around two months: DO; the habit = waking up early)

여러분이 일찍 일어나는 습관에 익숙해지려면 약 두 달이 걸릴 수 있다.

4 The manager focused on the fact / [that the employee had been late to work seven times].

(the fact = that절)

관리자는 그 직원이 회사에 일곱 번이나 지각했다는 사실에 초점을 맞추었다.

5 정답 • that

I heard the news / [that my favorite singer was coming to Korea for a concert tour].

(the news = that절)

나는 내가 가장 좋아하는 가수가 콘서트 투어를 위해 한국에 온다는 소식을 들었다.

→ 뒤에 이어지는 절은 문장 성분을 모두 갖춘 완전한 절이며, 앞의 명사 the news를 보충 설명하는 내용이다. 따라서 동격절을 이끄는 접속사 that이 어법상 알맞다.

UNIT 71 병렬구조 I

p.124

1 The first half of the movie was funny, // but the second half turned serious.

영화의 전반부는 재미있었지만, 후반부는 진지해졌다.

2 You can pay for your purchase / with cash, credit card, or mobile payment.

당신은 현금, 신용카드, 또는 모바일 결제로 구매 금액을 지불할 수 있습니다.

● 등위접속사로 연결하는 말이 세 개 이상이면 「A, B, and/or C」의 형태가 된다.

3 This workshop is suitable for beginners, // so no experience is necessary.

이 워크숍은 초보자에게 적합해서 경험이 필요하지 않다.

4 They canceled the event, // for the weather forecast predicted heavy rain.

그들은 행사를 취소했는데, 왜냐하면 일기 예보에서 폭우를 예보했기 때문이다.

5 정답 • buried

The shoemaker dug a hole in the garden / and buried his bag of gold in it.
(S: The shoemaker / V1: dug / V2: buried)

그 구두장이는 정원에 구덩이를 파고 그 안에 금이 든 가방을 묻었다.

→ 과거시제(dug)의 문장으로 시작하여, 등위접속사 and로 과거의 일을 나타내는 또 하나의 동사구를 연결하는 구조이므로 과거 동사 buried가 어법상 알맞다.

UNIT 72 병렬구조 II

p.125

1 We can take either the bus or the train / to the concert venue.
(S: We / V: take / O1: the bus / O2: the train)

우리는 버스나 기차를 타고 콘서트장에 갈 수 있다.

● 두 개의 명사가 상관접속사 「either A or B」에 의해 병렬로 연결되어 있다.

2 Both studying and working part-time / can be challenging for students.
(S: Both studying and working part-time / V: can be)

공부와 아르바이트 둘 다 하는 것은 학생들에게 어려울 수 있다.

● 두 개의 동명사(구)가 상관접속사 「both A and B」에 의해 병렬로 연결되어 있다.

3 Jack not only ran three hair shops, / but also helped his clients experience their inner beauty.
(S: Jack / V1: ran / O1: three hair shops / V2: helped / O2: his clients / OC2: experience their inner beauty)

Jack은 미용실 세 곳을 운영했을 뿐만 아니라, 고객들이 내면의 아름다움을 경험하도록 돕기도 했다.

● 두 개의 동사구가 상관접속사 「not only A but also B」에 의해 병렬로 연결되어 있다.

● 동사 helped의 목적격보어로 원형부정사(experience)가 쓰였다.

4 The former agent felt safe / neither in the city nor in the countryside.

그 전직 요원은 도시와 시골 어디에서도 안전하다고 느끼지 못했다.

● 두 개의 전치사구가 상관접속사 「neither A nor B」에 의해 병렬로 연결되어 있다.

5 정답 • shape

Not the failure but the lessons (learned from it) / shape our future.
(S: Not the failure but the lessons (learned from it) / V: shape)

실패가 아니라 그것으로부터 배운 교훈이 우리의 미래를 만든다.

→ 상관접속사(Not A but B)가 주어 자리에 쓰이면 동사는 B(the lessons)에 일치시키므로 복수 동사 shape가 어법상 알맞다.

● learned from it은 앞의 명사 the lessons를 수식하는 과거분사구이다.

CHAPTER TEST

p.126

1 She was anxious / about the possibility of missing her flight.

그녀는 자신의 비행기를 놓칠 가능성에 대해 불안해했다.

2 I don't agree with you entirely / [because I think {there may be another solution}].
(└→ 부사절(이유))

나는 또 다른 해결책이 있을 수 있다고 생각하기 때문에, 당신의 의견에 전적으로 동의하지는 않는다.

● not ~ entirely를 사용하여 '전적으로 ~하지는 않는다'라는 부분부정의 의미를 나타낸 문장이다.

◎ 동사 think의 목적어로 접속사 that이 이끄는 명사절이 쓰였고, that은 생략되어 있다.

3 [When animals face one another in conflict], / they rarely plunge into battle right away.

동물들은 싸움에서 서로를 직면할 때 좀처럼 즉시 전투에 뛰어들지 않는다.

4 Psychology, the study of the mind and behavior, / helps us to understand others and ourselves.

마음과 행동에 관한 학문인 심리학은 우리가 다른 사람들과 우리 자신을 이해하는 데 도움이 된다.

5 Directly after viewing the videos, / participants made few errors in their responses / and recalled the details correctly.

그 영상을 본 직후, 참가자들은 응답에서 거의 실수를 하지 않았고 세부 사항들을 정확하게 기억해 냈다.

◎ 두 개의 동사구가 등위접속사 and에 의해 병렬로 연결된 구조이다.

6 Alexandra uses both her phone and tablet / (to surf the Internet, write emails and check social media).

Alexandra는 인터넷을 검색하고, 이메일을 쓰고, 소셜 미디어를 확인하기 위해 휴대 전화와 태블릿을 둘 다 사용한다.

◎ 두 개의 명사(구)가 상관접속사 「both A and B」에 의해 병렬로 연결되어 있다.

◎ 세 개의 to부정사구가 등위접속사 and에 의해 병렬로 연결되어 있으며, write와 check 앞에 각각 to가 생략된 것으로 볼 수 있다.

B

1 정답 • little

There is little doubt / [that we are driven by our instincts for survival].

우리가 생존 본능에 의해 움직인다는 것은 거의 의심의 여지가 없다.

→ 셀 수 없는 명사인 doubt를 수식해야 하므로 little이 어법상 알맞다.

◎ that 이하는 명사 doubt에 관한 구체적인 설명으로서 doubt와 동격을 이룬다.

2 정답 • glided

He turned his surfboard toward the beach / and glided smoothly across the water.

그는 서핑 보드를 해변 쪽으로 돌려 물 위를 부드럽게 미끄러지듯 건너갔다.

→ 과거시제(turned)의 문장으로 시작하여, 등위접속사 and로 과거의 일을 나타내는 또 하나의 동사구를 연결하는 구조이므로 과거 동사 glided가 어법상 알맞다.

3 정답 • nobody

For many centuries, knowledge was recorded in Latin / — a language [that nobody spoke any longer].

수 세기 동안, 지식은 라틴어로 기록되었는데, 이것은[라틴어는] 더 이상 아무도 사용하지 않는 언어였다.

→ 부사구 any longer와 함께 쓰여 '더 이상 아무도 ~않다'라는 전체 부정의 의미를 나타내야 하므로 nobody가 어법상 알맞다.

◎ 이 문장에서 대시(—)는 앞에 나온 Latin에 대한 부연 설명을 제시하기 위해 사용되었다.

◎ that 이하는 선행사 a language를 수식하는 목적격 관계대명사절이다.

4 정답 • that

She looks around the café, // but she can't shake off the feeling / [that something is missing].

그녀는 카페를 둘러보지만, 무언가가 빠져 있다는 느낌을 떨쳐 낼 수 없다.

→ the feeling 뒤에 이어지는 절은 문장 성분을 모두 갖춘 완전한 절이며, the feeling을 보충 설명하는 내용이므로 동격의 접속사 that이 어법상 알맞다.

◎ 두 개의 문장이 등위접속사 but에 의해 병렬로 연결된 구조이다.

5 정답 • were

Neither the teacher nor the students / were aware of the heavy snowfall outside.

선생과 학생들 모두 밖에 폭설이 내린 것을 알지 못했다.

→ 상관접속사(Neither A nor B)가 주어 자리에 쓰이면 동사는 B(the students)에 일치시키므로 복수 동사 were가 어법상 알맞다.

6 정답 • visiting

She used to spend her free time / either drawing pictures or visiting art galleries.

그녀는 그림을 그리거나 미술관을 방문하면서 자유 시간을 보내곤 했다.

→ 상관접속사 「either A or B」에서 A와 B는 문법적으로 대등한 말이어야 하는데, 이 문장에서 A 자리에 동명사구(drawing pictures)가 왔으므로 B 자리에 동명사 visiting이 오는 것이 어법상 알맞다.

C

1 Competition within a group / **is not necessarily harmful** to teamwork.

그룹 내의 경쟁이 팀워크에 반드시 해가 되는 것은 아니다.

◎ not necessarily를 사용하여 '반드시 ~인 것은 아니다'라는 부분부정의 의미를 나타낸 문장이다.

2 Living in different cities, / my sister and I scarcely meet / except during holidays.

서로 다른 도시에 살다 보니 여동생과 나는 명절 때를 제외하고는 거의 만나지 않는다.

- Living in different cities는 주절의 주어인 my sister and I를 의미상 주어로 하는 분사구문으로 이유를 나타낸다.

3 I declined the invitation, // for I had already made plans for the weekend.

나는 그 초대를 거절했는데, 왜냐하면 나는 이미 주말 계획을 세웠기 때문이다.

- 두 개의 문장이 등위접속사 for에 의해 병렬로 연결된 구조이다.
- had made는 앞 문장의 시점인 과거(declined)보다 더 이전의 일을 나타내는 과거완료시제이다.

4 The manuscript not only has commercial value / but also is free of factual errors.

그 원고는 상업적 가치가 있을 뿐만 아니라 사실상의 오류도 없다.

- 상관접속사 「not only A but also B」에 의해 두 개의 동사구가 병렬로 연결되어 있다.

5 Their love for each other never failed to overcome any obstacles [they faced].

그들의 서로에 대한 사랑은 그들이 직면한 어떤 장애물도 반드시 극복하게 했다.

- they faced는 선행사 any obstacles를 수식하는 관계대명사절로, 목적격 관계대명사 that이 생략되어 있다.

6 The police found the evidence / [that he had been lying about his alibi].

경찰은 그가 자신의 알리바이에 대해 거짓말을 해 왔다는 증거를 발견했다.

- that 이하는 명사 the evidence에 관한 구체적인 설명으로서 the evidence와 동격을 이룬다.
- had been lying은 과거의 기준 시점(found)까지 행위가 '진행'된 것을 나타내는 과거완료진행형이다.

7 She doesn't answer the phone / without first checking the phone number on the screen.

그녀는 전화를 받을 때 반드시 화면의 전화번호를 우선 확인한다.

- 전치사 without의 목적어로 동명사구(first checking ~ on the screen)가 쓰였다.

[1-2]

❶ Positive fantasies can help us relax.

❷ [If you want to relax], / you can try simply closing your eyes / and fantasizing about some future outcome [that you might enjoy].

- 동사 can try의 목적어 역할을 하는 두 개의 동명사구가 등위접속사 and에 의해 병렬로 연결되어 있다.
- that 이하는 선행사 some future outcome을 수식하는 목적격 관계대명사절이다.

❸ But what about / [when your objective is to make your wish a reality]?

- 동사 is의 주격보어로 명사적 용법의 to부정사구(to make your wish a reality)가 쓰였다.

❹ You would rather not be relaxed.

❺ You should be energized enough / (to get off the couch / and lose those pounds / or study for that test).

- 「형용사+enough to-v」 구문이 쓰여 '~할 만큼 충분히 …한'이라는 의미를 나타낸다.

❻ The principle of "Dream it. Wish it. Do it." / does not hold true: // in dreaming it, / you weaken the energy [you need (to do it)].

- you need 이하는 선행사 the energy를 수식하는 관계대명사절로, 목적격 관계대명사 which[that]가 생략되어 있다. 해당 관계대명사절 내에서 to do it는 목적을 나타내는 부사적 용법의 to부정사구이다.

❼ You put yourself / in a temporary state of complete happiness, calmness — and inactivity.

❶ 낙관적인 상상은 우리가 긴장을 푸는 데 도움이 될 수 있다.
❷ 만약 여러분이 긴장을 풀고 싶다면, 단순히 눈을 감고 여러분이 누릴지도 모를 미래의 결과에 대해 상상해 볼 수 있다.
❸ 하지만 여러분의 목표가 소망을 현실로 만드는 것인 경우라면 어떨까?
❹ 여러분은 긴장을 풀지 않는 것이 좋다.
❺ 여러분은 소파에서 일어나 체중을 감량하거나 시험공부를 할 수 있을 만큼 충분히 활력을 얻어야 한다.

❻ '그것을 꿈꿔라. 그것을 소망하라. 그것을 실행하라.'라는 원칙은 사실이 아니다. 그것을 꿈꾸는 중에, 여러분은 그것을 하기 위해 필요한 에너지를 약화시킨다.

❼ 여러분은 스스로를 완전한 행복, 고요, 그리고 비활동의 일시적인 상태에 빠지게 한다.

정답 풀이 •

1 정답 여러분은 단순히 눈을 감고 여러분이 누릴지도 모를 미래의 결과에 대해 상상해 볼 수 있다

2 정답 reduce, content

→ 낙관적인 상상은 긴장을 푸는 데는 도움이 될 수 있지만, 현재에 만족하고 행동하지 않는 상태가 되게 하여 실행에 필요한 에너지를 감소시킨다는 내용의 글이므로, 요약문에 들어갈 말로 적절한 것은 reduce(감소시키다), content(만족한)이다.

[3-4]

❶ There is a myth [that genes determine race].

❷ That is, / you(S1) might think(V1) [(O1) people {who look superficially different}(S′) / would have(V′) big differences in their genes], // but that's(S2 V2) not the case(SC2).

- 두 개의 문장이 등위접속사 but에 의해 병렬로 연결된 구조이다.
- 동사 might think의 목적어로 접속사 that이 이끄는 명사절이 쓰였고, that은 생략되어 있다.
- who look superficially different는 선행사 people을 수식하는 주격 관계대명사절이다.

❸ According to the National Human Genome Research Institute, / humans(S) share(V) 99.9 percent of their genes / with each other.

❹ Even that 0.1 percent doesn't have any racial markers.

- not ~ any를 사용하여 '어떤 …도 ~않다'라는 전체부정의 의미를 나타낸 문장이다.

❺ In fact, / a groundbreaking 2002 study(S) revealed(V) / [(O) there is more genetic diversity between people of African descent / than between Africans and Eurasians].

- 동사 revealed의 목적어로 접속사 that이 이끄는 명사절이 쓰였고, that은 생략되어 있다.

❶ 유전자가 인종을 결정한다는 근거 없는 믿음이 있다.

❷ 즉, 여러분은 겉으로 보기에 다르게 생긴 사람들이 유전자에 큰 차이가 있을 것이라고 생각할 수 있지만, 실제로는 그렇지 않다.

❸ 국립 인간 게놈 연구소에 따르면, 인간은 유전자의 99.9%를 서로 공유한다.

❹ 심지어 그 0.1%의 유전자에도 어떠한 인종적 표시가 없다.

❺ 실제로, 2002년의 획기적인 연구가 밝히기를, 아프리카인과 유라시아인 사이보다 아프리카계 사람들 사이의 유전적 다양성이 더 크다고 한다.

정답 풀이 •

3 정답 ②

→ 빈칸 뒤의 절이 명사 a myth를 보충 설명하면서 완전한 절을 이루므로 동격절임을 알 수 있다. 따라서 빈칸에 들어갈 말로 동격의 접속사 that이 알맞다.

4 정답 ①

→ 통념과는 달리 유전자가 인종을 결정하지 않으며 인간은 인종에 상관없이 유전자의 상당수를 공유하고 있다는 내용의 글이므로, 윗글의 제목으로 가장 적절한 것은 ① '유전자로는 인종을 알 수 없다'이다.

② 인종의 구분을 초월한 사회 정의

③ 진화가 우리의 유전적 구성을 어떻게 형성해 왔는가

솔 리 드

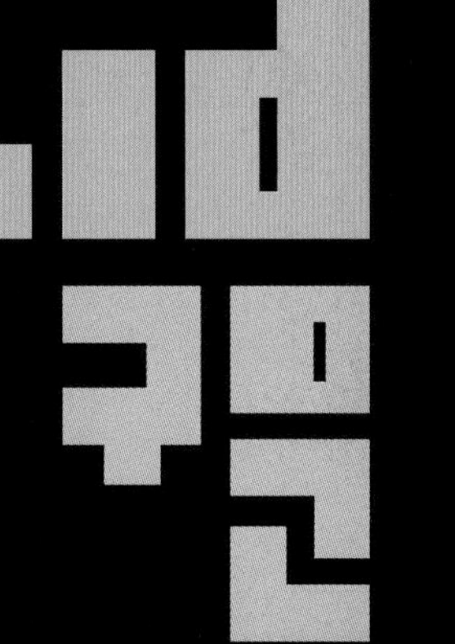